D1931895

Johannes Greving

Wirtschaft

POCKET TEACHER ABI

Cornelsen
SCRIPTOR

Der Autor
Johannes Greving ist Lehrer an einem Gymnasium in Niedersachsen und er arbeitet auch an der Universität Oldenburg. Er hat etliche Fachbücher für Lehrer sowie Schüler geschrieben.

Für die neue Ausgabe wurde dieser Band aktualisiert.

www.cornelsen.de

Bibliografische Information: Die Deutsche Bibliothek verzeichnet diese Publikation in der Deutschen Nationalbibliografie; detaillierte bibliografische Daten sind im Internet über http://dnb.ddb.de abrufbar.

Dieses Werk berücksichtigt die Regeln der deutschen Rechtschreibung, die seit August 2006 gelten.

5. 4. 3. 2. 1. Die letzten Ziffern bezeichnen
11 10 09 08 07 Zahl und Jahr der Auflage.

Redaktion: Gabriele Teubner-Nicolai, Berlin
Satz und Layout: Julia Walch, Typographie und Herstellung, Bad Soden
Reihengestaltung: Magdalene Krumbeck, Wuppertal
Sachzeichnungen: Rainer J. Fischer, Berlin
Umschlagentwurf: Patricia Müller und Rainer J. Fischer, beide Berlin
Druck und Bindearbeiten: Clausen & Bosse, Leck
Printed in Germany
ISBN 978-3-589-22506-4

Gedruckt auf säurefreiem Papier,
umweltschonend hergestellt aus chlorfrei gebleichten Faserstoffen.

Inhalt

Vorwort 6

1 Das Unternehmen 7
1.1 Unternehmensstrukturen 7
1.2 Rechtsformen von Unternehmen 12

2 Monetäre Grundlagen der Produktion 14
2.1 Investitionen 14
2.2 Betriebliches Rechnungswesen 16
2.3 Bilanzierung 18
2.4 Finanzierung 21

3 Betriebswirtschaftliche Grundlagen der Produktion 23
3.1 Unternehmerische Entscheidungsprozesse 23
3.2 Unternehmensführung und Management 28

4 Die Börse 30
4.1 Die Institution Börse und ihre Aufgaben 30
4.2 Weltweite Entwicklung der Finanzmärkte 35

5 Wirtschaftsordnung 43
5.1 Überblick über Theorien und Konzepte der Wirtschaftspolitik 43
5.2 Die wirtschaftspolitische Entwicklung in Deutschland seit 1945 55

6 Konzepte 70
6.1 Übersicht 70
6.2 Das Magische Viereck 71
6.3 Die monetaristische Konzeption: Geldpolitik 75
6.4 Die fiskalistische Konzeption: Finanzpolitik 84
6.5 Die Konzepte von Angebots- und Nachfragetheorie 98

7 Wettbewerbspolitik 101
7.1 Märkte 101
7.2 Kartellrecht und Monopolbildung 107

8 Strukturpolitik 114
8.1 Von der Agrar- zur Dienstleistungsgesellschaft 114
8.2 Regionale und sektorale Strukturpolitik 117
8.3 Die Kohäsionspolitik der Europäischen Union 119

9 Kreislaufmodelle 122
9.1 Der Wirtschaftskreislauf 122
9.2 Bruttosozialprodukt, Bruttonationaleinkommen und Bruttoinlandsprodukt 131
9.3 Entstehung, Verteilung und Verwendung des Sozialprodukts 133

10 Ökologie 144
10.1 Wachstum und Wachstumspolitik 144
10.2 Ökologische Umorientierung 147

11 Staatsverschuldung 162
11.1 Entwicklung und Grenzen 162
11.2 Bundeshaushalt und Bundesschuld 166

12 Das wirtschaftliche Auf und Ab 173
12.1 Konjunktur 173
12.2 Inflation 178

13 Währungsordnung 182
13.1 Geld und Geldverfassung 182
13.2 Internationale Währungsordnung 184

14 Arbeit 191
14.1 Arbeitslosigkeit 191
14.2 Der Arbeitsmarkt in Europa 197
14.3 Der Arbeitsmarkt unter Globalisierungsdruck 202

15 Welthandel 207
15.1 Welthandelsordnung: GATT und WTO 207
15.2 Alternativen für eine neue Wettbewerbsordnung 212
15.3 Globalisierung der Waren- und Dienstleistungsmärkte 215

16 Deutschlands Außenwirtschaft 222
16.1 Zahlen und Daten 222
16.2 Deutschland im globalen Standortwettbewerb 225

Stichwortverzeichnis 228

Vorwort

Liebe Leserin, lieber Leser!

Der Pocket Teacher Abi Wirtschaft eignet sich als Wegbegleiter durch die gesamte Oberstufe bis zum Abitur. Er hilft bei Hausaufgaben und Referaten und bei der Vorbereitung von Klausuren und Tests. Selbst wer glaubt, schon fit zu sein, kann hier mit Gewinn nochmal ein Kapitel querlesen und sein Wissen auffrischen. Vor allem aber werden die Zusammenhänge übersichtlich und anschaulich präsentiert. Dazu tragen auch die zahlreichen Schaubilder bei.
Der Pocket Teacher Abi Wirtschaft enthält alle abiturrelevanten Themen dieses Faches: von der mikroökonomischen Ebene der Unternehmen bis zu makroökonomisch-volkswirtschaftlichen Konzepten, von der nationalen Wettbewerbs- und Strukturpolitik bis zur globalen Welthandelsordnung, von der Erläuterung wirtschaftlicher Kreislaufmodelle bis zu aktuellen Problemen wie der Staatsverschuldung und der Notwendigkeit der ökologischen Umorientierung wirtschaftlichen Denkens und Handelns.
Die Querverweise im Text (↗) und das umfangreiche Stichwortverzeichnis helfen, weiterführende Informationen zum Thema schnell zu finden.

Das Unternehmen

1.1 Unternehmensstrukturen

Grundlegend für die freie Marktwirtschaft ist das Prinzip des Privateigentums an den Produktionsmitteln, d. h., die Eigentümer jedes Unternehmens sind einzig und allein selbst dafür verantwortlich,
• welche Produkte • in welcher Qualität • mit welchen Produktionsmethoden • mit welchem Maschinen- bzw. Technologieaufwand • in welcher Menge • zu welchem Preis
produziert werden.
Das Risiko für die getroffenen Entscheidungen tragen die Eigentümer des Unternehmens. Diese Entscheidungen müssen so sein, dass das Unternehmen sich am Markt behaupten kann, also möglichst mit einem Minimum an Einsatz ein Maximum an Ergebnis erzielt. Unternehmerische Entscheidungen sind darauf ausge-

Unternehmen lassen sich unterscheiden durch: 1. die Art des hergestellten Produktes	
Güterproduktion	**Prod. von Dienstleistungen**
Primärer Sektor: ■ Landwirtschaftliche Erzeugnisse, ■ Rohstoffgewinnung ***Sekundärer Sektor:*** ■ Investitionsgüter ■ Konsumgüter	***Tertiärer Sektor:*** ■ Handwerkliche Dienstleistung, wie sie z. B. Friseure anbieten ■ Versicherungen ■ Touristikunternehmen ***Quartärer Sektor:*** ■ Wissensintensive Dienstleistungen, wie z. B. Wartung von Computernetzwerken

2. die Zielsetzung des Unternehmens	
Gewinnorientiertes Unternehmen	Gemeinnütziges Unternehmen
3. den anvisierten Absatzmarkt	
Investitionsgüterindustrie	Konsumgüterindustrie

richtet, eine produzierte Ware oder Dienstleistung in entsprechender Menge und zu einem entsprechenden Preis auf dem Markt absetzen zu können. Fehleinschätzungen, z. B. über die tatsächliche Marktentwicklung und die möglichen Entwicklungen der Kundenwünsche, führen zu Verlusten und im Extremfall zum Untergang des Unternehmens (***Insolvenz***). In Deutschland haben im Jahr 2005 immerhin 37 900 Unternehmen Insolvenz anmelden müssen – das entspricht 1,3 % aller in Deutschland ansässigen Firmen. Gründe sind:

- schlechte Zahlungsmoral der Kunden,
- zu dünne Kapitaldecke,
- Managementfehler,
- schwache Konjunktur.

Die Organisation

Die Aufgabe jedes Unternehmens geht über die Organisation des Produktionsprozesses im engeren Sinne deutlich hinaus. Drei völlig unterschiedliche Sektoren sind zu betrachten:

Beschaffung	Produktion	Absatz
■ Rohstoffe ■ Arbeitskräfte ■ Maschinen und Technologie ■ Energie ■ Finanzmittel	■ Produktionsplanung ■ Organisation des Produktionsablaufes ■ Mengen- und Qualitätskontrolle ■ Zeitmanagement	■ Marktanalyse ■ Preisgestaltung ■ Organisation des Absatzweges ■ Werbung

Beschaffung

Zur Vorbereitung des eigentlichen Produktionsprozesses müssen alle „Komponenten“ bereitgestellt werden, und dies

- zum richtigen Zeitpunkt,
- in der richtigen Menge,
- zu möglichst günstigen Konditionen,
- in möglichst hoher Qualität
- von langfristig möglichst zuverlässigen Lieferanten.

Zielkonflikte zwischen diesen verschiedenen Aspekten sind unausweichlich, z. B. „möglichst billig“ und „möglichst qualitativ hochwertig“, aber auch zwischen den Zielen „zum richtigen Zeitpunkt“ und „in der richtigen Menge“. Gerade die hinter diesem letzten Zielkonflikt stehende Frage nach der Logistik wird zu einem zentralen Problem bei der Beschaffung, denn die heute übliche Just-in-time-Produktion mit möglichst geringen Lagerbeständen, die die teure Lagerhaltung entbehrlich macht, ist logistisch kompliziert. Schon der Ausfall eines Teilelieferanten in der Autoindustrie kann zu Produktionsstopps führen.

Produktion

Innerhalb des Betriebes geht es meist um sehr konkrete Entscheidungen:

- Wie soll der Produktionsprozess im Einzelnen möglichst effektiv organisiert werden?
- Welche Möglichkeiten der Substitution von Arbeit durch Technik gibt es?
- Wie können Produktionsrisiken minimiert werden?
- Wie wird die Qualitätskontrolle möglichst effektiv und ohne den Produktionsprozess zu behindern organisiert?
- Wie wird das fertige Produkt für den Absatz präpariert?

Auch hier sind Zielkonflikte unübersehbar, teilweise sozialer Art (Ersetzung des Faktors Arbeit), teilweise technisch-wirtschaftlicher Art (Qualitätskontrolle gegen den Zwang zur kostengünstigen Produktion).

Absatz

Um den angestrebten Unternehmensgewinn auch zu realisieren, muss das hergestellte Produkt logischerweise verkauft werden. Die Bereiche innerhalb eines Unternehmens, die sich mit dem Absatz beschäftigen, müssen also sehr genau hinsehen:

- Wie sieht das momentane und künftige Käuferverhalten aus?
- Sind Trends (z. B. durch gestiegenes Umweltbewusstsein) zu erkennen, wie wirken sie sich aus?
- Was macht die Konkurrenz?
- Wie kann das Unternehmen seinen Marktanteil erhöhen?
- Welche Möglichkeiten für gezielte Werbung oder andere PR-Aktionen gibt es?
- Welche logistischen Probleme könnten auftreten? Wie sind sie zu beseitigen?
- Wie kann das Unternehmen eine Rückmeldung über die Erreichung oder Verfehlung seiner Ziele organisieren?

Stellt man dem Umsatz die Kosten gegenüber, kann eine Gewinn- (oder Verlust-)Rechnung gemacht werden:

Umsatz = Ertrag oder Einnahmen für die verkauften Güter oder Dienstleistungen in einer bestimmten Periode – im Regelfall ein Jahr.

Kosten = die durch die Herstellung und den Verkauf bedingten finanziellen „Vorleistungen" des Unternehmens
Gewinn (bzw. Verlust) = die positive (bzw. negative) Differenz zwischen Umsatz und Kosten

Die bloße Höhe des Gewinns ist aber keineswegs die entscheidende Größe bei der betriebswirtschaftlichen Kalkulation, sondern alle erzielten Ergebnisse werden in Beziehung zu den eingesetzten Mitteln aufgerechnet. Jeder Kapitaleigner möchte natürlich sein Kapital möglichst rentabel, d. h. gewinnbringend einsetzen. Daher sind alle entscheidenden betriebswirtschaftlichen Rechnungsgrößen Quotienten. Der wichtigste Quotient ist dabei die Kapitalrentabilität:

$$\text{Kapitalrentabilität} = \frac{\text{Gewinn mal 100}}{\text{Kapitaleinsatz}}\ \%$$

Die Organisation des Produktionsprozesses

In der handwerklichen und industriellen Produktion innerhalb des sekundären Sektors sind drei grundsätzlich unterschiedliche Organisationsformen der Produktion zu unterscheiden:

1. Die Reihen- oder Fließbandfertigung: Die Fließbandfertigung hat die Produktivität der Industriestaaten um ein Vielfaches gesteigert. Sie ist Grundlage der Massenfertigung von Industriegütern (und daher auch des Massenkonsums). Das Prinzip ist einfach: Die Rohstoffe bzw. Halbfertigprodukte, die Arbeitsplätze und die Arbeiter werden in der Reihenfolge der Arbeitsgänge angeordnet. Jeder Arbeiter bleibt an seinem Platz und führt (im Extremfall) nur einige wenige, immer wiederkehrende Handgriffe aus. Dem enormen Produktivitätsgewinn steht der psychisch oft sehr belastende, weil monotone Arbeitsablauf der Arbeiter entgegen.
2. Die Werkstatt- oder Baustellenfertigung: Die Arbeit wird um ein zentrales Produkt organisiert, alle Arbeitsabläufe sind gleichsam konzentrisch auf dieses Produkt bezogen.

3. Die Inselfertigung: Sie bedeutet eine bewusste Abkehr vom Prinzip der Fließbandproduktion. Eine Gruppe von Arbeitern baut ein Produkt vom ersten bis zum letzten Schritt relativ selbstständig zusammen und ist auch für „ihr" Produkt verantwortlich. Auch wenn die Inselfertigung rein mathematisch gesehen weniger produktiv ist als die Fließbandproduktion, hat sie sich zumindest in Teilbereichen der industriellen Produktion durchgesetzt, weil sie sich ausgesprochen positiv auf die Arbeitsmotivation auswirkt.

1.2 Rechtsformen von Unternehmen

In Deutschland besteht ***Gewerbefreiheit***. Jeder, der die Voraussetzungen (z. B. eine entsprechende Ausbildung) mitbringt, kann sich selbstständig machen und ein Unternehmen gründen. Ausschlaggebend für den wirtschaftlichen Erfolg des Unternehmens kann dabei auch die Entscheidung für die Rechtsform sein. Bei den Unternehmungen des privaten Rechts handelt es sich entweder um Einzelunternehmungen, um Gesellschaften oder um

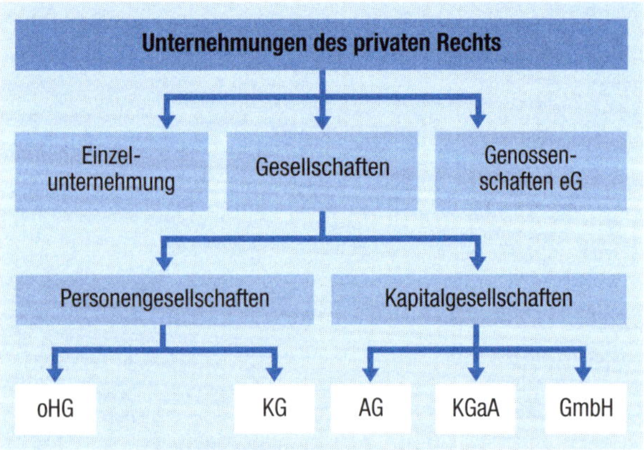

Genossenschaften. Die Gesellschaften werden prinzipiell unterteilt in Personengesellschaften und Kapitalgesellschaften.
Für diese Unterscheidung ist eine grundsätzliche Regelung bedeutsam: Bei allen Personengesellschaften gibt es immer mindestens eine „natürliche“ Person, die „mit Haut und Haaren“ (d. h. mit ihrem gesamten Privatvermögen) für den Betrieb haftet. Bei den Kapitalgesellschaften gibt es diese private Haftung nicht.

Eine besondere Beachtung verdient die Rechtsform der ***GmbH & Co. KG***, die besonders in der mittelständischen Wirtschaft häufig anzutreffen ist. In ihr werden die (steuerlichen) Vorteile der Personengesellschaft mit dem Vorteil der Kapitalgesellschaft kombiniert, keinen mit seinem Privatvermögen haftenden Vollhafter zu haben. Die Gründer wollen mit der Wahl dieser Rechtsform eine Beschränkung ihrer Haftung mit steuerlichen Vorteilen verbinden.
Der „Trick“ bei dieser Unternehmensform besteht darin, dass zwei oder mehr Anteilseigner zunächst eine GmbH gründen, und dann, wenn diese ins Handelsregister eingetragen ist, eine Kommanditgesellschaft, in der die „juristische Person“ GmbH der Komplementär (Vollhafter) wird und die Anteilseigner der GmbH (und ggf. auch weitere Personen) als Kommanditisten fungieren. Man hat jetzt als Vollhafter eine GmbH. Das bedeutet, dass das Privatvermögen der GmbH-Besitzer jedem Zugriff entzogen ist, denn in der GmbH haftet jeder nur mit seiner Kapitaleinlage und genießt zu gleicher Zeit die Vorteile der Personengesellschaft.

2 Monetäre Grundlagen der Produktion

2.1 Investitionen

Charakteristisch für die Marktwirtschaft ist, dass der erzielte Gewinn vergangener Produktionsperioden nicht komplett verbraucht, sondern zumindest teilweise wieder investiert, d. h. in den Produktionsprozess eingebracht wird. Diese Wachstumsdynamik unterscheidet die marktwirtschaftlich-kapitalistische Produktion von allen geschichtlich früheren Wirtschaftsformen. Investitionen sind also eine Option auf die Zukunft – der Unternehmer erwartet, dass das Kapital (Geld), das er heute nicht verbraucht (konsumiert), in Zukunft den Produktionsoutput und damit seine Gewinne steigern wird. (An der Beurteilung der Motive für diese Zukunftshoffnung scheiden sich Liberalismus und Keynesianismus, ↗ S. 58). Auf der anderen Seite bedeutet die Investition aber auch längerfristige Bindung von Kapital, das dann anders nicht ausgegeben werden kann. Investitionen im engeren Sinne sind langfristige Sachanlagen (z. B. neue Maschinen), aber auch eher kurzfristige Sach- und Geldanlagen (Aktienkäufe) gelten als Investition. In der Bilanz des Unternehmens zählen Investitionen zum ***Anlagevermögen***. Investitionen werden über einen bestimmten Zeitraum abgeschrieben, diese ***Abschreibung*** hat im Regelfall steuerlich positive Folgen (↗ S. 96 f.). Investitionen werden klassifiziert nach:

- Sachinvestitionen (z. B. Maschinen, Gebäude, Grundstücke, infrastrukturelle Einrichtungen)
- immaterielle Investitionen (z. B. Patente und Lizenzen, Know-how)
- Finanzanlageinvestitionen (z. B. Aktien oder sonstige Unternehmensbeteiligungen)

Investitionen können verbrauchtes, abgeschriebenes Kapital lediglich ersetzen (Ersatzinvestitionen) oder technisch veraltete Ausrüstungen modernisieren (Reinvestitionen), ohne dass die Kapazität erhöht wird. Wird dagegen der Produktionsprozess erweitert, spricht man von Erweiterungs- bzw. Nettoinvestitionen. Als Bruttoinvestitionen bezeichnet man die Summe von Ersatz- und Nettoinvestitionen.

Investitionsrechnung

Investitionen sind (unsichere) Optionen auf die Zukunft. Daher wurden betriebswirtschaftliche Rechnungsverfahren entwickelt, die eine Beurteilung der berechenbaren Aspekte einer Investition ermöglichen. Die Investitionsrechnung gilt als wichtige Entscheidungshilfe. Grundsätzlich gilt: Je höher die erwartete bzw. errechnete Kapitalrentabilität (↗ S. 11), desto günstiger ist die zu tätigende Investition.

Abzinsung — **Zinssatz sei i = 0,1**

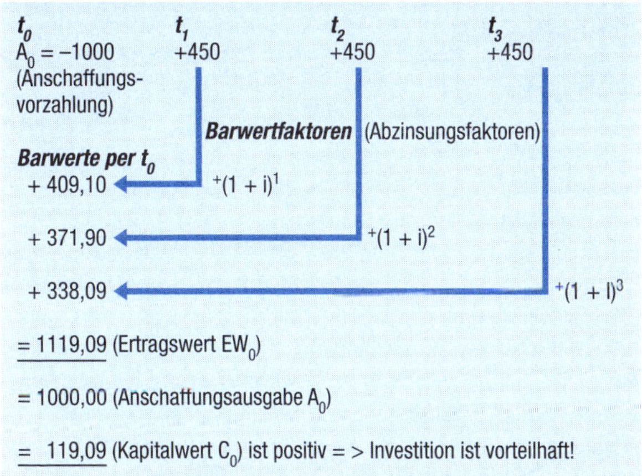

Quelle: http://www.biologie.de/biowiki/Formelsammlung_Wirtschaft#Zinseszins

2.2 Betriebliches Rechnungswesen

Das Rechnungswesen gliedert sich in die Bereiche Buchführung, Kosten- und Leistungsrechnung (auch Betriebsbuchhaltung genannt), Statistik und Planung. Gesetzliche Grundlage dafür ist in Deutschland das Handelsgesetzbuch (HGB), das auch für die staatlichen Stellen von Wichtigkeit ist, da sie das Steueraufkommen des jeweiligen Betriebs bestimmen. Auch das Steuerrecht (Abgabenordnung) enthält entsprechende Paragrafen. Verstöße gegen diese Bestimmungen werden sanktioniert.

Rechnungswesen

Finanzbuchhaltung	***Betriebsbuchhaltung***	***Statistik***	***Planungsrechnung***
▪ Inventar ▪ Bilanz ▪ Gewinn- und Verlustrechnung ▪ Anhang	▪ Kostenarten ▪ Kostenstellen ▪ Kostenträger ▪ Erfolgsrechnung ▪ Kalkulation	▪ Soll-Ist-Vergleich ▪ Zeitvergleich ▪ Verfahrensvergleich	▪ lang-, mittel- und kurzfristig ▪ Produktionsplanung ▪ Absatzplanung

Buchführung

Sie bildet das Zentrum der finanziellen Seite jedes Unternehmens: die Dokumentation aller Geschäftsvorgänge, aller finanziellen Ein- und Ausgänge und nicht zuletzt des erwirtschafteten Gewinns. Im Regelfall reicht ein Buchführungsjahr vom 1.1. bis zum 31.12. Die Buchhaltung schafft die Voraussetzungen für die nachprüfbare Übersicht über Vermögen und Schulden eines Unternehmens. Rechtliche Grundlage ist das Handelsgesetzbuch (HGB), das die Pflicht eines jeden Unternehmens zur „ordnungsgemäßen Buchführung" (§ 238 HGB) beeinhaltet und klare Vorgaben für die Gestaltung der Buchführung formuliert.

Kosten- und Leistungsrechnung (KLR)
Die Rechnung erfasst alle Wertverbräuche (Kosten) und Wertzuwächse (Leistungen) und liefert damit den Saldo von Betriebsgewinn und Betriebsverlust. Die KLR ist der Hauptindikator für die Wirtschaftlichkeit eines Unternehmens. Auf der Basis des Produktionsfaktoreinsatzes lassen sich die Kosten aufgliedern:

- Personalkosten (Löhne und Gehälter),
- Sachkosten (Material- und Energiekosten, Abschreibungen),
- Kosten für Fremdkapitalleistungen (Zinsen, Miete, Rente),
- Kosten für Dienstleistungen,
- Staatsabgaben.

Dem stehen die aus dem Verkauf der hergestellten Waren bzw. Dienstleistungen erzielten Gewinne gegenüber.

Statistik
Die Statistik hat innerhalb des betrieblichen Rechnungswesens hauptsächlich vergleichende Aufgaben. Diese Vergleiche sollen Verbesserungen in der Zukunft ermöglichen, also gemachte Fehler vermeiden helfen und erfolgreiche Strategien befördern. Verglichen wird:

- Soll-Ist-Vergleich: Die Planung für das Rechnungsjahr wird mit dem tatsächlich erzielten Ergebnis verglichen, um Planungsdefizite und deren Ursachen zu erfassen.
- Zeitvergleich: Die gegenwärtige Situation wird mit früheren Geschäftsjahren verglichen, um Ursachen für positive oder negative Tendenzen zu ermitteln.
- Verfahrensvergleich: Die eigenen Geschäftsdaten werden mit denen anderer Unternehmen der gleichen Branche verglichen, um eigene spezifische Schwächen und Stärken zu erkennen.

Planung
Die Planungsabteilung sammelt alle Daten aus den anderen Abteilungen, vergleicht sie, wertet aus und macht schließlich Vorschläge an die Firmenleitung, die das künftige Geschäftsjahr (oder mehrere Jahre) betreffen.

2.3 Bilanzierung

Grundlage jeder Bilanz sind ***Inventur*** und ***Inventar***: Bei der Gründung eines Unternehmens müssen alle Vermögensgegenstände des Unternehmens, gleichgültig, ob sie in Sach- oder Geldform vorliegen, wertmäßig registriert werden. Gleiches gilt für Schulden und weitere Verbindlichkeiten. Dieser Vorgang heißt Inventur und muss jährlich wiederholt werden. Das Verzeichnis, in das in Tabellenform alles eingetragen wird, ist das Inventar. Beides zusammen bildet die Grundlage für jede Form von Bilanzierung. Zudem soll durch diese Auflistung verhindert werden, dass Teile des Geld- oder Sachvermögens unkontrolliert „verschwinden" können (bzw. soll der „verschwundene" Teil zumindest erfasst werden).

Bilanz

Die Bilanz ist so etwas wie die tabellarische Kurzform des Inventars in Geldeinheiten. Auf der linken Tabellenseite werden die Aktiva, also das Vermögen, auf der rechten die Passiva, also die Schulden, aufgelistet. Beide Seiten einer Bilanz müssen immer gleich sein, d. h., die Kapitalverwendung auf der linken Seite muss der Kapitalherkunft in der rechten Spalte entsprechen. Man kann auch formulieren: Die Investition muss gleich der Finanzierung sein.

Die Ordnung auf beiden Seiten der Bilanz ist wie folgt aufgebaut:

Aktiva	Bilanz zum …		Passiva
Anlagevermögen		Eigenkapital	
Umlaufvermögen	______	Fremdkapital	______
Summa Aktiva	======	Summa Passiva	======

Kontenform einer Bilanz

Anlagevermögen	Umlaufvermögen
■ Grund/Boden ■ Gebäude ■ Maschinen ■ Fahrzeuge ■ Beteiligungen an anderen Unternehmen ■ Rechte, Patente usw.	■ Rohstoffe ■ Hilfsstoffe und Halbfertigwaren ■ Fertigprodukte ■ Bankguthaben, Kassenbestände ■ Forderungen an Dritte

Aktiva	Bilanz		Passiva
I. Anlagevermögen		I. Eigenkapital	1.000.000
1. Grundstücke	2.000.000	II. Fremdkapital	
2. Gebäude	500.000	1. Hypotheken-schulden	1.000.000
3. Fahrzeuge	360.000	2. Darlehensschulden	1.235.000
4. Büro- und Geschäfts-ausstattung	100.000	3. Verbindlichkeiten aus Lieferungen und Leistungen	30.000
II. Umlaufvermögen			
1. Warenvorräte	230.000		
2. Forderungen aus Lieferungen und Leistungen	20.000		
3. Kasse	5.000		
4. Bank	50.000		
usw.			
Bilanzsumme	3.265.000	Bilanzsumme	3.265.000

- Die Aktiva werden nach Liquidität geordnet, also danach, wie schnell sie theoretisch verkauft werden könnten. Daher steht das Anlagevermögen oberhalb des Umlaufvermögens.
- Die Passiva werden nach Eigentum und Fristigkeit geordnet. Das Eigenkapital steht oben, das Fremdkapital darunter. Je schneller ein Posten bezahlt werden muss, desto weiter unten steht er in der Bilanz.

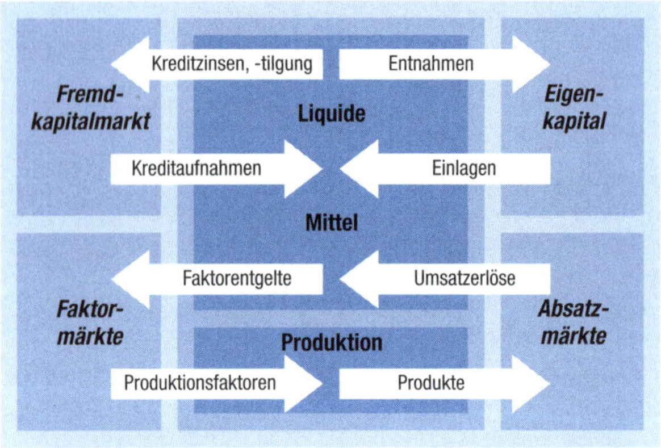
Kreditzinsen, -tilgung
Entnahmen
Fremd-
kapitalmarkt
Liquide
Eigen-
kapital
Kreditaufnahmen
Einlagen
Mittel
Faktorentgelte
Umsatzerlöse
Faktor-
märkte
Absatz-
märkte
Produktion
Produktionsfaktoren
Produkte

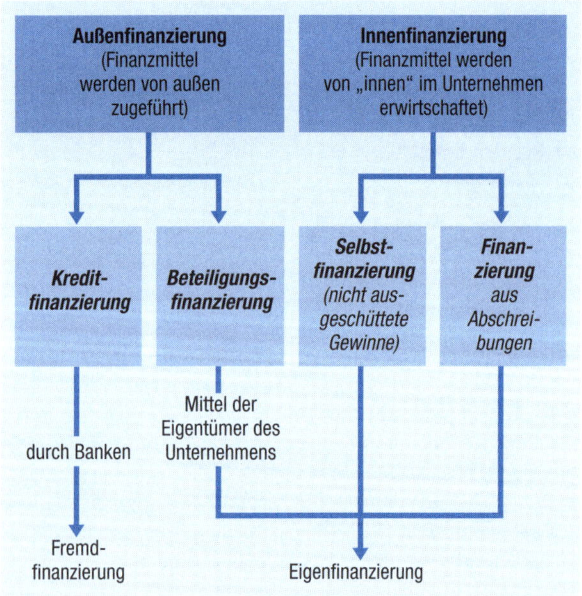
Außenfinanzierung
(Finanzmittel
werden von außen
zugeführt)
Innenfinanzierung
(Finanzmittel werden
von „innen" im Unternehmen
erwirtschaftet)
Kredit-
finanzierung
Beteiligungs-
finanzierung
Selbst-
finanzierung
(nicht aus-
geschüttete
Gewinne)
Finan-
zierung
aus
Abschrei-
bungen
durch Banken
Mittel der
Eigentümer des
Unternehmens
Fremd-
finanzierung
Eigenfinanzierung

Verwundern mag die Tatsache, dass das Eigenkapital auf der Seite der Passiva steht, aber das ist bilanzrechtlich eindeutig so geregelt: Der Unternehmer ist quasi sein eigener Schuldner.
Eigenkapital kann ein Unternehmer haben in Form von

- Grundkapital bei Aktiengesellschaften,
- Stammkapital bei GmbHs,
- Kommanditanteilen,
- Guthaben bei Genossenschaften,
- Kapitalrücklagen,
- Gewinnrücklagen.

Fremdkapital (Schulden, Verbindlichkeiten) gibt es in Form von

- Hypotheken und Darlehen (im Regelfall mit Zinszahlungen verbunden),
- Verbindlichkeiten aus Lieferungen und Leistungen,
- Anlage- und Umlaufvermögen.
  Als Anlagevermögen werden alle langfristigen Investitionen gezählt, als Umlaufvermögen alle kurzfristigen:

2.4 Finanzierung

Ziel jedes Unternehmers ist es, Gewinn zu erwirtschaften. Dies erfordert grundsätzliche Liquidität zu jedem Zeitpunkt. Ein Unternehmen, das nicht mehr liquide ist, wird letzten Endes Insolvenz anmelden müssen.
Die Finanzwirtschaft hat für die grundsätzliche Liquidität des Unternehmens zu sorgen, indem sie für einen permanenten Ausgleich der Finanzströme sorgt, also für die Gelder, die in ein Unternehmen hinein- und hinausfließen. Auf diese Weise kann das Unternehmen jederzeit allen fälligen Verbindlichkeiten nachkommen. Das Unternehmen steht dabei in der Mitte von vier weiteren Größen:
Auf den ***Faktormärkten*** versorgen sich die Unternehmen mit den Produktionsfaktoren (Arbeit, Maschinen usw.) und bezahlen

dafür Faktorentgelte (Löhne, Ausgaben für Rohstoffe, Sachinvestitionen). Auf den ***Absatzmärkten*** werden die Produkte oder Dienstleistungen verkauft. Neben diesen Gütermärkten sind die Unternehmen auch mit dem ***Kapitalmarkt*** verbunden. Das Eigen- oder auch haftende Kapital gehört den Unternehmenseignern, die damit auch am Erfolg oder Misserfolg beteiligt sind, Fremdkapital wird in Form von Krediten aufgenommen.

Außen- und Innenfinanzierung

Von Außenfinanzierung einer Investition spricht man, wenn die zusätzlich benötigten Mittel von außerhalb des Unternehmens kommen, also z. B. über Bankkredite fremdfinanziert werden. Innenbeteiligung liegt dann vor, wenn die zusätzlichen Investitionen im Unternehmen selbst erwirtschaftet werden. Die häufigste Form der Eigenfinanzierung ist, Investitionen auf Kosten des Gewinns vorzunehmen, also z. B. bei der jährlichen Aktionärsversammlung einer Aktiengesellschaft zu beschließen, den erwirtschafteten Gewinn nicht vollständig als Dividende an die Aktionäre auszuschütten, sondern einen mehr oder weniger großen Teil zu reinvestieren.

Betriebswirtschaftliche Grundlagen der Produktion

3.1 Unternehmerische Entscheidungsprozesse

Controlling

Controlling bedeutet die möglichst optimale und auf verlässlichen Kalkulationen beruhende Steuerung eines Unternehmens. Dazu ist es nötig, alle Rechnungsgrößen (Bilanzen, Gewinne, Verbindlichkeiten, Kosten- und Leistungsrechnungen, ↗ S. 18 f.) als Grundlage für die zentralen unternehmerischen Entscheidungen systematisch zu nutzen. In der Betriebswirtschaft wird unterschieden zwischen ***operativem*** (kurzfristigem) und ***strategischem*** (langfristigem) *Controlling*. Der zweite Prozess wird auch Marketing genannt (↗ S. 25 f.).
Die Grundlagen jeder betrieblichen Kalkulation, gleichgültig, ob Ein-Mann-Unternehmen oder Weltkonzern, sind:

- fixe und variable Kosten,
- Gesamtkosten und Stückkosten,
- Gesamtgewinn und Stückgewinn,
- Gesamtdeckungsbeitrag und Stückdeckungsbeitrag.

Preisuntergrenzen

Eine zentrale Frage für jedes Unternehmen lautet, welcher Preis auf dem Markt verlangt werden kann bzw. muss. Die unterste überhaupt mögliche Grenze ist dann erreicht, wenn der Verkaufspreis zumindest die variablen Kosten deckt. Unterhalb dieser Grenze erhöht jeder neue Auftrag bzw. Verkauf nur den Verlust. Wenn z. B. ein Restaurant ein Menü anbietet, das noch nicht einmal die Kosten für die benötigten Lebensmittel und die Energiekosten deckt, wird mit jedem verkauften Menü der Verlust größer. Liegt der Verkaufspreis über den variablen Kosten, ent-

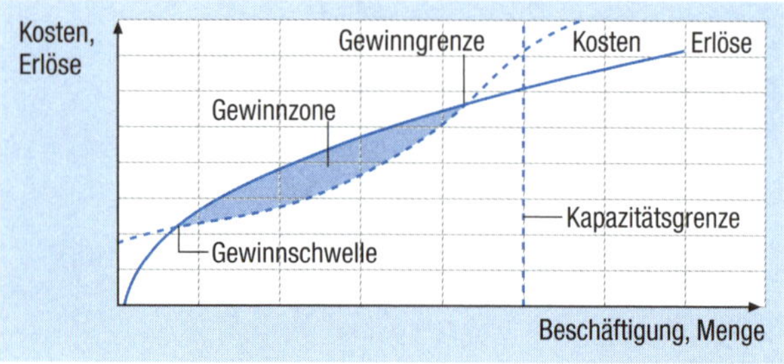

steht ein gewisser Überschuss, mit dem dann etwa die Lohnkosten für Koch und Kellner sowie die Anschaffungskosten für Küchen- und Lokaleinrichtung zumindest teilweise gedeckt sind.

Werden sämtliche variablen und fixen Kosten samt Abschreibung (Abnutzung der Küchengeräte und des Lokalinterieurs) gedeckt, beginnt für das Unternehmen die Gewinnzone (Gewinnschwelle oder ***„Break-even-Point“***).

Kosten- und Gewinnoptimierung

Die Gewinnspanne ergibt sich aus der Differenz von Stückkosten und Verkaufspreis. Je geringer die Stückkosten bei konstantem Preis sind, desto höher ist der Gewinn. Das Gewinnoptimum ist also dann erreicht, wenn der Abstand zwischen beiden Größen maximal ist. Der Preis wiederum ergibt sich im Regelfall aus der Marktsituation (↗ S. 103 f.) und ist damit u. a. abhängig von den Stückkosten der Konkurrenz.

Faustregel: je größer der Produktionsoutput, desto geringer die Stückkosten. Gerade bei der industriellen Massenproduktion (aber auch in hart umkämpften Dienstleistungsbereichen) besteht daher die Tendenz sinkender Preise. So lange, wie die Preise oberhalb der Stückkosten liegen, wird weiterproduziert – die Gesamtmenge des Gewinns steigt weiterhin, auch wenn der Gewinn pro Stück zurückgeht. Von dem Punkt an, wo Stückkosten

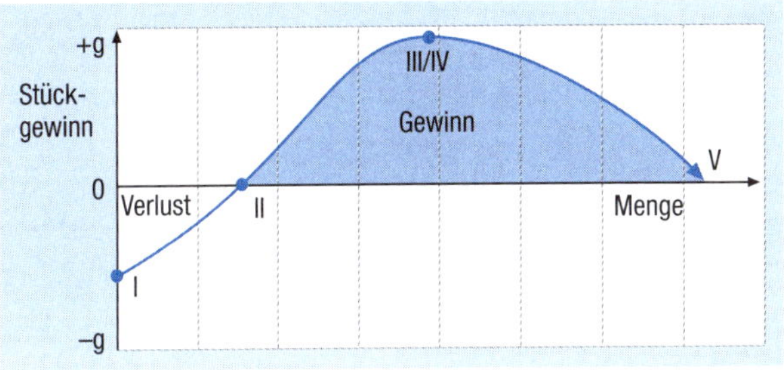

und Preis identisch sind, ist eine weitere Ausdehnung der Produktion nicht mehr sinnvoll. Das Produkt sollte längerfristig vom Markt genommen werden, es sei denn, es stellt sich eine neue Relation von Preis und Stückkosten her (z. B. durch sprunghaft steigende Nachfrage auf Grund neuer Modetrends, ↗ S. 103).
Zur Grafik: Durch Controlling wird versucht, die Phase von Punkt I bis Punkt II möglichst kurz, die von Punkt II bis Punkt V möglichst lang zu halten. Die Situation III/IV soll möglichst lange dauern.

Marketing

Unter dem Gesichtspunkt des Marketings kehrt sich die handlungsleitende Perspektive um: Nicht mehr die Produktion ist der Ausgangspunkt, sondern der Absatz und damit gerät der potenzielle Kunde in den Fokus der Aufmerksamkeit. Banal formuliert gehen alle Marketingstrategien einfachen Fragen nach:

- Wie kann ich den Kunden davon überzeugen, meine Ware zu kaufen?
- Wie komme ich an sein Geld, seine Kaufkraft?
- Wie kann ich seine Bedürfnisse wecken und ausbauen?
- Welche Argumente kann ich einsetzen?

Marketingstrategien können nur erfolgreich funktionieren, wenn zunächst eine Markt- oder Situationsanalyse vorgenommen wird. Ob dies extern durch ein Marktforschungsinstitut oder durch firmeneigene Recherchen vorgenommen wird, ändert nichts am Prinzip. Die Situationsanalyse muss eine Reihe von Aspekten beachten. Die wichtigsten sind die W-Fragen:

Wer?	Was?	Warum?	Wie viel?	Wo?	Wie?
Käufer	Produkt	Kaufmotiv	Menge	Ort	Rituale und Gewohnheiten

Daneben gilt es, die Konkurrenz im Auge zu behalten, also die Stärken und Schwächen ihrer Produkte in Relation zum Preis zu begreifen, sowie allgemein gesetzliche und gesellschaftliche Rahmenbedingungen einzukalkulieren.
Hier treffen sich Marketingaspekte mit dem operativen Controlling. Auch das Marketing hat als Hauptziele, bei der Einführung eines neuen Produktes möglichst schnell den „Break-even-Punkt" zu erreichen und möglichst lange in der Gewinnzone zu bleiben.
Beim Marketing wird heute in vielen Formen ***Outsourcing*** betrieben und an Public-Relations-Agenturen in aller Welt übertragen (↗ S. 203 ff.).

Personalwesen

Personalplanung

Sie bezieht sich sowohl auf die Quantität wie die Qualität des Personals und hat die Aufgabe, bedarfsgerechte Planungen sowohl kurzfristiger wie langfristiger Art herzustellen. Grundlage ist der unternehmerische Anspruch, jederzeit genügend und angemessen qualifiziertes Personal zur Verfügung zu haben. Neben der effizienten Einstellung und Entlassung von Arbeitskräften zählt also auch deren adäquate Ausbildung zur Personalplanung. Daher gehört zu ihren Aufgaben auch, Möglichkeiten zur individuellen Weiterqualifizierung zu schaffen.
Die Personalabteilung befindet sich grundsätzlich in einem permanenten Zielkonflikt mit der Unternehmensführung: Soziale

Aspekte wie eine gute Bezahlung, Arbeitsschutzbestimmungen, soziale Betriebseinrichtungen erhöhen einerseits die Motivation der Mitarbeiter, sind aber andererseits aus betriebswirtschaftlicher Sicht eindeutig Kosten.
Die Grundsätze heutiger Personalbeschaffung aus der Sicht der Arbeitnehmer (↗ S. 29).

Personalführung
Vor einiger Zeit geisterte das Schlagwort von der ***fraktalen Fabrik*** durch die Medien. Gemeint ist ein Unternehmen, in dem viele kleine selbstständige Einheiten relativ unabhängig und autonom voneinander produzieren und in dem konsequenterweise nur sehr flache Hierarchien herrschen (↗ S. 203). Passte zur streng hierarchisierten und taktgesteuerten Fließbandfertigung der autokratische Firmenchef, der anordnete und befahl, so sind Teamfähigkeit und Teamwork heute in vielen Unternehmen wichtige ***Schlüsselqualifikationen*** aller Mitarbeiter. Gefordert werden im Regelfall die Fähigkeit zum selbstständigen und eigenverantwortlichen Arbeiten und neben der Team- auch Konfliktfähigkeit. Alle diese Schlüsselqualifikationen werden auch im schulischen Ausbildungsbereich immer bedeutsamer, wie ein Blick in den Stellenanzeigenteil einer beliebigen Samstagszeitung bestätigen wird.
Zu diesen neuen Strukturen gehört ein Stil der Personalführung, der durch drei Stichworte gekennzeichnet werden kann:

- Eigenverantwortung: Der Vorgesetzte greift nur in Ausnahmefällen ein, im Übrigen gilt für genau definierte Aufgabenfelder und Tätigkeitsbereiche das Prinzip der Selbstverantwortlichkeit.
- Delegation: Verantwortung und Entscheidungskompetenzen werden (auf Zeit, für bestimmte Projekte) delegiert.
- Zielvereinbarungen: Die Firmenleitung bzw. die Abteilungsleitung diskutiert und vereinbart mit der Belegschaft Ziele und Vorgehensweisen, wie diese Ziele zu erreichen sind. Jeder ist dann für Weg wie Ziel mitverantwortlich.

3.2 Unternehmensführung und Management

Zunächst ist eine wichtige Unterscheidung zu treffen: Wird das Unternehmen durch den Eigentümer oder durch Manager geführt?
Im ersten Fall ist die Unternehmensführung durch persönliche Aspekte an das Unternehmen gebunden. Und häufig haftet der Unternehmer mit seinem Privatvermögen (↗ S. 12 f.).
Im zweiten Fall übernimmt ein Manager (oder eine Gruppe von Managern) die Unternehmensführung. Rechtlich gesehen ist er ein Angestellter, der Gehalt bezieht und „schlimmstenfalls" seinen Arbeitsvertrag verlieren kann (Kapitalgesellschaften: GmbH, AG, eingeschränkt auch GmbH und Co. KG, ↗ S. 12 f.). Die Bindung an das Unternehmen ist also meist geringer, die Entscheidungen der Unternehmensleitung sind daher oft riskanter und kurzfristiger. Dass hinter den Managern heute oft eine weitere Macht steht, wird auf S. 41 dargestellt.
Aber unabhängig davon, ob ein Eigentümer oder ein Manager das Unternehmen führt, sind die grundsätzlichen Aufgaben gleich:
1. Die wichtigste Führungsaufgabe ist die, Entscheidungen zu treffen, und nur der, der entscheidet, ist faktisch eine Führungskraft. Diese Entscheidungen reichen von der Wahl der Rechtsform und des Standorts bis hin zu Detailfragen in Produktionsprozessen.
2. Funktionsfähige Abläufe mit entsprechend effizienten Regeln müssen entwickelt werden – Bereich der Organisation.
3. Getroffene Entscheidungen, entwickelte Organisationsformen usw. müssen auf Einhaltung und Wirksamkeit kontrolliert werden. Daher gehört zu einem guten Management immer ein kontrolliertes und institutionalisiertes Feedback.
4. Ziele setzen und Mitarbeiter motivieren. Da das ***Humankapital*** für den Leistungsstand einer Volkswirtschaft immer wichtiger wird (↗ S. 202 ff.), wird diese Fähigkeit zunehmend bedeutsamer.

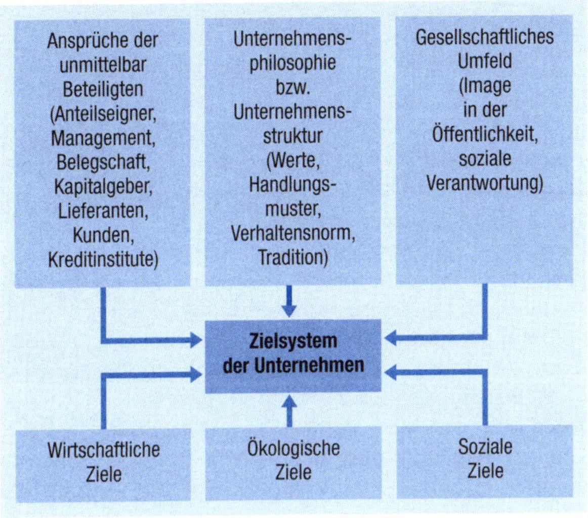

Zielsysteme

Zentraler betriebswirtschaftlicher Begriff für den Zielsetzungsprozess ist die ***Corporate Identity***, das Bemühen also, innerhalb einer Institution (Betrieb, Behörde, Sportverein …) ein Gemeinschafts- und Zusammengehörigkeitsgefühl zu wecken und weiterzuentwickeln. Wichtig ist, dass diese Unternehmensphilosophie oder -kultur von den Mitarbeitern nicht als bloß aufgesetzte Fassade erlebt wird. Die Unternehmensführung muss es schaffen, dass die Orientierung an bestimmten Werten die Denk- und Handlungsmuster aller Mitarbeiter prägt.

4 Die Börse

4.1 Die Institution Börse und ihre Aufgaben

Die Börse ist zunächst einmal ein ganz normaler Markt, allerdings für Güter, die am Börsenort selber nicht präsent sind (sog. „vertretbare Güter"). Sie hat die Aufgabe, Anbieter und Nachfrager zusammenzubringen und ihnen standardisierte, transparente und effiziente Rahmen- und Vertragsbedingungen zur Verfügung zu stellen.
Wenn sich Unternehmer, Haushalte und der Staat zusätzliche Liquidität beschaffen oder diese anbieten wollen, bedienen sie sich entweder am Geld- oder am Kapitalmarkt, also bei Banken oder der Börse.
Gehandelt wird an der Börse mit:

- schuldrechtlichen staatlichen oder privaten Wertpapieren. Dies sind z. B. staatliche Pfandbriefe, Kommunalobligationen oder Pfandbriefe der Industrie. Der Eigentümer hat Anspruch auf Verzinsung und Rückzahlung des ausgeliehenen Betrages zu einem bestimmten Zeitpunkt,
- beteiligungsrechtlichen Wertpapieren (Aktien), also Besitzanteilen an Unternehmen. Der Besitzer der Aktie hat ein Stimmrecht in der Hauptversammlung und bekommt eine jährliche, anteilige Gewinnausschüttung (Dividende),
- schuldrechtlichen und auch beteiligungsrechtlichen Mischformen,
- Termingeschäften, d. h., Lieferung und Abnahme eines Wertpapiers werden zu einem zukünftigen Zeitpunkt vereinbart.

Dementsprechend gibt es unterschiedliche Börsen. Die wichtigste ist die ***Wertpapierbörse*** (für Deutschland in Frankfurt am Main).

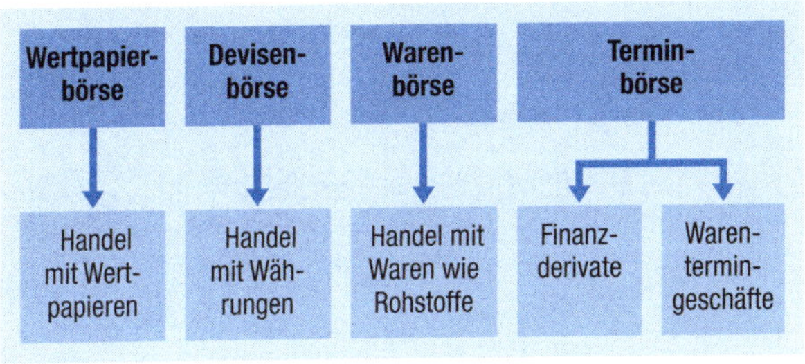

Handel treiben an der Börse dürfen nur zugelassene Börsenmakler. Sie vertreten entweder eine für den Börsenhandel zugelassene Bank oder sind als Freimakler tätig. Keine Privatperson kann also unmittelbar an der Börse selber Aktien erwerben. Erst seit der Entwicklung des Internet und des Online-Banking ist dies indirekt möglich; allerdings muss der Aktionär in spe bei einer Bank ein Depot einrichten.

Da bei den großen Aktiengesellschaften nicht alle Aktionäre zur Hauptversammlung zusammenkommen können, ist im Aktiengesetz vorgesehen, dass die Aktionäre sich vertreten lassen können. Das übernehmen die Banken, die die Aktien ihrer Kunden im Depot verwalten (Ausübung des ***Depotstimmrechts***). Dieses Recht sichert den Banken in der Bundesrepublik eine sehr große Macht, denn sie stellen bei vielen Hauptversammlungen die Mehrheit des Aktienkapitals.

Die Institution der Börse hat bei diesem Handel folgende Funktionen:

- Die Börse als Markt ist der Ort, an dem Anbieter und Nachfrager eines bestimmen Wertpapiers zu einem bestimmten Termin zusammenkommen. Dies war früher wörtlich zu verstehen: Beim so genannten Parketthandel (oder auch „Gebrüll") trafen sich Käufer wie Verkäufer in der Börsenhalle und wickelten lautstark ihre Geschäfte ab. 1997 wurde dies durch „Xetra" (Exchange Electronic Trading System) abgelöst, das den Handel per Computer virtualisierte.

Börsenstruktur in Deutschland

Deutsche Börse AG Frankfurt
- Größte deutsche Präsenzbörse
- Rechtlicher Sitz der elektronischen Börse Xetra
- Mehr als 85 % aller Aktienumsätze in Deutschland
- Viertgrößte Börse der Welt (nach New York, Tokio, London)

Regionalbörsen
- „Heimatbörse" für Aktiengesellschaften der Region
- Ausrichtung auf bestimmte Anlegergruppen, z. B. private Anleger
- Ausrichtung auf spezielle Werte, z. B. osteuropäische Aktien

- Die Übertragungs- oder Substitutionsfunktion bedeutet, dass die Besitzer eines Unternehmens jederzeit wechseln können, das Unternehmen selber ist davon nicht berührt.
- So wie sich auf jedem normalen Markt Preise herausbilden, wird auch die Börsennotierung der einzelnen Unternehmer jeden Tag durch das Marktgeschehen (also den An- und Verkauf von Aktien) neu festgelegt (die abendlichen Aktienkurse im Fernsehen).
- Die Einführung neuer Aktien in den Börsenhandel.

Aktienindizes

Der Dow-Jones-Index der New Yorker Börse in der Wall Street bildet den weltweit wichtigsten ***Börsenindex***, ihm folgen der japanische Nikkei, der Europäische Stoxx und der deutsche DAX. Das Verfahren zur Ermittlung des jeweiligen Aktienindex ist gleich. Es werden die täglichen Börsennotierungen einer bestimmten Gruppe von führenden Unternehmen mit statistischen Mittelwertermittlungen gewichtet.
In Deutschland spielt neben dem DAX, der sich aus den 30 führenden Unternehmen zusammensetzt, auch noch der TecDax

Unternehmen im DAX (Stand: 16. Dezember 2005)	
Name	*Marktkapitalisierung in Mio. Euro*
Adidas-Salomon	8.063,05
Allianz	50.966,26
Altana	3.229,05
BASF	34.826,50
Bayer	25.329,43
BMW	12.330,58
Commerzbank	16.414,84
Continental	10.764,85
DaimlerChrysler	40.418,77
Deutsche Bank	43.289,88
Deutsche Börse	9.776,28
Deutsche Lufthansa	5.611,03
Deutsche Post	13.624,76
Deutsche Telekom	36.892,68
E.ON	60.891,84
Fresenius Medical Care	2.941,24
Henkel	4.904,00
Hypo Real Estate Holding AG	6.038,66
Infineon	4.829,72
Linde	5.023,85
MAN	6.057,74
Metro	5.813,01
Münchener Rück	24.219,98
RWE	28.712,68
SAP	32.884,55
Schering	9.560,63
Siemens	60.935,76
ThyssenKrupp	6.664,36
TUI	3.826,96
Volkswagen	7.165,05

Quelle: www.wikipedia.de

eine wichtige Rolle: In ihm sind die führenden Technologie-Firmen vertreten, und er hat eine gewisse „Barometer-Funktion" für die zukünftige Entwicklung, da z.B. insbesondere die Kursentwicklung der IT-Branche oft künftige Entwicklungen vorwegnimmt. Die Übersicht oben auf der Seite zeigt die 30 führenden Unternehmen.

Der Börsengang

Wenn ein Unternehmer, der z. B. bisher eine Firma in Alleinbesitz hat, sein Unternehmen in eine Aktiengesellschaft verwandeln will, muss er über eine für den Börsenhandel zugelassene Bank einen Antrag bei der Zulassungsstelle für Wertpapiere stellen. In diesem müssen die rechtlichen und wirtschaftlichen Verhältnisse rechtlich und haftpflichtlich verbindlich dargestellt werden. Sind die Voraussetzungen erfüllt, erfolgt die Zulassung zum Handel und die Aufnahme der Notierung.

Börsenaufsicht

Seit dem 1.5.2002 nimmt die Bundesanstalt für Finanzdienstleistungsaufsicht (*BaFin*) die Aufsicht über die Börse wahr. Sie richtet ihr Hauptaugenmerk auf die Verhinderung von Börsenmanipulationen durch Insidergeschäfte. Als Insider gelten Personen, die durch ihre Stellung früher als die Öffentlichkeit über Informationen verfügen, die die Börsenkurse beeinflussen und dies zum eigenen Vorteil ausnutzen. Nachgewiesene Insidergeschäfte haben in der Regel strafrechtliche Konsequenzen, da sie juristisch wie Betrug behandelt werden.

Termingeschäfte

Optionen und Futures: Eine ***Option*** ist ein Vertrag, eine bestimmte Menge eines bestimmten Gutes jederzeit während einer festgelegten Laufzeit zu einem bestimmten Preis fordern oder liefern zu können. Nach Ablauf der Frist verfällt die Option. Der Käufer dieser Option zahlt eine Optionsprämie. Der Käufer einer Verkaufsoption kann also sein Aktienpaket gegen eventuell fallende Kurse absichern, denn er kann sein Paket jederzeit zum früher festgelegten Preis verkaufen. Steigen dagegen die Kurse, lässt er die Option verfallen und hat lediglich die Optionsprämie bezahlt. Der Unterschied zu ***Futures*** liegt in der Rechtsstellung der beiden Vertragspartner: Während bei der Option der Käufer der Option eine deutlich bessere Stellung hat, sind bei einem Future beide gleichgestellt.

In Deutschland wurde die Deutsche Terminbörse (DTB) im August 1989 gegründet. Die Termingeschäfte haben zu einem sehr großen Anstieg der privaten Aktienspekulation geführt, sodass heute in fast allen Medien über die Entwicklung der Aktienkurse informiert wird. Die Termingeschäfte bieten folgende Vorteile:

- Vor Einführung der Termingeschäfte konnte sich ein Spekulant nur zwischen dem Kauf einer Aktie, eines schuldrechtlichen Wertpapiers oder Devisen entscheiden. Er trug das gesamte Risiko dieses Geschäftes. Risikoverringerung war allenfalls durch breit gestreute Aktenkäufe in verschiedenen Branchen möglich.
- Durch Einführung von Optionen und Futures gibt es für den Privatanleger eine breite Palette, die eine feingesteuerte Risikominimierung ermöglicht – wenn man sie denn statt Risiko- und Gewinnmaximierung wünscht.

4.2 Weltweite Entwicklung der Finanzmärkte

Auf keinem anderen Sektor hat die Globalisierung ein so rasantes Tempo vorgelegt wie auf dem der Finanzmärkte. Das ist allerdings nicht weiter verwunderlich, denn in keinem anderen Bereich sind die Mobilisierungskosten so gering, im Prinzip tendieren sie angesichts der heutigen Kommunikationsmöglichkeiten gegen null. Während der elektronische Interbankhandel 1995 nur etwa 20–30 % ausmachte, waren es im Jahre 2000 bereits 90–95 %.

Die bis Anfang der 1990er-Jahre vollzogene Öffnung aller Märkte des Finanzsektors hat dazu geführt, dass im Prinzip jeder Anleger sein Geldvermögen (***Portefeuille***) sekundenschnell international umschichten kann. Da sich Anfang der 1990er Jahre die bis dato vom Weltmarkt völlig abgeschotteten ehemals sozialistischen Planwirtschaften Mittel- und Osteuropas ebenfalls zu offenen Marktwirtschaften wandelten, kann man seitdem von einem wirklich globalen Markt reden.

Indikator für die extrem gestiegenen Aktivitäten auf dem Finanzsektor ist der tägliche Umsatz auf den Devisenmärkten. Er stieg von 600 Mrd. Dollar Ende der 1980er-Jahre auf heute 1,2 Billionen. Dieser Wert wäre noch viel höher, wenn nicht seit der Einführung des Euro sämtliche Transaktionen innerhalb des EU-Gebietes aus der Zählung herausgefallen wären.
Wichtigstes Kennzeichen des Finanzmarktes ist eine weitgehende Abkoppelung von allen Warenmärkten und die Konzentration auf Devisenspekulationen und Derivatenhandel.

Devisenspekulation

Täglich werden unvorstellbare Geldmengen „um den Globus" gejagt, um Gewinne aus Wechselkursschwankungen zu erzielen. Diese eigentlich simple Tatsache ist das ganze Geheimnis der ***Devisenspekulation***. Die Besitzer der Geldvermögen (Banken, transnationale Unternehmen) versuchen z. B., eine gerade abgewertete Währung zu kaufen und nach einer Aufwertung, die oftmals nur in Bruchteilen von Promillen besteht, wieder zu verkaufen. Aufgrund der Triadisierung (↗ S. 215) geht es dabei hauptsächlich um die Schwankungen der drei Weltwährungen Dollar, Euro und Yen.
In einem System freier Wechselkurse (Floating, ↗ S. 214) sind Kursschwankungen unvermeidlicher Ausdruck von realen Entwicklungen in den nationalen Volkswirtschaften, die in den Fundamentaldaten fixiert werden: Verschieden hohe Inflationsraten führen zu nicht mehr vorhandener Kaufkraftparität, Wirtschaftskrisen verändern die nationale Währungsstabilität. Eine im Vergleich zum Export zu hohe Importrate hat als unausweichliche Konsequenz Devisenknappheit und Auslandsverschuldung zur Folge. Letztlich also basieren diese Fundamentaldaten auf realen Warenströmen, Warenhandel und Warengeschäften.
Das historisch Neue an den globalisierten Finanzmärkten ist nun, dass diese Fundamentaldaten bei den kurzfristigen Devisenspekulationen keinerlei Rolle mehr spielen. Drastisches Beispiel für eine missglückte Spekulation war der Zusammenbruch

der Londoner Handelsbank Barings im Jahr 1995: Ein in Singapur tätiger Börsenmakler dieser Bank verspekulierte sich dermaßen, dass die Bank bei Fälligkeitstermin rund 1,4 Mrd. Dollar Verlust machte und damit die Bank samt Tochterunternehmen in Konkurs ging.

Derivatenhandel

Ende der 1980er-Jahre wurden neue Finanzinstrumente entwickelt und unter dem Begriff ***Derivate*** zusammengefasst. Es handelt sich um schriftlich fixierte Rechte auf den zukünftigen (!) Erwerb oder Verkauf von Aktien, Devisenbeträgen oder anderen Vermögenswerten zu einem fest vereinbarten Preis und Termin. Natürlich können diese einmal erworbenen Derivate weiterverkauft werden, mit anderen Worten: sie sind ein Spekulationsobjekt.

Derivate sind also so etwas wie „virtuelle" Finanzgeschäfte, die noch in der Zukunft liegen. Dies birgt die Gefahr, dass umfangreiche Derivatengeschäfte eingegangen und das damit verbundene Risiko unterschätzt wird – siehe die Barings-Bank. Dies

Weltweiter Umsatz börsengehandelter Derivate

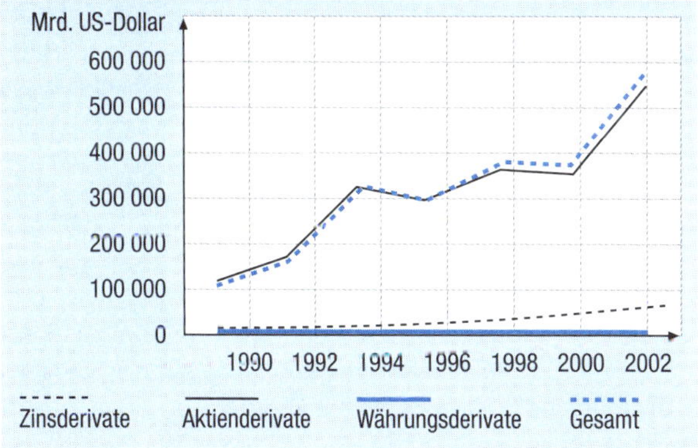

führt zu riskanten Entwicklungen wie der künstlichen Aufblähung des Aktien- und Devisenmarktes, was dann die Spekulationen wiederum in die Höhe treibt und die Stabilität des allgemeinen internationalen Finanzsystems gefährdet. Bricht dann ein Unternehmen ein, kommt es zum Domino-Effekt, weil Banken oder sonstige Institute untereinander verschuldet sind oder ihre Liquidität gemeinsam in Großprojekte gesteckt haben. Oft reicht dann ein vergleichsweise winziger Anstoß zum Zusammenbruch der Finanzgeschäfte.

Ein internationaler Ordnungsrahmen für alle diese kurzfristigen und spekulativen Geschäfte existiert noch nicht. Es gibt allerdings eine Reihe von Überlegungen und Vorschlägen, die sich grob in zwei Kategorien aufschlüsseln lassen:
1. Besteuerung der Gewinne aus kurzfristigen Spekulationen und Transaktionen (die sog. ***Tobin-Steuer***): Dieses verlangt eine weltweite – zumindest gemeinsam von den USA, der EU und Japan getragene – Realisierung und birgt eine Fülle von Detailproblemen, denn die Erhebung und Verwendung von Steuern ist nach wie vor einer der zentralen Bereiche der nationalen Souveränität. Erst seit kurzem diskutieren Wirtschaftspolitiker diesen schon älteren Vorschlag ernsthaft, aber auch sehr kontrovers. Die Realisierung der Tobin-Steuer würde allerdings den Anreiz für diese Art von „Geschäften" nachhaltig stärken.
2. Staatliche Regulierungen und Vorschriften: Sie konzentrieren sich auf
- Verbesserung der Aufsicht von Kapitalbewegungen und makroökonomischer Entwicklung in den einzelnen Ländern;
- Verbesserung des Risikomanagements im öffentlichen und privaten Bankensektor, insbesondere beim Liquiditäts- und Schuldenmanagement;
- Ausbau von Aufsichtsgremien und -verfahren einschließlich Risikoprüfung und Einführung von Obergrenzen bei der Kreditaufnahme in ausländischen Währungen;
- Kontrolle von Kapitalimporten im Krisenfall;

- Anreize für langfristige Investitionen durch Ausgabe langfristiger staatlicher Schuldverschreibungen, um so den kurzfristigen Kapitalimport durch positive Anreize in langfristige Anlagen umzulenken;
- Transparenz durch verbesserte Datenlage, Statistiken, Buchhaltung und Bilanzierung.

Fondsgesellschaften

Fondsgesellschaften (***Investmentfonds***) treten zwischen die Unternehmen und die Kapitalanleger. Der Grundgedanke ist folgender: Fondsgesellschaften erwerben mit dem Geld der Anleger Aktien eines möglichst breiten Firmenspektrums, dazu aber

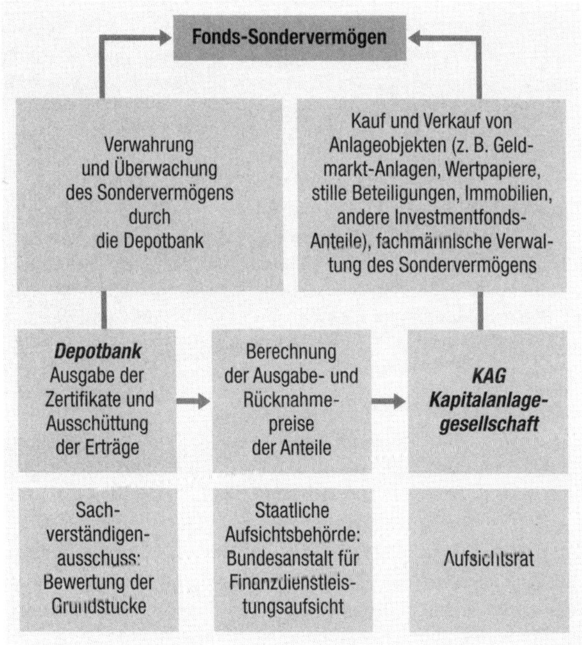

auch Staatsanleihen (Pfandbriefe, Rentenpapiere), Immobilien und andere beteiligungsrechtliche Anlageobjekte, wie z. B. Besitzanteile an Frachtschiffen. Damit wird das Risiko der Anleger gestreut und die Anlage insgesamt sicherer, als das bei bloßem Aktienbesitz (womöglich noch der Aktien einer einzigen Firma) der Fall ist.
Der Anleger, der statt Aktien Fondsanteile kauft, ist also verhältnismäßig sicher vor Kurs- und Devisenschwankungen sowie kaufmännischen Fehlentscheidungen bis hin zu Insolvenzen, da es ja immer um mehr als ein Unternehmen geht.
Fonds ermöglichen insbesondere Kleinanlegern, bequem und sicher ihr Geld in allen Anlagebereichen anzulegen. Die Verwaltungsgebühren, die die Fondsgesellschaften fordern, sind überschaubar und relativ gering. Die Anlegergelder sind Sondervermögen der Investmentgesellschaft und der Depotbank. Selbst im Falle eines Konkurses der Investmentgesellschaft oder Depotbank bleibt das Geld der Anleger unangetastet.

Fonds sammelten 7,8 Milliarden Euro ein

Frankfurt/M. (FR). Der deutschen Fondsbranche flossen im Oktober 7,7 Milliarden Euro neue Anlagemittel zu. Davon entfielen 4,4 Milliarden auf Spezialfonds und 3,4 Milliarden auf Publikumsfonds, teilte der Bundesverband Investment und Asset Management e. V. mit. Weiterhin führen Rentenfonds mit einem Zufluss von 1,3 Milliarden Euro die Publikumsfonds-Absatzliste an, dicht gefolgt von Geldmarktfonds, die 1,1 Milliarden neues Anlagekapital einsammelten. Anleger vertrauten Aktienfonds im Oktober 0,5 Milliarden Euro neue Mittel an. Bei offenen Immobilienfonds hielten sich Käufe und Verkäufe nahezu die Waage.

Weser-Kurier, 24. 11. 05

Fonds unterliegen in Deutschland der staatlichen Genehmigung und Aufsicht durch die BaFin. Allerdings ist nicht nur das Risiko bei Fondsanteilen deutlich geringer als bei reinem Aktienbesitz, sondern auch die Gewinnmarge.

Große Gefahr für die Stabilität

BaFin-Chef Sanio warnt vor Krise bei Hedge Fonds-Pleite

Berlin (dpa). Der oberste deutsche Finanzmarktaufseher, Jochen Sanio, befürchtet eine internationale Finanzkrise, sollte ein großer Hedge Fonds in Schwierigkeiten geraten. Die Pleite des Hedge Fonds Amaranth, der im vergangenen Herbst innerhalb weniger Tage rund fünf Milliarden Dollar verlor, sei ein „klares Warnsignal" und „starkes Wetterleuchten" gewesen, sagte der Präsident der Bundesanstalt für Finanzdienstleistungsaufsicht (BaFin) der „Welt am Sonntag". …

Wie man mit den hoch spekulativen Hedge Fonds umgehen solle, werde international äußerst kontrovers diskutiert. „Niemand bestreitet aber noch ernsthaft, dass hier ein großes Gefahrenpotenzial für die Stabilität des internationalen Finanzsystems besteht", erläuterte Sanio. …

Weser Kurier, 19. 3. 07

Hedge Fonds

Hedge Fonds sind die „wilde Schwester" der Investment Fonds. Sie arbeiten neben den klassischen Anlageformen auch mit Termingeschäften (Optionen und Futures), Derivaten und anderen, mit hohem Risiko behafteten Anlagemöglichkeiten. In Deutschland sind erst seit dem 1. 1. 2004 „Sondervermögen mit zusätzlichen Risiken" offiziell erlaubt, und dies auch nur in einer stark „gezähmten" Variante. Eine eher naiv anmutende Regelung besteht z. B. in der Verpflichtung für Hedge-Fonds-Anbieter, auf ihren Verkaufsprospekten Warnhinweise anzubringen: „Der Bundesminister der Finanzen warnt: Bei diesem Investmentfonds müssen Anleger bereit und in der Lage sein, Verluste des eingesetzten Kapitals bis hin zum Totalverlust hinzunehmen!"

Außerhalb Deutschlands gehören Hedge Fonds zu den am stärksten wachsenden Anlageformen. Internationale Schätzungen schwanken zwischen 7000 und 11 000 Fonds mit einem geschätzten Anlagevolumen zwischen 750 und 1100 Milliarden US-Dollar.

Grillpartys

Mit diesem eher zynischen Insiderbegriff ist keineswegs das sommerliche Holzkohlevergnügen gemeint, sondern eine sowohl für die Unternehmenskultur als auch die Sozialstaatlichkeit sehr bedenkliche Entwicklung. Sie hängt stark mit der Expansion der Fondsgesellschaften und dem wachsenden Einfluss der ***Fondsmanager*** auf die Unternehmensleitungen zusammen. Während der traditionelle Manager immerhin noch Angestellter der Firma ist, die er leitet, und von daher noch eine gewisse Verbundenheit mit ihr hat, sind die Firmenleitungen der Fondsgesellschaften ausschließlich am kurzfristigen und möglichst hohen Gewinn derjenigen Firmen interessiert, deren Aktien sie in ihrem Bestand haben. Die Entwicklung von Corporate Identity, der Erhalt von Arbeitsplätzen, umweltschonende Produktion – all das zählt nichts gegen die ***rigorose Gewinnorientierung***. Die Fondsmanager kontrollieren in zunehmendem Maße die Firmenmanager und verlangen im Regelfall die Erfüllung derjenigen Maßnahmen, die eine kurzfristige Gewinnsteigerung ermöglichen. Oder sie verlangen von ihnen Rechenschaft, wenn sie diese Forderungen nicht erfüllen – das meint übrigens „grillen" in diesem Zusammenhang. Die üblichen Forderungen bei „Grillpartys":

- unrentable Unternehmensbereiche abstoßen, stilllegen,
- die Produktivität erhöhen,
- überflüssige bzw. unrentable Arbeitskräfte sofort entlassen,
- neue Märkte aggressiv erobern.

Die USA haben auch auf diesem Gebiet den zweifelhaften „Vorteil", den Europäern „voraus" zu sein: Während die Aktienlandschaft hier durchaus noch von Mehrheitsaktionären geprägt ist, werden in den USA gut zwei Drittel aller Aktien bereits nicht mehr von Privatpersonen, sondern von Fondsgesellschaften gehalten, und zwar mit den oben bereits dargelegten Konsequenzen.

Wirtschaftsordnung

5.1 Überblick über Theorien und Konzepte der Wirtschaftspolitik

Ökonomisches Denken vor Adam Smith

Bis zum ausgehenden Mittelalter gab es keinerlei Vorstellungen von einer ***nationalen Wertschöpfung***, geschweige denn Indizes und Maßstäbe zur näheren Bestimmung dieser Größe. Erst der Merkantilismus brachte vom 16. bis zum 18. Jh. erste Ansätze volkswirtschaftlichen Denkens, ohne sich allerdings von der Statik der mittelalterlichen Auffassung lösen zu können: Nationaler Gewinn ist nur möglich, wenn eine andere Nation entsprechend verliert. Daher lieferte der Merkantilismus auch in erster Linie die Legitimation für politische Vorgehensweisen. Der auf der Erde bestehende Reichtum ist so etwas wie eine fixe Größe, und es geht darum, wie dieser Reichtum verteilt wird. Gewinn und Wohlstand entstehen also nur im Handel mit (eigentlich: in der Übervorteilung von) anderen Nationen. Politische Konsequenz des Merkantilismus ist daher der europäische Konkurrenzkampf um die Weltherrschaft:

Folgerichtig kennzeichnen den Merkantilismus hauptsächlich zwei Bestrebungen:

- Der Staat soll eine ***aktive Handelsbilanz*** aufweisen, also mehr exportieren als importieren, da eine „passive Handelsbilanz" zwangsläufig zur Zerrüttung der Staatsfinanzen und damit zu allgemeiner Verarmung führt.
- Ein rigoroser nationaler Blick: Protektionismus in Form von Schutzzöllen und Subventionen ist grundsätzlich gut, um die Position der eigenen Nation im Wettkampf um die knappen Ressourcen zu stärken.

Ein dynamisches, wachstumsorientiertes Verständnis des volkswirtschaftlichen Wertschöpfungsprozesses entwickelten erst die Physiokraten. Allerdings sahen sie die Landwirtschaft als die einzige Quelle des Reichtums, da nur die Natur aufgrund ihres Stoffwechsels aus der Sonnenenergie Materie schaffen könne, die Wertschöpfung also einzig im Agrarsektor erfolge. Handwerk, Manufakturproduktion, Handel und Dienstleistungen verwandeln die in der Landwirtschaft geschaffenen Werte lediglich, ohne sie vermehren zu können. Vermehrung der Produktion konnte sich in dieser Sichtweise nur als Folge gesteigerter landwirtschaftlicher Produktion ergeben.
Der Hauptvertreter des Physiokratismus war der Franzose François Quesnay (1694–1774). Er entwickelte das erste Modell eines Wirtschaftskreislaufs (***Tableau economique***) mit den Komponenten Entstehung, Verwendung und Verteilung des Sozialproduktes. Das Tableau kann durchaus als Vorläufer der volkswirtschaftlichen Gesamtrechnung (↗ S. 122) bezeichnet werden.

Liberalismus

Die einsetzende Industrialisierung und Maschinisierung im 19. Jh. (Dampfmaschine) schufen die Grundlage für die Industrielle Revolution – Massenproduktion, Entstehung einer städtischen Arbeiterschicht, Entwicklung eines allumfassenden nationalen und internationalen Marktes. Diesen neuen Herausforderungen waren weder der Merkantilismus noch die Physiokraten gewachsen, gefordert war eine ***Nationalökonomie***. Als „Klassiker" der Volkswirtschaftslehre bezeichnet man eine Reihe von Ökonomen, die gegen Ende des 18. Jh.s die Wirtschaftswissenschaft zu einer selbstständigen wissenschaftlichen Disziplin entwickelt haben und sie von bisherigen philosophischen und politischen Überlegungen abkoppelten. Adam Smith (1723–1790) und David Ricardo (1772–1823), daneben Thomas Robert Malthus (1766–1834), Jean Baptiste Say (1767–1832) und John Stuart Mill (1806–1873). Ihr Denken richtete sich gegen die von Staatsmännern und Verwaltungsbeamten dirigierte Ökonomie

des merkantilistischen Zeitalters. Im Gegensatz dazu betont die klassische Lehre die Eigengesetzlichkeit des Verhaltens von Gruppen und Individuen, die gegen die Reglementierungs- und Herrschaftsansprüche von Institutionen geschützt werden sollen.
Ausgangspunkt des liberalistischen Denkens sind die real existierenden Individuen mit ihren egoistischen Partikularinteressen. Das moderne Menschenbild des freien Individuums bildet die Grundlage des Liberalismus: Der Mensch ist frei

- von Sklaverei, Leibeigenschaft, staatlicher Willkür und
- frei zum selbstständigen und selbstverantwortlichen Handeln.

Wenn die Menschen nur ihren eigenen wirtschaftlichen Interessen nachgehen und in freier Konkurrenz auf den Märkten miteinander in Beziehung treten, werden sie nach Adam Smith' Auffassung „automatisch" und von einer ***unsichtbaren Hand*** gesteuert zum Wohle der Gesamtheit beitragen. Da jeder Einzelne sich bemüht, sein eigenes Kapital möglichst gewinnbringend einzusetzen, sorgen die Marktmechanismen von Angebot und Nachfrage sowie Konkurrenz dafür, dass sich die natürliche Ordnung einer sozial harmonischen Gesellschaft einstellt. Smith sieht hierin ein objektives Gesetz, das die Produktion und Verteilung der Güter regelt.

Die wirtschaftspolitische Aufgabe des Staates besteht nach Smith in der Schaffung von Bedingungen, die das individuelle Wirtschaften fördern, nämlich

- nach innen Schaffung und Unterhaltung von Einrichtungen der öffentlichen Infrastruktur,
- die Aufrechterhaltung der Rechtsordnung (Schutz des Privateigentums) und die Sicherung der Individualrechte
- und nach außen die Erhaltung der militärischen Verteidigungsbereitschaft.

Der Staat soll sich so weit wie möglich wirtschaftlicher Aktivität enthalten. Staatliche Eingriffe verhindern eine optimale Entfaltung der Wirtschaftskräfte. Smith sieht das marktwirtschaftliche System als ein quasi naturgesetzliches System, das optimal funktioniert und daher nicht infrage gestellt werden darf.

Ricardo und insbesondere Malthus entwickelten die später widerlegte Theorie des ***Existenzlohns***: Der Arbeitslohn für die Arbeiterschicht werde sich auf Dauer nicht vom unerlässlichen Existenzminimum abheben, da jede Lohnerhöhung sofort eine entsprechende Erhöhung der Arbeiterpopulation nach sich ziehe, was die Konkurrenz unter den Arbeitern erhöhe und damit den Lohn senken würde. Dies hätte in der nächsten Generation ein Absenken der Population zur Folge, das Angebot an Arbeitskräften würde geringer, damit würde der Lohn wieder höher und der gleiche Zyklus begänne aufs Neue.
Nach Say (***Say'sches Theorem***) kann es in diesem System keine ernsthaften Wirtschaftskrisen, kein Auseinanderfallen zwischen gesamtwirtschaftlichem Angebot und gesamtwirtschaftlicher Nachfrage geben. Dieser Optimismus resultierte aus der Annahme einer ausreichenden Wirksamkeit der marktwirtschaftlichen Kräfte und einer behaupteten Tendenz zu einem gesamtwirtschaftlichen Gleichgewicht bei Vollbeschäftigung. Ein dauernder Überschuss des Gesamtangebotes über die Gesamtnachfrage ist in einer Volkswirtschaft nicht möglich, weil jeder Anbieter tauschen will und damit auch in Höhe seines Angebotes nachfragt.

Angebots- und Nachfragekurve

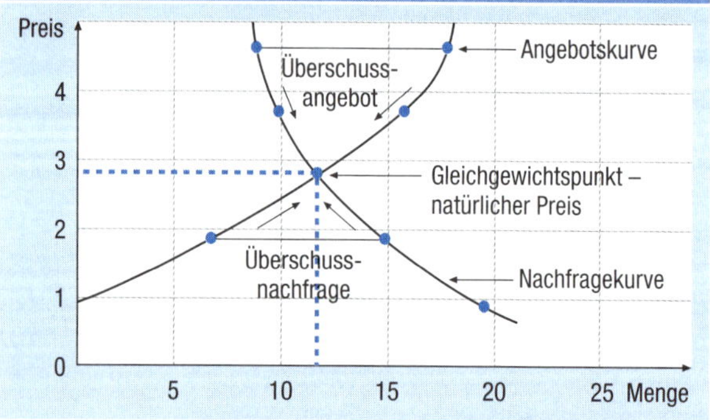

Auf diese Weise muss jedem zusätzlichen Angebot eine zusätzliche Nachfrage gegenüberstehen. Für jedes Gut gibt es auf dem Markt einen natürlichen Preis (im Schnittpunkt zwischen Angebots- und Nachfragekurve – vgl. die Grafik auf S. 45), in dem sich Angebot und Nachfrage vollständig decken. Diese Vorstellung ist für Vertreter des klassischen Liberalismus (Neoklassiker) die Hauptursache für Arbeitslosigkeit: Der natürliche Preis für die Arbeit (der Arbeitslohn) wird „künstlich" (durch Arbeitskämpfe usw.) über den Gleichgewichtspunkt gehoben, dadurch existiert kein natürliches Gleichgewicht mehr, sondern die Nachfrage nach Arbeit sinkt notwendig, es entsteht ein Überschussangebot also Arbeitslosigkeit.
Falls trotzdem Krisen auftreten, könnten sie nur durch exogene Kräfte (also solche, die nicht aus dem eigenen Wirtschaftskreislauf, sondern von außen kommen) verursacht werden oder partieller und vorübergehender Natur sein. Partielle Überproduktionskrisen (auch an Arbeitskräften – vgl. Malthus) wurden als ein reinigender Prozess mit Auslesefunktion empfunden, der die Fehlleitung von wirtschaftlichen Ressourcen offenbart und letztlich dadurch verhindert. Auf diese Weise birgt die Krise in sich bereits den Keim für einen neuen Aufschwung.

Die Grundsätze der liberalen Wirtschaftstheoretiker lassen sich in vier Prinzipien zusammenfassen:

- Alleiniger Akteur ist das Individuum (und nicht der Staat). Jeder Mensch hat das Recht auf „Versuch und Irrtum" und entscheidet selbstständig über seine Aktivitäten.
- Der Mensch ist selbst verantwortlich für die Konsequenzen seines Tuns (Haftungsprinzip).
- Gelenkt werden alle Menschen von ökonomisch-rationalen Entscheidungen, um die eigene Situation zu optimieren.
- Freie Konkurrenz ist die Voraussetzung für das Funktionieren des Gesamtsystems.

Auch in der Sicht auf den internationalen Handel überwindet der Liberalismus die statische Konkurrenz des Merkantilismus.

David Ricardo kann logisch einwandfrei nachweisen, dass sich der Handel zwischen zwei Staaten in (fast) jedem Falle für beide Seiten lohnt. Er formuliert die Theorie der ***absoluten*** und der ***komparativen*** (oder relativen) ***Kostenvorteile*** (↗ S. 213).

Der Sozialismus

Der Frühsozialismus

Die Bezeichnung ***Frühsozialismus*** ist recht willkürlich, denn sie bezeichnet einen großen Kreis sehr unterschiedlicher Theoretiker aus vielen Nationen, die sich zudem kaum untereinander kannten. Es gibt aber drei Gemeinsamkeiten:

- Alle sehen das Elend, das die vom Liberalismus so enthusiastisch begrüßte Industrielle Revolution mit sich bringt: die Entwurzelung und Verelendung vieler ehemals bäuerlicher Schichten, die unmenschlichen Arbeitsbedingungen, die elenden sozialen Verhältnisse. Einig sind sich daher alle in der Ablehnung des Liberalismus und des heraufziehenden Kapitalismus und in der Notwendigkeit politisch-sozialer Reformen.
- Alle bekennen sich zum Prinzip der grundsätzlichen Gleichheit aller und meinen im Regelfall damit nicht nur die formale Gleichheit vor dem Gesetz (wie es z. B. Art. 3 GG formuliert), sondern Gleichheit der sozialen und materiellen Lebensverhältnisse. (Also etwas, das ein Liberaler noch heute als „Gleichmacherei" verdammen würde!)
- Alle haben vor 1848 geschrieben, als mit der Herausgabe des „Manifests der kommunistischen Partei" durch Marx und Engels die Phase des so genannten wissenschaftlichen Sozialismus beginnt.

Zwei unterschiedliche Strömungen lassen sich identifizieren: die utopischen Sozialisten und die radikalen Sozialreformer.

Utopische Sozialisten

Gemeinsam ist den utopischen Sozialisten die Vorstellung, eine ideale Gesellschaft könne sofort und ohne Rücksicht auf die historischen Umstände allein durch das gute Beispiel gebildet wer-

den. Kleine Mustergemeinschaften, in denen jegliches Privateigentum abgeschafft ist, würden die positiven Umstände vorleben und auf Dauer werde sich niemand diesem guten Vorbild entziehen können.
Die utopischen Sozialisten werden oft auch als ***Gleichheitskommunisten*** bezeichnet, weil sie das Gemeineigentum auch an den Verbrauchsgütern herstellen wollen: Jeder bekommt jeden Güterkonsum und -genuss genau zugemessen.

Radikale Sozialreformer
Auch die radikalen Sozialreformer glauben an die Macht des guten Beispiels. Von den utopischen Sozialisten trennt sie jedoch die Vorstellung, die umfassende Reform der Gesellschaft an einem einzigen Punkt ansetzen zu können – gewissermaßen an der Keimzelle des Übels. Diese „Keimzelle" ist für viele Anhänger dieser Schule der Handelsprofit, also der Gewinn, den die Händler, die zwischen den Produzenten und den Konsumenten stehen, erzielen. Aus diesem Grunde sind viele radikale Sozialreformer „***Mutualisten***" (von lat. „gegenseitig, wechselseitig") und sehen als zentralen Punkt der Sozialreform die Ausschaltung des Handelsgewinns an.

Marxismus/Kommunismus
Karl Marx (1818–1883) selbst bezeichnet sein Konzept als „wissenschaftlich" und grenzt sich damit von den Frühsozialisten ab. Seine Theorie fußt nach seiner eigenen Einschätzung (und der seiner Epigonen bis ins späte 20. Jh.) auf Analysen
- der historischen Entwicklung der Menschheit von den Anfängen bis zur Gegenwart (historischer Materialismus),
- der Strukturgesetze der gegenwärtigen Gesellschaft (***Politische Ökonomie***) und
- der weiteren Entwicklung der menschlichen Zivilisation (dialektischer Materialismus).

Kernpunkt seiner Theorie ist die Politische Ökonomie, da nach seiner Vorstellung die Ökonomie die „Basis" der Gesellschaft bil-

det, auf der sich ein politischer, kultureller und sozialer „Überbau“ erhebt. Er kann zwar auf die „Basis“ zurückwirken, grundsätzlich aber wird er von ihr dominiert.
Kernpunkt der Politischen Ökonomie ist die ***Arbeitswertlehre***: Marx übernimmt von Ricardo die Vorstellung, nur die menschliche Arbeit sei wertschaffend. Der Wert eines Produktes ist allein bestimmt von dem Quantum der in ihm „steckenden“ menschlichen Arbeit. Wertanteile, die etwa durch die Abnutzung von Maschinen in das Produkt fließen, sind kein Gegenargument, denn auch in der Maschine steckt die während ihres Baus benötigte Arbeit. Die Maschine gibt diesen in ihr befindlichen Wert also lediglich an das Produkt weiter.
Kern der Arbeitswertlehre ist die ***Mehrwerttheorie***: Allein die menschliche Arbeit ist in der Lage, mehr Wert zu schaffen, als sie zu ihrer eigenen „Reproduktion“ benötigt. Der ungewöhnliche Begriff der Reproduktion meint die Erfüllung zumindest aller Grundbedürfnisse, um am Leben zu bleiben. Der Arbeitgeber zahlt dem Arbeiter prinzipiell nur die Summe, die dieser zu seiner eigenen Reproduktion nötig hat und hält ihm den Rest – den Mehrwert – widerrechtlich vor. Die kapitalistische Produktion ist also immer und per se Ausbeutung, da die Arbeiter nie den vollen Ertrag ihrer tatsächlich geleisteten Arbeit erhalten werden.
Aus den Faktoreinkommen (↗ S. 121), das die Besitzer der Produktionsfaktoren Boden, Arbeit und Kapital gemeinsam erwirtschaften und dann untereinander verteilen, wird also bei Marx ein antagonistischer Widerspruch (d.h. innerhalb des kapitalistischen Systems nicht aufhebbar): Den Arbeitern, die ausschließlich und allein den gesamten Wertschaffungsprozess bewerkstelligen, stehen die Klassen der Grund- und Kapitalbesitzer gegenüber, die die Arbeiter um ihren gerechten Lohn betrügen.
Auf diesem Kerngedanken fußen sämtliche weiteren politisch-revolutionären Gedanken und Forderungen des Marxismus/Kommunismus: die (gewaltsame) Enteignung der Grund- und Kapitalbesitzer, die Überführung der Produktionsmittel in

Volkseigentum, die Abschaffung der Marktwirtschaft, die Errichtung der „klassenlosen" Gesellschaft.
In der Zeit zwischen 1917 (Beginn der sozialistischen Revolution in Russland) und 1991 (dem fast weltweiten Ende der sozialistischen Staaten) ist immer wieder erfolglos versucht worden, die Marx'sche Arbeitswertlehre und die Mehrwerttheorie empirisch-mathematisch zu beweisen. Dies hat sich aus einem logischen und einem mathematischen Grund als undurchführbar erwiesen:

- Der offensichtliche Widerspruch, dass die Substitution von Arbeit durch Maschinen (↗ S. 192) den neu erschaffenen Mehrwert immer weiter verkleinern muss, bis schließlich eine vollautomatisch arbeitende Fabrik überhaupt keinen Mehrwert mehr erschaffen kann, ist logisch nur auflösbar, wenn man die Marx'sche Mehrwerttheorie aufgibt.
- Die „Verteilungsquantität" in dem neu geschaffenen Produkt ist mathematisch nicht bestimmbar. Es gibt keine mathematisch einwandfreien Verfahren, nach denen genau berechnet werden könnte, wie groß denn nun der tatsächlich neu geschaffene Mehrwert sein könnte. Letztlich basiert die Mehrwerttheorie auf einem Axiom.

Keynesianismus

Das Say'sche Theorem eines quasi naturgesetzlichen ökonomischen Gleichgewichts wurde von der Weltwirtschaftskrise in aller Deutlichkeit widerlegt. So betrug in Deutschland 1931/32 die Arbeitslosenquote rund 33 %. Die liberalistische Wirtschaftstheorie stand dieser Tatsache hilflos gegenüber; denn ihren Annahmen zufolge

- muss das gesamte an die Arbeiter als Lohn gezahlte Geld an die Kapitaleigner in Form der Bezahlung der Produkte bzw. über die Sparguthaben der Arbeiter bei den Banken in Form von Kreditinvestitionen zufließen, es also einen Zustand der „prästabilisierten Harmonie" – also eines grundsätzlich stabilen Gleichgewichts – geben;

- muss bei einem Überangebot an Arbeitskräften der Preis der Arbeit (also der Arbeitslohn) so lange sinken, bis Angebot und Nachfrage wieder in Übereinstimmung sind. Arbeitslosigkeit kann also immer nur eine vorübergehende bzw. „freiwillige" Erscheinung sein.

In dieser Zeit trat John Maynard Keynes (1883–1946) als Begründer einer neuen Wirtschaftsordnung zwischen liberalem Kapitalismus und Sozialismus mit seinem Hauptwerk 1936 an die Öffentlichkeit. Er forderte energisch das aktive Eingreifen des Staates in die wirtschaftlichen Vorgänge und begründete diesen grundsätzlichen Paradigmenwechsel theoretisch. Während im Mittelpunkt der traditionellen (klassischen) Wirtschaftstheorie das einzelne Unternehmen und der einzelne Arbeiterhaushalt stand, entwickelte Keynes mit seinen Mitarbeitern eine neue Theorie, die in der Lage war, die anhaltende Massenarbeitslosigkeit zu erklären. Er stellte dem ***mikroökonomischen***, betriebswirtschaftlichen ***Standpunkt*** einen ***makroökonomischen***, gesamt- oder volkswirtschaftlichen Standpunkt entgegen: Was geschieht, wenn alle Unternehmen eines gegebenen Wirtschaftskreislaufes aufgrund bestehender Arbeitslosigkeit und hoher Konkurrenz auf dem Arbeitsmarkt in die Lage versetzt werden, die Löhne herabzusetzen? Dann werden auch die Einkommen der privaten Haushalte sinken – und damit die gesamtwirtschaftliche Konsumnachfrage. Das müsste die Krise aber noch weiter verschlimmern, denn ein Unternehmer stellt auch bei sinkenden Löhnen so lange keine neuen Arbeitskräfte ein, wie die Nachfrage nach seinen Produkten unbefriedigend ist. Makroökonomisch betrachtet hängt also die Beschäftigung vor allem von der Gesamtnachfrage und diese wiederum vom Volkseinkommen ab.

Dieser Wechsel von der mikro- zur makroökonomischen Perspektive wirkte umwälzend auf die Wirtschaftspolitik. Der wichtigste Bestimmungsgrund der Krise ist für Keynes die gesamtwirtschaftlich zu geringe Nachfrage. Diese regelt wesentlich die Höhe der Produktion und damit den Stand der Konjunktur. Keynes kehrt das Say'sche Theorem also genau um! Nicht mangelnde Kapitalrentabilität ist die Ursache für die Krise, sondern die negativen Prognosen der Unternehmer, die fürchten, ihre Produkte nicht absetzen zu können.

Die entscheidende Frage lautet also: Wie kann die ***gesamtwirtschaftliche Nachfrage*** wieder auf das Niveau gehoben werden, welches die Vollbeschäftigung sichert?

- Bloße Lohnerhöhungen scheiden aus, denn sie sind für den einzelnen Unternehmer Kosten, welche die Produktion unrentabel machen. Diese Kapitalrentabilität (↗ S. 11) könnte zwar durch Lohnsenkungen (also Kostensenkungen für den Unternehmer) gestärkt werden, aber das würde die gesamtgesellschaftliche Nachfrage weiter verringern, ist daher ebenfalls ausgeschlossen.
- Auch das Zinsniveau ist – wenngleich keineswegs unwichtig – nur bedingt zur Konjunkturbelebung geeignet, denn weder werden Kapitaleigner sich von niedrigen Zinsen zu in ihren Augen sinnlosen Investitionen anreizen noch arbeitslose oder wenig verdienende Konsumenten zu kreditfinanzierten Käufen stimulieren lassen.
- Des Weiteren scheiden exogene Faktoren wie die Auslandsnachfrage aus, denn diese sind nicht zu beeinflussen und hängen von viel zu vielen Faktoren ab.

Der zentrale Gedanke von Keynes ist nun der, dass der Staat zusätzliche Nachfrage schaffen muss, indem er z. B. Arbeitsplätze schafft oder als Nachfrager in bestimmten Branchen auftritt. Zu diesem Zweck muss der Staat vorübergehend Haushaltsdefizite in Kauf nehmen (***deficit spending***). Der Wirtschaftsprozess wird dann wieder in Schwung gebracht und die Steuereinnahmen werden steigen, sodass die aufgelaufenen Schulden in der nächsten Prosperitätsphase getilgt werden können. Dies war in den 1930er-Jahren ein revolutionärer Vorschlag, der Keynes die harsche Kritik sämtlicher liberaler Wirtschaftstheoretiker eingebracht hat, denn bisher hatte der Grundsatz gegolten, dass der Staatshaushalt ausgeglichen sein müsse und der Staat sich auf keinen Fall verschulden dürfe. Genau darauf aber bestand

Keynes. Wenn der Staat seine Nachfrage entsprechend seinen sinkenden Steuereinnahmen drosseln würde, dann werde der Abschwungprozess zwangsläufig verstärkt und die Krise noch auswegloser. Der Staat müsse daher „antizyklisch" agieren, d. h., gerade in Abschwungphasen zusätzliche Nachfrage und Investitionsanreize schaffen.

Im Gegensatz zu den Liberalen, die die Aufgaben des Staates auf die Bereitstellung allgemeiner Rahmenbedingungen bei sonstiger völliger Zurückhaltung gegenüber dem wirtschaftlichen Bereich begrenzt sehen wollen, fordert Keynes entschieden die Ausdehnung der Regierungsaufgaben hin zur Steuerung der gesamtgesellschaftlichen Nachfrage. Alle staatlichen Organe sollen verpflichtet werden, die wirtschaftlichen Vorgänge im Sinne des Ziels der Vollbeschäftigung zu steuern. Die Prämissen der Marktwirtschaft wie grundsätzliche Beibehaltung des Privateigentums an Produktionsmitteln und Leistungsprinzip gelten weiter.

Zudem bot Keynes eine in der Theorie ebenso einfache wie einleuchtende „Lösung" des Verschuldungsproblems: Die im Rahmen der ***antizyklischen Konjunkturpolitik*** während der Phase der Depression gemachten Staatsschulden zur Finanzierung zusätzlicher Nachfrage und für Investitionsförderprogramme sollen in den Zeiten des nächsten Booms wieder „hereingeholt" werden. In Zeiten von Hochkonjunktur solle der Staat also

- Subventionen und Abschreibungsmöglichkeiten zusammenstreichen,
- sowohl unternehmensbezogene als auch konsumbezogene Steuern anheben
- und von den Unternehmern zu leistende ***Konjunkturausgleichszahlungen*** (als „Polster" für die nächste Rezession) einfordern.

Auf diese Weise sollten nicht nur die in der letzten Rezession gemachten Staatsschulden ausgeglichen, sondern auch für die nächste Krise eine Konjunkturrücklage geschaffen werden.

Dieses Modell sieht verblüffend einfach und durchführbar aus, in der Praxis aber hat sich leider erwiesen, dass es in dieser Form nicht praktikabel ist. Es wurde auch bisher nirgends auf der Welt in dieser Form längerfristig realisiert, denn Keynes hat schlicht und einfach die Psychologie übersehen:

- An nichts gewöhnen sich Menschen (Unternehmer wie Konsumenten) so schnell wie Vorteile und Privilegien, und nichts empört sie derart wie der Versuch, ihnen diese wieder wegzunehmen.
- Daher fürchten Politiker, die im Regelfall wiedergewählt werden wollen, nichts so sehr wie den Angriff auf die Geldbeutel ihrer Wähler, was sie zuverlässig Wählerstimmen kostet.

5.2 Die wirtschaftspolitische Entwicklung in Deutschland seit 1945

Ordo- und Neoliberalismus

Im Wort „Ordo“ steckt unser deutscher Begriff „Ordnung“ (besser: Ordnungspolitik), d.h., der Ordoliberalismus basiert auf einer ***interventionistischen Konzeption*** auf der Grundlage einer möglichst reibungslos funktionierenden Marktwirtschaft. Die theoretischen Grundlagen des Ordoliberalismus entstanden in etwa zeitgleich zum Keynesianismus zwischen den Weltkriegen, und auch er verstand sich als Antwort auf das Elend der Weltwirtschaftskrise. Die Ordoliberalisten plädieren für einen starken Staat; das haben sie sowohl mit den Keynesianisten als auch den Sozialisten gemeinsam. Es gibt allerdings einen entscheidenden Unterschied:

Die Rolle des Staates im Wirtschaftsprozess ist vergleichbar mit der eines Schiedsrichters in einem sportlichen Wettkampf, etwa einem Fußballspiel. Der Schiedsrichter garantiert den reibungslosen Verlauf des Spiels dadurch, dass er streng die Einhaltung der Regeln kontrolliert, er darf aber auf gar keinen Fall in das Spielgeschehen eingreifen! Direkte Eingriffe des Staates etwa in Form von Konjunkturprogrammen wie bei Keynes lehnen die Ordoliberalen ab, und erst recht sind sie natürlich gegen die Ein-

führung von Verstaatlichungen und planwirtschaftlichen Elementen. Nur in einer sehr kurzen Phase unmittelbar nach dem Zweiten Weltkrieg haben die damals führenden ordoliberalen Köpfe über die Verstaatlichung besonders „sensibler" Industriezweige öffentlich nachgedacht: Die Ergebnisse dieses Denkprozesses finden sich im ***Ahlener Programm*** der rheinisch-westfälischen CDU von 1947, das aus heutiger Sicht ein sozialistisches Programm ist.
Die erste Phase der wirtschaftlichen Entwicklung der BRD bis zur ersten Nachkriegsrezession 1966/67 wurde von der ordoliberalen Konzeption geprägt. Auf ihrem Boden entwickelten der Wirtschaftswissenschaftler und spätere Staatssekretär Alfred Müller-Armack sowie der spätere Wirtschaftsminister (1949-1963) und Bundeskanzler (1963-1966) Ludwig Erhard das Programm der ***Sozialen Marktwirtschaft***. Dieses Konzept basiert auf der Auffassung, dass der Markt zwar das am besten geeignete Instrument zur Regelung des Wirtschaftsprozesses sei, der Marktmechanismus aber durch zwei Elemente ergänzt werden müsse:
a) eine vom Staat durchgesetzte und gesicherte Wettbewerbsordnung und ***Monopolisierungskontrolle*** (durch das Bundeskartellamt mit Sitz in Bonn), die Konzentrationsprozesse und Zusammenballungen wirtschaftlicher Macht wirksam verhindern würde, und
b) eine ***staatliche Sozialordnung***, die ein Mindestmaß an sozialer Gerechtigkeit verwirklichen sollte.
Die Soziale Marktwirtschaft wird von ihren Initiatoren als „Dritter Weg" zwischen der Freien Marktwirtschaft und der sozialistischen Zentralverwaltungswirtschaft angesehen. Sie soll der staatlichen Sozial- und Marktpolitik die Aufgaben zuweisen, die Schwachen zu schützen, Macht zu begrenzen, marktwirtschaftliche Spielregeln zu formulieren und deren Einhaltung durchzusetzen. Die Kombination von wirtschaftlicher und politischer Freiheit und sozialer Gerechtigkeit gibt der Begriff Soziale Marktwirtschaft wieder. Sie besteht

- in der Freiheit der Verbraucher, Güter nach beliebiger Wahl zu kaufen (Konsumfreiheit),
- in der Freiheit der Produktionsmitteleigentümer, ihre Arbeitskraft, ihr Geld, ihre Sachgüter und unternehmerischen Fähigkeiten nach eigener Wahl einzusetzen (Gewerbefreiheit, Freiheit der Berufs- und Arbeitsplatzwahl, Freiheit der Eigentumsnutzung),
- in der Freiheit der Unternehmer, Güter eigener Wahl zu produzieren und abzusetzen (Produktions- und Handelsfreiheit)
- und in der Freiheit jedes Käufers und Verkäufers von Gütern oder Dienstleistungen, sich neben anderen um das gleiche Ziel zu bemühen (Wettbewerbsfreiheit).

Das Attribut „sozial" soll zum Ausdruck bringen, dass die Marktwirtschaft allein wegen ihrer wirtschaftlichen Leistungsfähigkeit die Voraussetzungen eines ***„Wohlstands für alle"*** schafft und daher einen sozialen Charakter trägt. Aber aus sozialen Gründen soll sie dort beschränkt werden, wo sie sozial unerwünschte Ergebnisse hervorbringt. Erhard hat in seiner Regierungszeit als Bundeskanzler (1963–66) immer wieder betont, dass die Marktwirtschaft nicht erst „sozial" gemacht werden müsse, sondern per se sozial sei.

5

konstituierende Prinzipien	regulierende Prinzipien
Herstellung eines funktionierenden Preissystems vollkommener Konkurrenz	Verhinderung der Monopolbildung
Währungsstabilität	Verteilung des Sozialprodukts nach individueller Leistung
Offenheit der Märkte	Korrektur anomalen Verhaltens auf Teilmärkten, z. B. durch Mindestlöhne oder Mindestpreise
Vertragsfreiheit, Privateigentum an Produktionsmitteln	

Unterschiede zwischen Ordoliberalismus und Keynesianismus – eine Übersicht

Ordoliberalismus	Keynesianismus
Grundgedanken zum Verhältnis Staat – Wirtschaft: Es herrscht der Grundgedanke der „prästabilierten Harmonie“, d. h., alle wirtschaftlichen Vorgänge regeln sich aufgrund der Marktgesetze optimal ohne staatlichen Einfluss.	***Grundgedanken zum Verhältnis Staat – Wirtschaft:*** Es besteht die Tendenz zur Unterkonsumtion, da aufgrund niedriger Löhne die gesamtgesellschaftliche Nachfrage zu niedrig ist. Dies führt u. a. zu einer dauerhaften Sockelarbeitslosigkeit.
Konsequenzen für staatliches Handeln: Der Staat sorgt für die allgemeinen Rahmenbedingungen der marktwirtschaftlichen Prozesse und beseitigt soziale Härten durch Umverteilung.	***Konsequenzen für staatliches Handeln:*** Der Staat muss permanent lenkend und korrigierend in alle wirtschaftlichen Prozesse eingreifen.
Wirtschafts- und konjunkturpolitische Maßnahmen: Kein direktes, lenkendes Eingreifen in wirtschaftliche Prozesse, sondern der Staat sorgt für: ■ die Aufrechterhaltung der Wettbewerbsordnung, ■ ein funktionierendes Währungssystem, ■ Vertragsfreiheit und Offenheit aller Märkte.	***Wirtschafts- und konjunkturpolitische Maßnahmen:*** „Antizyklische Konjunkturpolitik“, d. h., in Krisenzeiten muss der Staat ■ zusätzliche Nachfrage schaffen z. B. durch Investitionsprogramme oder Staatsaufträge, und sich gezielt verschulden (deficit spending), ■ für ein niedriges Zinsniveau sorgen, notfalls auch zu Lasten der Inflationsrate (easy money policy), ■ zwecks Erhöhung der Nachfrage das BIP von oben nach unten verteilen (also höhere Löhne durchsetzen).

So stellte die ordoliberale Theorie ein durchaus in sich geschlossenes Konzept vor, das bis Mitte der 60er-Jahre die Wirtschaftswissenschaften in der Bundesrepublik dominierte und auch zur Begründung der offiziellen Wirtschaftspolitik unter Ludwig Erhard und später unter Kurt Schmücker (1963–1969 Wirtschaftsminister) herangezogen wurde. Die große Bedeutung, die von den Ordoliberalen der Herstellung einer Wettbewerbsordnung beigemessen wird, bezog sich auch auf die zentrale Bedeutung der ***Währungsstabilität***. Ohne geordnetes Geldwesen kann sich die Wettbewerbsordnung nicht durchsetzen und erhalten. Daher gebührt der Geld- und Kreditpolitik der Primat (↗ dazu im Abschnitt über Monetarismus, S. 75 ff.).

Neoliberalismus

Die Gegenströmung gegen den Ordoliberalismus bildet der Neoliberalismus: Während die Grundgedanken des Ordoliberalismus im Wesentlichen aus Deutschland kamen, liegen die Fundamente des Neoliberalismus in den USA. Heute dominiert der Neoliberalismus weitaus stärker als der Ordoliberalismus das liberal-konservative Denken auch in Europa. Der ***Thatcherismus*** zum Beispiel – also die Politik der englischen Premierministerin Margaret Thatcher in den 1980er-Jahren – gilt als Paradebeispiel für konsequent neoliberale Politik.

Entwickelt wurde die Theorie des Neoliberalismus von den Vertretern der ***Chicagoer Schule***, allen voran dem Ökonomen Milton Friedman, dem nach Keynes wohl bekanntesten Volkswirtschaftler des 20. Jh.s. Gegen jede Form des Ordoliberalismus und des Keynesianismus fordern die Neoliberalen:

- Abschaffung jeder staatlichen Regulierung und Intervention,
- freies Spiel der Marktkräfte, auch wenn dies z. B. durch Monopolbildung zeitweilig zu Verzerrungen bzw. zum Außer-Kraft-Setzen des Marktes führen kann,
- umfassende Privatisierungen und die damit verbundene radikale Reduzierung der Staatsquote,
- eine ebenso radikale Absenkung der Steuerquote.

Ganz im Sinne des „Nachtwächterstaates“ des 19. Jh.s fordert Friedman, der Staat solle sich auf lediglich zwei Aufgaben beschränken:

- militärische Verteidigung nach außen und
- Aufrechterhaltung der inneren Sicherheit und Ordnung durch Polizei und Justiz.

Alles andere sei Sache der privaten Initiative und des Marktes.

Das Menschenbild von Ordo- und Neoliberalimus

Das Menschenbild des liberalen Denkens ist grundsätzlich ebenso pragmatisch wie positiv: Das Individuum ist frei in seinen Entscheidungen und es darf und soll seine eigenen, egoistischen Interessen verfolgen. Im Gegensatz zu allen Spielarten des Kommunismus/Sozialismus sind die Liberalen keineswegs der Meinung, der Mensch müsse erst aus den Zwängen einer sie beherrschenden Macht befreit werden bzw. sich selber emanzipieren, um hier im Diesseits eine bessere und humanere Ordnung errichten zu können. Im Gegenteil seien die marktwirtschaftliche Ordnung und die damit verbundene Freiheit und Selbstverantwortung eines jeden die einzigen und dauerhaften Garanten für Freiheit und Wohlstand.

Dennoch gibt es trotz dieser fundamentalen Gemeinsamkeiten Unterschiede im Weltbild von Ordo- und Neoliberalismus. Der Ordoliberalismus sieht durchaus als Problem, dass große Menschengruppen ausschließlich von ihrer Arbeitskraft abhängig sind und keinerlei andere Einkommensquelle haben als den Arbeitslohn. Tritt dann noch der Fall ein, dass diese Menschengruppen auf eine weitgehend monopolisierte Angebotsstruktur auf dem Arbeitsmarkt stoßen, werden sie von den Arbeitgebern abhängig und beeinflussbar, im extremen Fall sogar erpressbar trotz gewerkschaftlicher Macht und Flächentarifverträgen.

Deshalb bemühte sich der Ordoliberalismus von Beginn an, dem abhängig Beschäftigten zusätzliches Einkommen durch Sparen zu ermöglichen. Ein Schlagwort der 1950/60er-Jahre in Deutschland war „Vermögensbildung in Arbeitnehmerhand“, der ent-

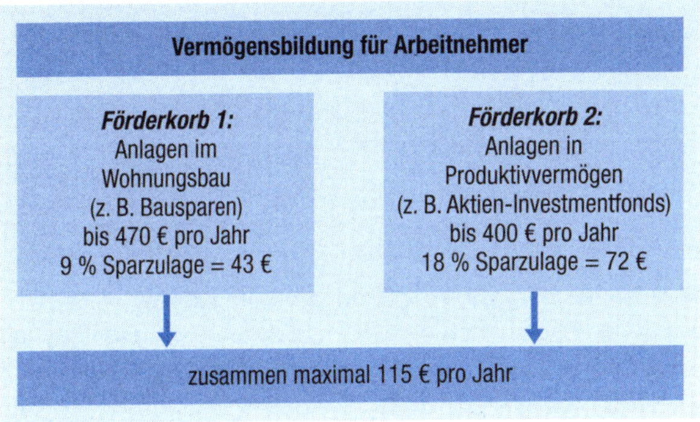

scheidende Hebel dazu das so genannte 624-Mark-Gesetz, das jedem Arbeitnehmer ein durch Prämien vom Staat begünstigtes Sparen ermöglichte.

Wichtiger als das *vermögenswirksame* Sparen ist mittlerweile der Besitz von Aktien und anderen Wertpapieren in Arbeitnehmerhand. Viele AGs in Deutschland haben diesen Prozess durch die Ausgabe von so genannten ***Belegschaftsaktien*** mit besonders günstigen Konditionen an die eigenen Mitarbeiter gefördert.

Diesem sozial engagierten Denken steht der Neoliberalismus weitgehend verständnislos gegenüber.

Die sozialdemokratische Ära

In den Jahren von 1966–69 regierte in Deutschland eine große Koalition aus CDU/CSU und SPD, ab 1969 eine sozialliberale Koalition unter Führung der SPD mit der FDP, die 1982 durch die Regierung Kohl (CDU/CSU-FDP-Koalition) abgelöst wurde. Das Wirtschafts- (und später auch das Finanzministerium) waren in dieser Zeit (also von 1966 bis 1982) fest in sozialdemokratischer Hand. Wirtschaftsminister der großen Koalition war der Sozialdemokrat und überzeugte Keynesianer Karl Schiller, der auch während der sozialliberalen Koalition das Wirtschaftsressort und ab 1971 auch noch das Finanzministerium in Perso-

Jahr	Wachstum	Preisniveau	Arbeitslosenquote
1964	6,8	2,3	0,8
1965	5,7	3,4	0,7
1966	2,8	3,5	0,7
1967	–0,2	1,4	2,1
1968	7,1	1,5	1,5
1969	8,2	1,9	0,8

nalunion leitete. Wenn es jemals einen „Superminister“ in der Bundesrepublik gegeben hat, dann zu dieser Zeit! Schon 1972 allerdings trat er von beiden Posten zurück, da die Probleme seines Konzeptes unübersehbar wurden.

Wirtschaftspolitische Konzeptionen sind häufig als Antworten auf neue Herausforderungen entwickelt worden, mit denen die bislang gültige Doktrin nicht mehr fertig wurde. In den 50er-Jahren und der ersten Hälfte der 60er-Jahre war die wirtschaftliche Situation der BRD geprägt durch hohe Wachstumsraten (durchschnittlich 5–10 %), geringe Inflation und Vollbeschäftigung bzw. Arbeitskräftemangel, ein Bedarf an neuen wirtschaftswissenschaftlichen Theorien daher gleich null.

Dieser „Nachkriegsboom“ schien „endlos“ zu währen, Krisen wie etwa die Weltwirtschaftskrise von 1930 endgültig der Vergangenheit anzugehören. Umso mehr erschütterte die erste, aus heutiger Sicht geradezu harmlose Krise das wirtschaftspolitische Selbstverständnis der noch jungen Bundesrepublik (siehe oben, einige Konjunkturzahlen).

Erstmals seit der Gründung der Bundesrepublik gingen die Wachstumszahlen zurück, waren im Jahre 1967 sogar negativ, und gleichzeitig stieg die Arbeitslosigkeit auf 2,1 %. Dies war angesichts des ***Wirtschaftswunders*** ein schwerer Schock, der neue Konzepte und Strategien erforderte: Die Konzeption der ***Globalsteuerung***, die im „Stabilitäts- und Wachstumsgesetz“ (StWG) von 1967 ihren formalen Niederschlag fand, bildete den Entwurf eines neuen Ansatzes in der Wirtschaftspolitik. Karl

Schiller erzielte mit der Verabschiedung des StWG den Durchbruch für eine keynesianische, den Staat auf eine aktive Rolle verpflichtende Finanzpolitik, welche flankiert durch die Geldpolitik die Hauptlast der Stabilisierungspolitik tragen sollte.

Das Stabilitäts- und Wachstumsgesetz (1967)

> §1 „Bund und Länder haben bei ihren wirtschafts- und finanzpolitischen Maßnahmen die Erfordernisse des gesamtwirtschaftlichen Gleichgewichts zu beachten. Die Maßnahmen sind so zu treffen, dass sie im Rahmen der marktwirtschaftlichen Ordnung gleichzeitig zur Stabilität des Preisniveaus, zu einem hohen Beschäftigungsstand und außenwirtschaftlichem Gleichgewicht bei stetigem und angemessenem Wirtschaftswachstum beitragen."

Das Stabilitätsgesetz ermächtigt die Bundesregierung ausdrücklich zu folgenden Maßnahmen:
Bei Hochkonjunktur

- Heraufsetzung der Einkommens- und Körperschaftssteuer um 10 % für längstens 1 Jahr,
- Beschränkung von Abschreibungsmöglichkeiten,
- Stilllegung von Staatseinnahmen bei der Bundesbank (*Konjunkturausgleichsrücklage*).

Bei einer Rezession

- Herabsetzung der Einkommens- und Körperschaftssteuer um 10 % für längstens 1 Jahr,
- Gewährung eines Investitionsbonus von bis zu 7,5 % der Steuerschuld,
- Finanzierung zusätzlicher Ausgaben aus der Konjunkturausgleichsrücklage und/oder durch zusätzliche Kredite.

Die Globalsteuerung

In gewisser Hinsicht war der (liberale) Grundsatz der Nichteinmischung des Staates in wirtschaftliche Vorgänge zwar bereits durchlöchert, denn die Geld- und Kreditpolitik der Bundesbank

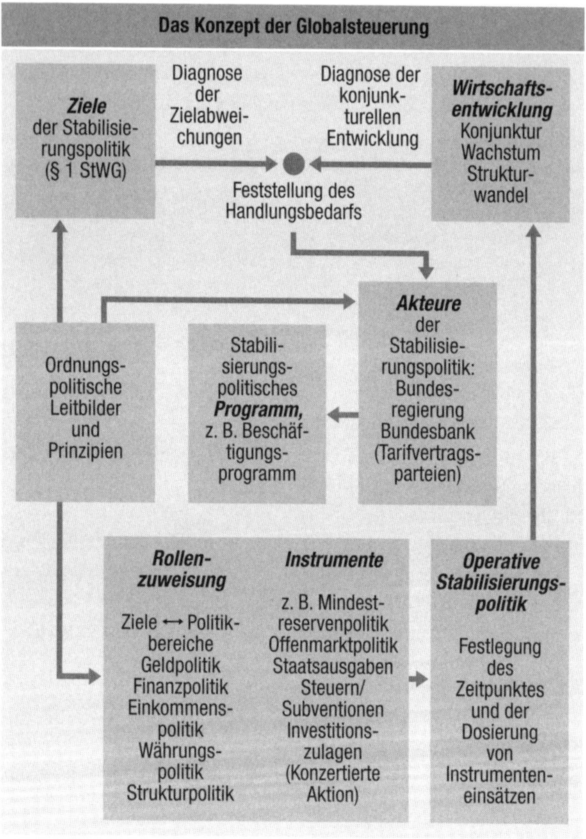

zielte schon länger auf eine Steuerung des Wirtschaftsprozesses, aber es bestanden immer noch große Vorbehalte gegen eine bewusste antizyklische Finanzpolitik. Der Rezessionsschock ließ diese Stimmen verstummen, und dies umso mehr, als Karl Schillers Konzept offensichtlich sofortigen Erfolg hatte: Wie die Kon-

junkturdaten zeigen (1968 – 7,1 %, 1969 sogar 8,2 % Wachstum), war die Krise bereits 1968 überwunden, und erneut stellten sich hohe Wachstumsraten und Arbeitskräftemangel ein, was dann auch prompt zur „zweiten Gastarbeiterwelle“ führte.
Gemäß der Konzeption der Globalsteuerung sollen die mikroökonomischen Größen (insbesondere die Preisbildung) der Marktkoordinierung und dem Wettbewerb überlassen bleiben. Die makroökonomischen Größen dagegen (also z. B. die Komponenten der gesamtwirtschaftlichen Nachfrage) sollen durch eine globale Konjunktursteuerung im Gleichgewicht gehalten werden.
Die Instrumente der Globalsteuerung müssen folgende Hauptkriterien erfüllen:

- Die Maßnahmen dürfen den Mechanismus der Selbststeuerung im mikroökonomischen Bereich nicht tangieren, also nicht direkt in den Preisbildungsprozess eingreifen.
- Die Globalsteuerung richtet sich primär auf die Beeinflussung der Nachfragekomponenten und vernachlässigt betriebswirtschaftliche Größen wie z. B. die Kapitalrentabilität.
- Die Schwankungen der privaten Investitions- und Konsumnachfrage sollten durch entgegengerichtete Schwankungen der staatlichen Nachfrage ausgeglichen werden.

Ein Blick auf die Konjunkturdaten der 1970er-Jahre zeigt sehr schnell den „Pferdefuß“ des Schiller'schen Konzeptes:

Jahr	Wachstum	Preisniveau	Arbeitslosenquote
1971	3,3	5,3	0,8
1972	3,6	5,5	1,1
1973	4,9	7,0	1,2
1974	0,4	7,0	2,6
1975	–1,8	6,0	4,8
1976	5,3	4,3	4,7
1977	2,8	3,7	4,6
1978	3,6	2,7	4,4
1979	4,0	4,1	3,8

Nachhaltig ermuntert durch die keynesianisch orientierte Politik der Bundesregierung und zusätzlich gestärkt durch eine erneute positive Konjunkturentwicklung, gelang es den Gewerkschaften in den frühen 1970er-Jahren, kräftige Lohnabschlüsse in allen Branchen durchzusetzen. Die Unternehmer gaben die erhöhten Lohnkosten in Gestalt höherer Preise an die Konsumenten weiter – die so genannte ***Lohn-Preis-Spirale*** geriet heftig in Bewegung. Als nun auch noch die Weltwirtschaft durch den ersten Ölpreisschock von 1973 ins Trudeln geriet, wurden die Nachteile des Konzeptes der Globalsteuerung offensichtlich:

- Trotz Rezession und Konjunkturflaute blieb die Inflationsrate hoch, der bis dahin gänzlich unbekannte Begriff der ***Stagflation*** (Wachstumsstagnation plus Inflation) entstand zur Bezeichnung dieser denkbar ungünstigsten aller wirtschaftlichen Konstellationen.
- Eine seit 1975 nie wieder reduzierte ***Sockelarbeitslosigkeit***.
- Eine steil anwachsende Staatsverschuldung zur Finanzierung der vielfältigen Aufgaben der Globalsteuerung. Allein in der Zeit von 1970 bis 1980 vervierfachten sich die Schulden des Staates (↗ S. 162 ff.).

Damit geriet das keynesianische Konzept auch innerhalb der Sozialdemokratie in Misskredit, zumal auch bald deutlich wurde, dass der Abbau des Staatsdefizits, den Keynes zyklisch vorgesehen hatte, zur Illusion wurde. Arbeitslosigkeit und Staatsverschuldung beherrschen daher seit dem Beginn der 1980er-Jahre mehr und mehr die wirtschaftspolitische Diskussion und praktische Politik. Die Kontroverse um Liberalismus und/oder Keynesianismus ist in den Hintergrund getreten. Folglich brachte dann auch kein „Theoriestreit“ das Ende der sozialliberalen Koalition, sondern die Auseinandersetzung zwischen SPD und FDP um die Staatsverschuldung. Als Anfang 2007 die Konjunktur unerwartet deutlich „ansprang“ und die Steuereinnahmen höher als erwartet ausfielen, meldete das Finanzministerium, man könnte evtl. 2009 einen ausgeglichenen Haushalt realisieren. Es wäre der erste seit 1969!

Die Kontroverse seit Anfang der 1980er-Jahre

Im Sommer 1982 zerbrach die sozialliberale Koalition, weil die FDP die geplante Neuverschuldung für 1983 von über 30 Mrd. DM nicht mittragen wollte. Es wurde eine „neo-liberale" CDU/CSU-FDP-Regierung unter Kanzler Kohl gebildet, die eine angebotsorientierte Wirtschaftspolitik verfolgte und ihr Hauptziel darin sah, die Staatsverschuldung und das Haushaltsdefizit abzutragen sowie allgemein die Staatsquote (den Anteil staatlicher Einnahmen und Ausgaben am BIP) zu verringern. Die Jahre bis zur Wiedervereinigung im Jahre 1990 waren im Sinne des Neoliberalismus durchaus erfolgreich: Das Tempo der Neuverschuldung wurde erheblich gedrosselt und betrug Ende der 1980er-Jahre nur noch knapp die Hälfte wie zu Anfang des Jahrzehnts, die ***Staatsquote*** wurde deutlich unter 50 % gesenkt, und selbst die Arbeitslosenquote ging gegen Ende dieses Jahrzehnts zurück.

Begünstigt wurde die Wirtschaftspolitik der Kohl-Regierung durch einen positiven exogenen Effekt: Ab Mitte der 1980er-Jahre sanken die Ölpreise (und damit allgemein die Energiekosten) beträchtlich, die Preise für z. B. Autobenzin halbierten sich von Mitte 1985 bis Mitte 1986 fast.

Jahr	Wachstum	Preisniveau	Arbeitslosenquote
1985	2,5	2,3	9,3
1986	2,5	–0,2	9,0
1988	3,6	2,1	7,1
1990	4,6	3,0	6,9

Die Erreichung der neoliberalen Ziele wurde aber seit Anfang der 1990er-Jahre durch die immensen Kosten der Wiedervereinigung vereitelt. Sie ließen das jährliche Haushaltsdefizit in vorher nie erreichte Höhen schnellen und die jährliche Nettokreditaufnahme (die Neuverschuldung abzüglich getätigter Tilgungen) auf z. T. über 60 Mrd. DM schnellen. Obwohl der damalige Finanzminister Waigel (CSU) ein entschiedener Befürworter des

Neoliberalismus war, waren trotz aller verbalen Bekenntnisse zur Verschlankung des Staates und zum Abbau des Haushaltsdefizits die durch die Wiedervereinigung geschaffenen Sachzwänge für staatliches Handeln und staatliche Ausgaben einfach zu groß. Die Sanierung der völlig maroden DDR-Wirtschaft ließ zudem die Arbeitslosenzahlen in neue Rekordhöhen anwachsen.
Daher war nach dem Regierungswechsel 1998 zugunsten der rot-grünen Koalition die keynesianische Position des ersten Finanzministers Lafontaine nicht mehr mehrheitsfähig.

Jahr	Wachstum	Preisniveau	Arbeitslosenquote
1992	1,5	4,0	6,8
1993	−1,7	4,2	8,1
1994	2,3	3,0	9,2
1995	1,7	1,7	9,4
1996	0,8	1,4	10,3
1997	1,4	1,9	11,4
1998	2,1	1,0	11,2
1999	1,6	0,6	10,5

Der zweite Finanzminister der rot-grünen Koalition, Eichel, setzte im Prinzip die angebotsorientierte Wirtschaftspolitik der Vorgängerregierung fort, das Haushaltsdefizit und die Staatsquote zu senken, dieses allerdings ohne nennenswerten Erfolg. Im Gegenteil: Statt spätestens 2003 (später 2006) einen ausgeglichenen Haushalt ohne Neuverschuldung zu realisieren, wurden seit Beginn des 3. Jt. immer wieder Nachtragshaushalte verabschiedet, die die Neuverschuldung weiter ansteigen ließen. Die Bundesrepublik hat bereits dreimal in Folge den ***EU-Stabilitätspakt*** verletzt, der die Neuverschuldung auf maximal 3 % des Haushaltes begrenzt. Eine Klage der EU gegen die Bundesrepublik „liegt in der Schublade".
Die große Koalition, die Deutschland seit dem November 2005 regiert, hat sich ebenso wie die Vorgängerregierung die Sanierung des Haushaltes und den Schuldenabbau zum Ziel gesetzt

und will ab 2007 mit der dreiprozentigen Erhöhung der Mehrwertsteuer erste Schritte zum Abbau des Haushaltsdefizits vornehmen. Für das Jahr 2006 allerdings ist eine „Rekordneuverschuldung" von über 40 Mrd. Euro vorgesehen.
Umso überraschender war die Ankündigung der großen Koalition Ende 2005, ein groß angelegtes, 25 Mrd. € umfassendes ***Investitionsprogramm*** aufzulegen, mit dem in den nächsten Jahren gestaffelt die nach wie vor lahmende Inlandsnachfrage nachhaltig belebt werden soll. Welcher Erfolg diesem Programm beschieden sein wird, bleibt abzuwarten.
Das unerwartet deutliche „Anspringen" der Konjunktur 2006 hat die Aussichten für die Jahre 2007 ff. trotz der MWSt-Erhöhung vom 1. 1. 2007 deutlich verbessert: Erstmals seit Jahren ist die Nettokreditaufnahme wieder deutlich unter die 3 %-Hürde gesunken, die Inlandsnachfrage zeigt trotz der gestiegenen Steuerbelastung der Haushalte nach oben, und sogar auf dem Arbeitsmarkt hat die Konjunkturbelebung positive Wirkung.

6 Konzepte

6.1 Übersicht

Grob lassen sich alle marktwirtschaftlichen Konzepte zwei unterschiedlichen Richtungen zuordnen. Die Übersicht zeigt die grundsätzlichen Orientierungslinien:

Liberalismus	Keynesianismus
Liberale sind im Regelfall auch Anhänger des ***Monetarismus*** und halten die Geldpolitik für den wichtigsten Bereich der Wirtschaftspolitik.	Keynesianer sind im Regelfall Anhänger des ***Fiskalismus*** und halten die Finanzpolitik für den wichtigsten Bereich der Wirtschaftspolitik.
Der Liberalismus steht der Theorie der ***angebotsorientierten*** Konjunktursteuerung nahe. Politisch findet man die Vertreter des Liberalismus auf konservativer und wirtschaftsliberaler Seite (in Deutschland also bei CDU/CSU und FDP) sowie den Unternehmerverbänden.	Der Keynesianismus orientiert sich am Konzept der ***nachfrageorientierten*** Konjunkturpolitik. Der Keynesianismus ist in der Vergangenheit von sozialdemokratischer Seite (in Deutschland von der SPD) und den Gewerkschaften propagiert worden. Seit September 2005 kommen keynesianische Forderungen auch von der neuen „Linkspartei“.

Die Fronten zwischen den Konzepten haben sich in den letzten Jahrzehnten zunehmend verwischt. Die „new labour party“ in England z. B. setzt unter Premier Blair eher den strikt neoliberalen Kurs von Expremier Thatcher fort (↗ S. 59), und in Deutschland hat sich längst quer durch alle Schulen die Erkenntnis breitgemacht, dass die bisher lahmende Inlandsnachfrage

(↗ S. 173 ff.) Hauptursache für den ausbleibenden Aufschwung ist – ein ursprünglich rein keynesianisches Theorem also. Dennoch sind die Grundlinien in den jeweiligen Wirtschaftsprogrammen der Parteien erkennbar. So hat der (sozialdemokratische) Finanzminister der großen Koalition Steinbrück deutlich weniger Bauchschmerzen in Bezug auf die Staatsverschuldung als sein Gegenspieler, Wirtschaftsminister Glos von der CSU.

6.2 Das Magische Viereck

Ziele und Zielindikatoren

Die Wirtschaftspolitik der Bundesrepublik basiert seit dem StWG von 1967 (↗ S. 63 f.) auf einer ***interventionistischen Konzeption***, die den Staat zum permanenten Eingreifen in den Wirtschaftsprozess zwingt. Das StWG nennt auch die Ziele dieser Interventionen:

- stetiges und angemessenes Wirtschaftswachstum,
- Geldwertstabilität,
- geringe Arbeitslosigkeit,
- außenwirtschaftliches Gleichgewicht.

Bei genauerem Hinsehen erkennt man zwei Defizite in den gesetzlichen Formulierungen.

Rangordnung: Das ***Stabilitätsgesetz*** macht keine Angaben über die Rangordnung der anzustrebenden Ziele (Zielprioritäten). Allenfalls legt die Formulierung nahe, dass das Wachstumsziel eher als Sekundärziel (als Voraussetzung zur Erreichung der Primärziele Preisniveaustabilität und hoher Beschäftigungsstand) aufgefasst wird, dass im Übrigen aber alle Ziele als gleichrangig betrachtet werden.

Uneinigkeit herrscht in der Volkswirtschaftslehre darüber, ob sich alle Ziele des ***Magischen Vierecks*** gleichzeitig und konfliktfrei erreichen lassen können (daher auch das Wort „magisch" – nur durch Wunderkraft realisierbar).

Folgende Zielbeziehungen lassen sich unterscheiden:

- Komplementarität: Die Verfolgung eines Ziels führt gleichzeitig zur Annäherung an ein anderes/die anderen.
- Inkompatibilität: Die Erreichung des einen Ziels behindert die des anderen/der anderen.
- Neutralität: Die Förderung des einen Ziels beeinflusst weder negativ noch positiv die des/der anderen.

Während die Ziele Wachstum und Vollbeschäftigung miteinander komplementär erscheinen, da Wirtschaftswachstum zur zusätzlichen Nachfrage von Arbeitskräften führt, gilt die Beziehung zwischen Vollbeschäftigung und Preisniveaustabilität als typischer Fall eines Zielkonfliktes, da Vollbeschäftigung auch immer starke (Konsumgüter-)Nachfrage bedeutet und damit potenziell inflationär wirkt.

Zielindikatoren: Das Stabilitätsgesetz nennt die vier Ziele zwar, gibt aber keine Idealwerte vor, an denen zweifelsfrei abzulesen wäre, ob die Ziele in einem gegebenen Jahr erreicht worden sind oder nicht. Grobe Abweichungen von Begriffen wie „stetig" oder „gering" sind zwar eindeutig identifizierbar, und unbestritten ist, dass es in einer Marktwirtschaft immer eine bestimmte Zahl von Arbeitslosen geben wird oder der Geldwert nicht hundertprozentig stabil bleiben kann, man für diese Indikatoren also nicht einfach Null-Werte als ideal ansetzen kann.

Es ist notwendig, die gesetzlichen Zielformulierungen zu konkretisieren und zu operationalisieren. Dies erfordert zunächst die Festlegung eines empirisch überprüfbaren Indikators, an dem sich zweifelsfrei absolute Zahlen und die daraus folgenden Quotienten ablesen lassen.

Der zweite Schritt der Operationalisierung, die Festlegung einer quantitativ definierten Zahl, erweist sich als problematisch. Was ist eine „geringe" Arbeitslosenquote? Welche Zunahme des Bruttoinlandsproduktes ist „angemessen"? Soll sich die Zielgröße am Wünschbaren oder am Realisierbaren orientieren? Gibt es Einigkeit oder Konflikte darüber, was realisierbar ist?

Als das StWG 1967 verabschiedet wurde und man eine lange Phase stetig steigender Prosperität hinter sich hatte, war die For-

Zielvorgaben und erreichte Werte (alle Angaben in %)								
	Wachstums-rate des BSP / BIP		***Inflations-rate***		***Arbeitslosen-quote***		***Außen-beitrag***	
1967	4	(-0,1)	1	(1,7)	0,8	(2,1)	1	(3,5)
1969	4,5	(7,5)	2	(1,9)	1	(0,8)	2,2	(2,9)
1982	1–1,5	(–1,0)	5	(5,3)	7	(7,5)	3	(2,3)
1986	3	(2,5)	1,5–2	(–0,2)	8,5	(9)	4	(5,7)
1993	0-1	(2,5)	3,5	(2)	7–7,5	(9,8)		

mulierung wünschbarer Quantitäten noch verhältnismäßig einfach: Als angemessenes Wirtschaftswachstum wurde eine Zahl um 4 % angesehen, Inflationsrate und Arbeitslosenquote sollten maximal 1 % betragen und der Außenbeitrag mit 1–2 % positiv sein. Die weitere konjunkturelle Entwicklung zeigt aber spätestens seit Mitte der 1970er-Jahre, dass diese Zahlen viel zu positiv angesetzt waren – heute sind wir nicht nur erheblich bescheidener geworden, sondern auch flexibler: Die Bundesregierung gibt in ihrem Jahreswirtschaftsbericht zu Beginn eines Jahres die wünschenswerten und erreichbaren Zielwerte bekannt, die sie für realisierbar hält.

Kritik am Konzept des Magischen Vierecks

Der Konzeption des Magischen Vierecks wird immer wieder partielle Blindheit vorgeworfen. Die Kritik konzentriert sich insbesondere auf zwei Aspekte:

- Die Ziele und Zielindikatoren des Magischen Vierecks vernachlässigen völlig die Verteilung des erwirtschafteten Sozialproduktes, aus dem Viereck müsse daher ein Fünfeck werden, das die Verteilung des BIP (z. B. durch die Lorenzkurve – ↗ S. 135) mit dem Ziel möglichst gerechter Verteilung des Volksvermögens misst.
- Die Wachstumsrechnung ist nur quantitativ und berücksichtigt nicht den ***qualitativen Effekt***. Leistungen, die z. B. nur dazu

dienen, Umweltzerstörungen notdürftig zu reparieren, werden umstandslos zum Wachstum geschlagen. Demgegenüber müsse ein Konzept des Ökosozialproduktes und der defensiven Kosten aufgestellt werden. (↗ S. 144 ff.)

Die Akteure

Die eigentlichen Akteure der Wirtschaftspolitik sind die staatlichen Organe auf Europa-, Bundes-, Landes- und Kommunalebene, denn nur sie haben die staatlich legitimierte Hoheitsge-

Akteure	Legitimation
Die EZB und die zentralen Notenbanken der Nationalstaaten	EZB-Gesetz der EU sowie die entsprechenden nationalen Gesetze
EU-Kommission und -Rat	Amsterdamer Vertrag
Bundestag und Bundesregierung	Grundgesetz
Länderparlamente und -regierungen	Länderverfassungen
Kommunale Parlamente und Regierungen	Grundgesetz und Kommunalverfassungen
Berufsständische Verbände (z. B. Gewerkschaften und Arbeitgeberverbände)	Gesellschaftliche Macht
Medien (Zeitung, Rundfunk, Fernsehen, Internet)	Gesellschaftliche Macht
NGOs wie Greenpeace oder Amnesty International	Moralische Macht
Interessenverbände wie z. B. der „Sozialverband VdK Deutschland“	Moralische Macht

walt. Daneben aber gibt es eine ganze Reihe von weiteren privaten Gruppen, Institutionen und Verbänden, die Medien sowie NGOs (non-governmental organizations). Allen gemeinsam ist der Versuch, die wirtschaftspolitischen Entscheidungsfindungen mit ihrem jeweiligen politischen Gewicht zu beeinflussen. Das Instrumentarium dieser nichtstaatlichen Gruppen ist unter dem Stichwort ***Lobbyismus*** hinlänglich bekannt; es zielt in erster Linie auf die Beeinflussung der Parlamentarier und der Fachreferenten in den Ministerien, die für die konkrete Ausformulierung von Gesetzen und Beschlüssen verantwortlich sind.

6.3 Die monetaristische Konzeption: Geldpolitik

Theoretischer Rahmen

„Moneten" sagt es bereits: Für diese Theorie ist die gezielte Steuerung der Geldpolitik der wichtigste Bereich der gesamten Wirtschaftspolitik, alles andere ist von untergeordneter Bedeutung. Entwickelt wurde das Konzept des Monetarismus von den Neoliberalen der Chicagoer Schule (↗ S. 59), es versteht sich als bewusster Gegenpol zu allen Strömungen des Keynesianismus.
Hauptübel aller keynesianischen Wirtschaftspolitik sei das deficit spending, also die Ankurbelung der Konjunktur durch Staatsverschuldung. Dies führe ausschließlich zu einem massiven Anstieg der Staatsverschuldung und damit schließlich zur Zerrüttung der Staatsfinanzen.
Zentrum der Analyse (und Therapie) bei den Monetaristen ist die Menge des sich in Umlauf befindenden Geldes sowie die Geschwindigkeit, mit der diese Geldmenge in der Volkswirtschaft zirkuliert. Die Schwankungen dieser beiden Größen – ***Geldmenge*** und ***Umlaufgeschwindigkeit*** – sind aus monetaristischer Sicht die Hauptursachen für alle Konjunkturschwankungen. Nur dann, wenn es ein Ungleichgewicht zwischen der Geld- und der Güter- (und Dienstleistungs-)seite gibt, kann es zu Veränderungen der konjunkturellen Lage kommen. Wenn z. B. die im

Umlauf befindliche Geldmenge sehr stark ansteigt, werden sich sofort inflationäre Tendenzen ergeben, ohne dass sich das Güterangebot verändert, es also keinerlei Wachstumsimpulse gibt. Das deficit spending ist aus dieser Sicht also eher die Ursache rezessiver Tendenzen als deren Beseitigung. Die Phase der „Stagflation" (↗ S. 66) in Deutschland in der zweiten Hälfte der 1970er-Jahre nach knapp 10 Jahren keynesianischer Wirtschaftspolitik dient den Monetaristen als Bestätigung ihrer Theorie.

Die Kernaussage des Monetarismus lässt sich in einer einfachen Gleichung beschreiben:

Geldmenge x Umlaufgeschwindigkeit
= Gütermenge x Preisniveau

Mit Gütermenge ist das gesamte BIP, also auch die Dienstleistungen, gemeint. Wenn also z. B. die Geldmenge steigt, ohne dass sich Umlaufgeschwindigkeit und Gütermenge verändern, muss das Preisniveau steigen. Wenn die Sparquote steigt und damit die Umlaufgeschwindigkeit des Geldes bei konstanter Geld- und Gütermenge sinkt, muss das Preisniveau fallen.

Aus dieser einfachen Gleichung lässt sich das wirtschaftspolitische Credo der Monetaristen ablesen:

Man kann davon ausgehen, dass die Umlaufgeschwindigkeit des Geldes mittelfristig in etwa konstant bleibt, weil es z. B. kaum abrupte Änderungen der Sparquote gibt.

Um das Preisniveau konstant zu halten und Inflation zu verhindern, müssen Geld- und Gütermenge gleich stark wachsen (oder schrumpfen), d. h., das Geldmengenwachstum muss sich an der jährlichen Wachstumsrate des BIP orientieren.

Da die verschiedenen Bestandteile des BIP in der privat- und marktwirtschaftlich organisierten Wirtschaft entstehen, auf die der Staat zudem nach liberalem Dogma keinen direkten Einfluss nehmen soll und darf, konzentrieren sich die Monetaristen also ganz auf die linke Seite der Gleichung. Es stellt sich daher zwingend die Frage, welche Instanz für die Kontrolle und Regulierung von Geldmenge und Umlaufgeschwindigkeit zuständig ist, wer Handlungsträger der monetaristischen Konzeption sein kann.

Handlungsträger

Für die Geldpolitik innerhalb eines Staates ist im Regelfall nur eine einzige Instanz zuständig: die zentrale nationale Notenbank. Das mag auf den ersten Blick verwundern, denn die Politik der EU, des Bundes, der Länder und der Gemeinden reicht in alle Bereiche des wirtschaftlichen und gesellschaftlichen Lebens hinein – nur für den Bereich der Geldpolitik der Zentralbank(en) gilt dies nicht oder zumindest nicht wesentlich. Immer wieder versuchen sowohl die politischen Machtträger (die Kommissare der EU, der Bundeskanzler, der Finanzminister) als auch die Medien, Druck auf die geldpolitischen Entscheidungen der Zentralbank auszuüben, aber eine direkte Möglichkeit der Beeinflussung gibt es einfach nicht.

Trotz niedriger Inflation und Börsenturbulenzen steigt der Leitzins auf 3,75 Prozent

Frankfurt (dpa). Die Europäische Zentralbank (EZB) bleibt auf Kurs. Weder die Talfahrt an den Aktienmärkten noch der politische Druck konnten die Notenbank von ihrem Weg abbringen. Trotz der anhaltend niedrigen Inflation hat die EZB gestern die Zinsen von 3,5 auf 3,75 Prozent erhöht und die Vier-Prozent-Marke ins Visier genommen. EZB-Präsident Jean-Claude Trichet signalisierte, dass der Leitzins im Kampf gegen die Inflation weiter steigen wird. … Die EZB geht damit auf Konfrontationskurs zu den EU-Finanzministern.

Weser Kurier, 9. 3. 07

In der Bundesrepublik Deutschland war bis 1998 die ***Deutsche Bundesbank*** (DBB) die zentrale Notenbank, seit dem 1. 1. 1999 ist das für alle an der Währungsunion beteiligten Staaten die ***Europäische Zentralbank*** (EZB). Die jeweiligen nationalen Notenbanken, unter ihnen auch die DBB, fungieren seitdem als formal unselbstständige Untergliederungen der EZB.

Ein überaus wichtiges Detail in der gesetzlichen Einbindung ist die so genannte ***Weisungsunabhängigkeit***: Sowohl die Bundesbank als auch die Europäische Zentralbank sind laut Gesetz weisungsunabhängig, also an Aufträge und Weisungen anderer

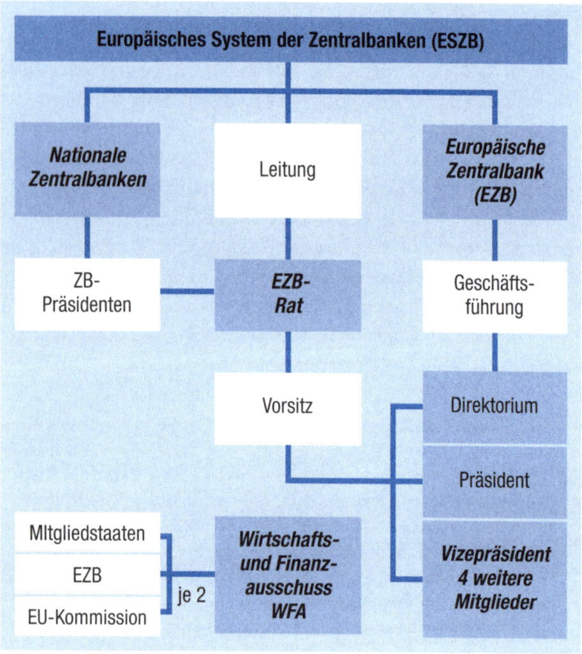

staatlicher Organe nicht gebunden. Die EZB, mit Hauptsitz in Frankfurt am Main, ist nach dem Vorbild der DBB aufgebaut und strukturiert, wie die Grafik oben zeigt.
Die Unabhängigkeit von Weisungen der Politik hat sich (nicht nur) in der Geschichte der Bundesrepublik bewährt. So konnte Inflationen vorgebeugt werden, denn nichts ist für Politiker bequemer und verführerischer, als gemachte oder geplante Schulden abzutragen durch die Weisung an die Zentralbank, neues Geld zu drucken und damit die Geldmenge aufzublähen. Diese Weisungsunabhängigkeit sichert also die Stellung der Notenbank deutlich „außerhalb“ des üblichen politischen Gerangels.

Die Aufgaben einer zentralen Notenbank

Die zentrale Notenbank ist Träger der Geldpolitik. Sie soll im Rahmen ihrer Befugnisse die Währung durch Regelung des Bargeldumlaufes und die Kreditversorgung der Wirtschaft sichern und für ein möglichst stabiles Preisniveau sorgen. Zugleich kümmert sie sich um die bankmäßige Abwicklung des Zahlungsverkehrs und ist als einzige Institution dazu berechtigt, Geld herzustellen. Ziel und Tätigkeit der Zentralbank sind damit grundverschieden von der Aufgabe der ***Geschäftsbanken***.

Mit dem 1.1.1999 hat die EZB die zentralen Aufgaben der nationalen Notenbanken der EU-Mitgliedsländer übernommen und ist für die Geldpolitik in den Euro-Teilnahmeländern verantwortlich. Die EZB gibt die Gemeinschaftswährung Euro heraus. Die nationalen Notenbanken haben ihr Notenausgaberecht verloren.

Geldpolitik

Geld hat in der entwickelten Industriegesellschaft drei Funktionen:

- ***Tauschmittelfunktion:*** jederzeitige Eintauschbarkeit gegen Güter
- ***Recheneinheitsfunktion:*** Operationalisierung von Tauschquantitäten
- ***Wertaufbewahrungsfunktion:*** Geld als Vermögen

Heute besteht in den entwickelten Industrieländern Geld aus Münzen, Banknoten und Buchgeld (Giralgeld). Das Buchgeld hat keinerlei stofflichen Bezug mehr; es erscheint nur als abstrakter Rechtstitel in Form von Ziffern auf Kontoauszügen, Überweisungen, Schecks usw. Diese Entwicklung macht die früher so einfache Entscheidung „Geld" und „Nicht Geld" schwieriger, denn auch geldnahe Finanzaktiva (z. B. Sparguthaben, Wertpapiere, Schatzbriefe etc.) haben eine Wertaufbewahrungsfunktion und stellen ebenfalls abstrakte Rechtstitel dar. Daher werden verschiedene Geldmengen unterschieden:

<table>
<tr><th colspan="5">Geldmengenabgrenzungen der Deutschen Bundesbank</th></tr>
<tr><td rowspan="4">Geld-menge M3</td><td rowspan="3">Geld-menge M2</td><td rowspan="2">Geld-menge M1</td><td>Bargeldumläufe (ohne Kassenbestände der Kreditinstitute)</td></tr>
<tr><td>Sichteinlagen inländischer Nichtbanken (ohne Zentralbankeinlagen öffentlicher Haushalte)</td></tr>
<tr><td colspan="2">Termingelder inländischer Nichtbanken mit einer Befristung bis unter vier Jahren</td></tr>
<tr><td colspan="3">Spareinlagen inländischer Nichtbanken mit gesetzlicher Kündigungsfrist</td></tr>
</table>

Die EZB hat das ausschließliche Recht, Zentralbankgeld auszugeben. Dieses besteht aus Banknoten und dem Zentralbankgiralgeld, das sind die Sichtguthaben der Geschäftsbanken bei der Zentralbank.

Die Zentralbank kann die gesamtwirtschaftlichen Ziele, wie z. B. Preisniveaustabilität, nicht direkt erreichen, sondern nur indirekt über monetäre Zwischengrößen. Diese Indikatoren sind:

- der Zins und
- die Geldmenge.

Die wirtschaftspolitische Bedeutung der Geldpolitik besteht nun darin, dass durch beide Wirkrichtungen (Zins und Geldmenge) die Möglichkeiten der Kreditinstitute beeinflusst werden, Kredite an Unternehmen, private Haushalte und den Staat zu vergeben.

So kann die Zentralbank beispielsweise

- durch eine ***restriktive*** (einschränkende) ***Geldpolitik*** Kredite so verteuern, dass ein Kreditnehmer höhere Zinsen bezahlen muss,
- umgekehrt durch eine ***expansive*** (ausweitende) ***Geldpolitik*** den Spielraum der Kreditinstitute zur Vergabe von Krediten erweitern und das Zinsniveau senken.

Wenn Kredite teurer werden, wird die Kreditaufnahme durch Unternehmen und Haushalte eingeschränkt. Dadurch sinkt die Nachfrage in einer Volkswirtschaft, denn Kredite werden deshalb aufgenommen, um Güter zu kaufen. Umgekehrt kann ein sinkendes Zinsniveau ein Anreiz zur Kreditaufnahme sein. Dadurch kann die gesamtwirtschaftliche Nachfrage positiv beeinflusst werden. Da insbesondere private Investitionen zinsabhängig sind, kann die Zentralbank über die Geldpolitik die Konjunktur beeinflussen.

Seit 1974 formuliert die Bundesbank ihre geldpolitische Zielsetzung für jedes Jahr in der Form einer Wachstumsrate der Geldmenge M3, und dieses Verfahren hat die EZB seit 1999 übernommen. Beide orientieren sich damit weitgehend an der wirtschaftspolitischen Konzeption des Monetarismus, der allein in geldpolitischen Maßnahmen ein wirksames Instrumentarium zur Steuerung wirtschaftlicher Prozesse sieht.

Die möglichen Maßnahmen lassen sich in drei Kategorien ordnen, wobei unter Fachleuten umstritten ist, welche der drei die wirksamsten Instrumente bereitstellt.

Das geldpolitische Instrumentarium

Kontrolle der Geldmenge

Mittelfristig bestehen zwischen der Menge des in Umlauf befindlichen Geldes und der Wirtschaftsentwicklung Zusammenhänge:

- Das Sozialprodukt kann nur wachsen, wenn ein ausreichendes Volumen an Finanzmitteln zur Verfügung steht.
- Ohne eine übermäßige Ausweitung der Geldbestände in einer Volkswirtschaft sind allgemeine Preissteigerungen auf Dauer nicht möglich.

Die EZB benutzt die Entwicklung der Geldmenge M3 als Zielindikator. Sie orientiert sich bei ihrer jährlichen Festlegung des Geldmengenziels (Zielkorridor) an den Produktionsmöglichkeiten der Wirtschaft. Langfristig bestimmt der Zuwachs an Produktionsmöglichkeiten das Wachstum des Güter- und Dienstleistungsangebots. Geldwertstabilität wird dann gesichert, wenn das Geldmengenwachstum über Jahre hinweg dem Zuwachs der Produktionsmöglichkeiten der Wirtschaft (***Potenzialwachstum***) entspricht.

Mindestreservepolitik

Diese als Sicherheit für die Sparer beim Konkurs einer Geschäftsbank gedachte Zwangseinlage, die jede Geschäftsbank bei der Notenbank hinterlegen muss, beeinflusst direkt die Liquidität (und damit die Zinskonditionen) der Banken. Je höher die Mindestreserve, desto geringer die Liquidität. Senkt die Notenbank diese Reservesätze, können die Kreditinstitute wieder über mehr Geld verfügen: Das Geldangebot steigt, die Zinsen sinken.

Die Festlegung der Leitzinsen

Alle drei Leitzinsen (Diskontsatz, Lombardsatz und Rediskontingentsatz) legen die Bedingungen fest, unter denen sich die Geschäftsbanken bei der Zentralbank mit zusätzlicher ***Liquidität*** versorgen. Die Zentralbank geht davon aus, dass Verbesserungen (Zinssenkungen) wie Verschlechterungen (Zinserhöhungen) von den Geschäftsbanken entsprechend an ihre Spar- und Kreditkunden weitergegeben werden.

Frankfurt/M. (dpa). Die Ära der niedrigen Leitzinsen in Europa geht ihrem Ende zu: Die Europäische Zentralbank (EZB) hat die Finanzmärkte auf eine bevorstehende Zinserhöhung in der Eurozone eingestimmt. …
„Nach zweieinhalb Jahren historisch niedriger Zinsen denke ich, dass wir bereit sind zu einer Entscheidung", sagte der Notenbank-Chef auf dem „European Banking Congress" in Frankfurt.
Eine Anhebung des seit Juni 2003 unverändert bei 2,0 Prozent verharrenden Leitzinses würde zwar einen Teil der für die Wirtschaft günstigen Umstände beseitigen. Die Geldpolitik werde aber weiterhin zu Wachstum und mehr Beschäftigung in der Eurozone beitragen, versicherte Trichet.

Weser-Kurier, 23. 11. 05

Früher galten Diskont- und (weniger wichtig) Lombardsatz als wichtigster Leitzins: Geschäftsbanken verkaufen der Zentralbank Handelswechsel ihrer Kunden vor dem Verfallstag, um sich mit zusätzlichem Geld zu versorgen. Die Zentralbank zieht von der Wechselsumme einen Zins (den Diskontsatz bzw. bei sehr kurzfristigen Geschäften den Lombardsatz) ab. Geschäfte dieser Art werden heute unter dem Begriff ***ständige Fazilitäten*** pauschal zusammengefasst, und der deutsche Begriff „Übernacht-

Die Geldpolitik der Europäischen Zentralbank		
1. Offenmarktgeschäfte	***2. „Girokonto für die Geschäftsbanken" (Ständige Fazilitäten*)***	***3. Mindestreservepflicht***
Die EZB verkauft Wertpapiere an Geschäftsbanken ➔ Geldmenge sinkt oder sie kauft Wertpapiere von den Banken ➔ Geldmenge steigt Zentralbanken bieten zum ***europäischen Leitzins*** Wertpapiere an: ***Hauptrefinanzierungsgeschäfte***	Geschäftsbanken können ihr Konto gegen Sollzinsen „überziehen" (Spitzenrefinanzierungsfazilität) ➔ Geldmenge steigt oder Geschäftsbanken können auf ihrem Konto verzinste Guthaben bilden (Einlagefazilität) ➔ Geldmenge sinkt das ergibt: ***„Zinskanal für den Leitzins"***	Die Geschäftsbanken müssen Einlagen (Mindestreserve) bei der EZB halten, diese werden mit dem Leitzins verzinst Niedrige Mindestreserve ➔ Geldmenge steigt Hohe Mindestreserve ➔ Geldmenge sinkt *Kreditmöglichkeiten

kredit" macht deutlich, um was es sich handelt: kürzestfristige Kredite der Zentralbank an eine Geschäftsbank zur kurzfristigen Erhöhung der Liquidität.
Heute gilt der dritte Leitzins – die ***Wertpapierpensionsgeschäfte*** – als wichtigster Indikator für das Zinsniveau: Die Zentralbank bestimmt die Bedingungen, unter denen die Geschäftsbanken in Form von Kontingenten Zentralbankkredite erhalten können. Im Gegensatz zu den Ständigen Fazilitäten geht hier die Initiative von der Zentralbank aus. Heute üblicher Begriff ist die Formulierung ***Offenmarktgeschäfte***.

6.4 Die fiskalistische Konzeption: Finanzpolitik

Theoretischer Rahmen

Da nach Keynes Produktion, Beschäftigung und konjunkturelle Situation primär durch die gesamtgesellschaftliche Nachfrage bestimmt werden und die Staatsquote in Deutschland seit Jahrzehnten ca. 45–50 % beträgt, ist es naheliegend, die staatliche Einnahmen- und Ausgabenpolitik zur Konjunktursteuerung einzusetzen. Für Fiskalisten ist daher die Gestaltung des staatlichen Haushaltes wichtiger als die Geldpolitik.
Die Fiskalpolitik ist der wichtigste Teilbereich der Finanzpolitik eines Staates. Sie umfasst alle finanzpolitischen Maßnahmen zur Beeinflussung der Konjunktur und der allgemeinen Wirtschaftslage. Die finanzpolitischen Maßnahmen gliedern sich in

- ***Steuerpolitik*** und
- ***Subventionspolitik***.

Ausgangspunkt aller Maßnahmen ist primär die Nachfrageseite und die Überlegung, wie längerfristig die Nachfrage innerhalb eines gegebenen Wirtschaftskreislaufes so auf einem möglichst hohen Niveau stabilisiert werden kann, dass ein stetiger Wirtschaftsaufschwung bei geringer Arbeitslosigkeit und hoher Konsumneigung das Ergebnis ist. Die Nähe der fiskalpolitischen Theorie zum Konzept von Keynes ist unübersehbar, und zu die-

ser Verwandtschaft gehört auch die Vorstellung vom absoluten Primat der fiskalpolitischen Steuer- und Subventionspolitik. Die Geldpolitik spielt dagegen eine eher untergeordnete Rolle: Fiskalisten fordern von der Notenbank, insbesondere in Krisenzeiten, im Prinzip immer wieder nur Maßnahmen, die das allgemeine Zinsniveau senken (also ganz im Sinne von Keynes' „easy money policy"), um sowohl Investitionen als auch private Konsumneigung zu unterstützen.
Zentrale „Stützpfeiler" der fiskalistischen Konzeption sind der ***Multiplikator***- und der ***Akzeleratorprozess***.

Multiplikatorprozess
Unter der Annahme eines geschlossenen volkswirtschaftlichen Kreislaufes ohne Außenhandel muss jede zusätzlich geschaffene Nachfrage eine Welle weitere Nachfragen auslösen, die den ursprünglich eingebrachten Faktor um ein Vielfaches übertrifft.

Ein Beispiel:
In einer Zeit schwacher Konjunktur, deren Ursache nach Keynes primär in mangelnder Nachfrage besteht, nimmt der Staat Kredite auf und finanziert damit ein Investitionsprogramm von angenommenen 2 Mrd. €. Mit diesem Geld schafft er z. B. zusätzliche Nachfrage im Bausektor, also nach Straßen, Schulen, Krankenhäusern. Was passiert? Die beauftragten Baufirmen stellen neue Arbeiter ein und die gesamten Belegschaften arbeiten mit Hochdruck (evtl. sogar Überstunden, Nachtarbeit). Alle verdienen Geld, und das werden sie ausgeben – z. B. indem sich alle ein neues Auto kaufen. Die Folge: Die Automobilindustrie boomt, Arbeiter werden eingestellt und die Produktion hochgefahren. Konsequenz: Auch in der Automobilindustrie wird Geld verdient, das die Arbeitnehmer für Konsumausgaben in anderen Bereichen, z. B. der Textil- und Schuhindustrie, ausgeben, der Boom setzt sich in diesen Branchen fort.
Nach einer gewissen Zeit hat sich die Konsumnachfrage insgesamt belebt, und zwar um ein Vielfaches der ursprünglichen 2 Mrd €.

Akzeleratorprozess

Das ist im Prinzip der gleiche Prozess auf der Investitionsseite. Um das obige Beispiel noch einmal aufzugreifen:

Die Bauarbeiter haben zusätzliche 2 Mrd. € verdient, die sie alle in neue Autos investieren wollen. Unter der Voraussetzung, dass

- die Auslastung der Automobilindustrie schon vorher 100 % betrug
- und die Unternehmen mit einer dauerhaften Erhöhung der Nachfrage rechnen,

wird die Autoindustrie mit zusätzlicher Produktion in Höhe von 2 Mrd. € reagieren. Bei einer durchschnittlichen Kapitalrentabilität von 20 % brauchen die Autobauer insgesamt 10 Mrd. €, um die zusätzliche Nachfrage zu befriedigen.

Dem ursprünglichen Input von 2 Mrd. € stehen also auf Investitionsseite schon bei dieser ersten Welle (das Beispiel geht ja noch weiter) 10 Mrd. € Neuinvestitionen gegenüber.

Kompetenzabgrenzung: Gemeinden, Länder, Bund, EU

Grob lassen sich die (wirtschafts-)politischen Kompetenzen in die drei in der Grafik skizzierten Blöcke unterteilen:

Unter fiskalpolitischen Gesichtspunkten ist nur der Bereich der

Ordnungspolitik	Strukturpolitik	Prozesspolitik
Festlegung allgemein-rechtlicher Rahmenbedingungen	Gestaltung des Strukturwandels (regional und nach Branchen)	Lenkung und Stabilisierung der gesamtwirtschaftlichen Entwicklung
Zum Beispiel: Wettbewerbsordnung, Kartellrecht, Arbeitsrecht, Umweltschutz	***Zum Beispiel:*** Regionale Förderung, EU-Regionalismus, Infrastrukturentwicklung	***Zum Beispiel:*** Geldpolitik, Steuerpolitik, Subventionspolitik, Sozialpolitik

Prozesspolitik von Bedeutung. Auch der Bereich der Geldpolitik im engeren Sinne kann ausgeklammert werden, denn die ist alleinige Sache der Zentralbank. Bleiben also Steuer-, Subventions- und Sozialpolitik.

Da die Bundesrepublik Deutschland ein föderalistisch aufgebauter Staat ist, der zudem noch eine Reihe von Kompetenzen an die Europäische Union abgegeben hat, ergibt sich unter fiskalpolitischen Gesichtspunkten ein recht unübersichtliches Bild der Kompetenzabgrenzung und -überschneidung auf vier Ebenen, auf denen aber jeweils keineswegs Einheit herrscht:

- die Ebene der Europäischen Union: Europäische Kommission, Europäischer Rat, Europäisches Parlament und die Fachministerräte,
- die Bundesebene: Bundestag, Bundeskabinett (bzw. Finanz-, Wirtschafts- und Arbeitsminister) und Bundesrat,
- die Länderebene: Landtag und Landeskabinett und
- die kommunale Ebene: Kreistag, Stadtverordnetenversammlung, Gemeinderat sowie die entsprechenden Exekutivspitzen dieser Gremien.

Hinzu kommen eigentlich noch die ***europäischen Regionen***, die in etwa zwischen Bundesländern und Kommunen angesiedelt sind, hier aber der Einfachheit halber ignoriert werden, da sie ihren Einfluss fast nur auf europäischer Ebene im „Ausschuss der Regionen" einbringen können.

Ein wenig Ordnung in das System bietet das ***Subsidiaritätsprinzip***, das grundsätzlich in der EU und der Bundesrepublik gilt. Subsidiarität meint: Jede Frage, jeder Konflikt, jede Entscheidung soll möglichst auf der jeweils untersten zuständigen Ebene geregelt werden. Erst dann, wenn dieses nicht möglich ist, kommt die nächsthöhere Ebene zum Zug.

Die Umsetzung des Subsidiaritätsprinzips bedeutet konkret in Deutschland:

- Die Kommunen haben im Rahmen der Gesetze Haushaltshoheit, entscheiden also z. B. über regionale Wirtschaftsfördermaßnahmen und kommunale Steuern.

- Gleiches gilt für die Länder, die zudem durch eine jeweils eigene Verfassung gleichsam „automatisch" auch die Finanzhoheit haben, was auch Art. 74 GG (konkurrierende Gesetzgebung) noch einmal präzisiert.
- Wichtigstes Organ der fiskalpolitischen Wirtschaftspolitik ist aber nach wie vor der Bund (also Bundestag, -regierung und -rat). Die zentralen steuer-, subventions- und sozialpolitischen Entscheidungen fallen hier.
- In manchen Bereichen hat die EU die Hoheitsgewalt übernommen. Das gilt insbesondere für den ganzen Bereich der Landwirtschaftspolitik.

Die bis zu 10 % und für längstens ein Jahr mögliche Veränderung der Sätze der Einkommens- und Körperschaftssteuer wird zwar durch Rechtsverordnung der Bundesregierung vorgenommen, bedarf aber der ausdrücklichen Zustimmung von Bundestag und -rat. Beide Gremien haben aber nur die Möglichkeit, ja oder nein zu sagen, verändern dürfen sie die Rechtsverordnung nicht.
Auch regierungsintern stößt die konjunkturpolitische Willensbildung auf institutionelle Probleme. In der Regel ist der Finanzminister nach dem Regierungschef die wichtigste und im Bereich der Wirtschafts- und Finanzpolitik dominante Position. Auch in der Bundesrepublik hat der Finanzminister Sonderrechte, z. B. kann er bei Finanzbeschlüssen im Kabinett nur überstimmt werden, wenn der Kanzler sich gegen ihn stellt. Andererseits spielte das Wirtschaftsministerium seit der von Erhard begründeten Tradition eine im internationalen Vergleich ungewöhnlich wichtige Rolle.

Wirkungsweisen

Eine Erhöhung kann expansiv (nachfragesteigernd) oder kontraktiv (nachfragedämpfend) auf die betreffende Nachfragekomponente wirken. Wird statt einer Erhöhung eine Senkung der Haushaltsposten vorgenommen, so verkehrt sich die angegebene Wirkungsrichtung in ihr Gegenteil.

Fiskalpolitische Maßnahmen				
Wirkung auf / ***Erhöhung von***	***Privatverbrauch***	***Private Investitionen***	***Staatsverbrauch***	***Exportüberschuss***
Steuern	dämpfend	dämpfend		
Staatsausgaben			steigernd	
Transferzahlungen	steigernd			
Subventionen	steigernd	steigernd		steigernd

Die erste Zeile der Tabelle erklärt sich folgendermaßen: Durch eine Erhöhung der Steuern wird das verfügbare Realeinkommen der privaten Haushalte gekürzt. Diese Minderung führt zu einem Ausfall von privater Konsumnachfrage und/oder von Investitionsnachfrage. Je nachdem, welche Einkommensarten (Masseneinkommen, Gewinneinkommen) zusätzlich besteuert werden, wird sich die Steuererhöhung stärker zu Lasten der Konsum- oder Investitionsnachfrage auswirken. Der Gesamteffekt einer Steuererhöhung auf die gesamtwirtschaftliche Nachfrage hängt nicht nur von der absoluten Höhe der Veränderung ab, sondern auch von der Art der Steueränderung.
Staatsausgaben für Güter und Dienstleistungen bilden selbst einen Teil der Gesamtnachfrage. Ihre Erhöhung wirkt expansiv. ***Transferzahlungen*** (z. B. Kinder- und Wohngeld) fließen an private Haushalte und beeinflussen vorwiegend den Konsum. ***Subventionen*** (Staatsleistungen an Unternehmen) beeinflussen deren Investitionen. Da Subventionen auch einen Preiseffekt in Richtung einer Verbilligung bestimmter Güter auslösen können, ist eine Zunahme der gesamten Konsumnachfrage möglich.

Nach der fiskalpolitischen Konzeption kann die Politik also mithilfe des Staatshaushaltes die gesamtwirtschaftliche Nachfrage nachhaltig beeinflussen. Dabei ist nicht nur der Effekt einer Steuer- oder Ausgabenänderung von Bedeutung. Es tritt eine Kette von zeitlich aufeinanderfolgenden Impulsen auf, die den ursprünglichen Nachfrageeffekt auf ein Mehrfaches verstärken kann (vgl. Multiplikator- und Akzeleratorprozess ↗ S. 85).

Steuerpolitik

Schon immer haben Staaten von ihren Bürgern Steuern erhoben, weil sie auf andere Arten die wichtigen Gemeinschaftsaufgaben von der Landesverteidigung bis zur Schulbildung nicht finanzieren können. Und schon immer haben die Bürger unter der subjektiv als zu hoch empfundenen Steuerlast gestöhnt. Mit der Realisierung des Konzeptes der Sozialen Marktwirtschaft wird die steuerliche Entlastung „von unten nach oben" der zweite Pfeiler der Steuerpolitik.
Mit dem StWG von 1967 aber kommt für die politischen Funktionsträger der Bundesrepublik Deutschland eine völlig neue steuerliche Aufgabe hinzu: die Lenkung und mögliche Stabilisierung der Konjunktur.

Direkte und indirekte Steuern

Direkte Steuern sind alle Einkommens-, Vermögens- und Ertragssteuern, also alle ***Besitzsteuern***. Die direkte Steuer erfasst das Einkommen bei seiner Entstehung; sie orientiert sich an der persönlichen oder sachlichen Leistungsfähigkeit. Andere direkte Steuern sind z. B. die Kfz-Steuer, die Grundsteuer oder der Solidaritätszuschlag.
Indirekte Steuern sind die Verkehrs- und ***Verbrauchssteuern***. Hier knüpft die Steuer an die Verwendung des Einkommens an. Die Steuer zahlenden Unternehmen tragen die Steuerlast nicht selbst, sondern wälzen sie auf die Endverbraucher ab.
Die wichtigste direkte Steuer ist die Lohnsteuer, die wichtigste indirekte die Umsatz- oder Mehrwertsteuer. Im Jahr 2003 er-

brachte die Mehrwertsteuer rund 137 Mrd. € und die Lohnsteuer rund 133 Mrd. € – dies bei Steuergesamteinnahmen von 442 Mrd. € –, und damit fast zwei Drittel aller Steuereinnahmen.

Ziele der Steuerpolitik

Hinsichtlich der sozialen Gerechtigkeit im Steuersystem gilt das allgemein anerkannte Prinzip: Jeder sollte nach seiner Belastbarkeit Abgaben leisten, Reiche also mehr zahlen als Arme. Dies wird in der Bundesrepublik hauptsächlich durch das Prinzip der ***Steuerprogression*** bei der Einkommensteuer verwirklicht: Mit steigendem Einkommen wächst der prozentuale Anteil der Steuer. Wie die Progression der Steuersätze im Einzelnen ausfällt, ist Ergebnis von Interessenpolitik und steht im Mittelpunkt jeder großen Steuerreform. Dabei geht es stets auch um die Frage, bis zu welchem Einkommen keine Steuern gezahlt werden sollen, also wo das Existenzminimum festgelegt werden soll.

Die Steuerpolitik verfolgt unter wirtschaftspolitischen Zielsetzungen grundsätzlich zwei Ziele, bei denen ein direkter Zielkonflikt besteht:

- Stärkung der Unternehmensgewinne durch Steuerentlastung als Mittel der Wachstumspolitik. Zusätzlich soll individuelle Leistungsbereitschaft durch eine Minderung der Steuerlast belohnt werden.
- Entlastung der unteren Einkommensgruppen und die Sicherung staatlicher Beschäftigungsprogramme durch ein ausreichendes Steueraufkommen. Beschäftigung soll durch wachsende private und öffentliche Nachfrage gesichert werden.

Zum ersten Gesichtspunkt:
Steuern sind für die Unternehmen Kosten, die die eigenen Gewinnerwartungen (die Kapitalrentabilität) schmälern. Wenn der Unternehmer für seinen erzielten Gewinn kräftig Steuern zahlen muss, hat er im Endeffekt weniger als bei geringen Steuerlasten. Von einer gewissen Steuerhöhe an fragt er sich, ob Investieren

Gezielte Entlastung der Unternehmer	Gezielte Entlastung der Verbraucher
Vorteil: Kapitalrentabilität wächst, Unternehmer sind eher bereit, zu investieren und zu produzieren	***Vorteil:*** Massenkaufkraft wächst, Konsumenten fragen die angebotenen Produkte nach
Nachteil: Entgangene Steuerzahlungen müssen durch Neuverschuldung oder einseitige Belastung der Verbraucher ausgeglichen werden	***Nachteil:*** Entgangene Steuerzahlungen müssen durch Neuverschuldung oder einseitige Belastung der Unternehmer ausgeglichen werden

und Produzieren überhaupt noch lohnt, oder ob er sein Kapital in anderen Branchen oder Ländern besser anlegen kann. Dies gilt aber nicht für alle Steuerarten in gleicher Art.
Eine Erhöhung der reinen Verbrauchssteuern wie der Mehrwertsteuer lässt den Unternehmer relativ kalt, da er wie alle anderen die höhere Steuer auf die Endpreise „abwälzen" wird, also letztlich auf den Konsumenten. Auf rein unternehmensbezogene Steuern dagegen wie Ertrags-, Gewinn- oder Lohnsummensteuern werden Unternehmer höchst empfindlich reagieren, denn diese Steuern treffen fast ausschließlich sie, während die „normalen" Konsumenten wenig davon merken, es sei denn, die Unternehmen versuchen, die höheren Kosten durch Preiserhöhungen auszugleichen.

Zum zweiten Gesichtspunkt:
Von Seiten der Industrie und der Unternehmerverbände hört man immer wieder die Forderung, gezielt die Unternehmerseite steuerlich zu entlasten und die dem Staat dadurch entgehenden Einkünfte durch Erhöhung der Verbrauchssteuern auszugleichen. Dies ist aus der Perspektive der Kapitalrentabilität sicherlich sinnvoll, aus der Sicht eines Volkswirtes, der auch die gesamte

Nachfrage, die Kaufkraft innerhalb der Bevölkerung im Blick hat, sicherlich nicht. Jede weitere Erhöhung der Mehrwertsteuer z. B. spült Geld in die Staatskassen (oder kann Verluste auf der Seite der Unternehmensbesteuerung ausgleichen), aber zur gleichen Zeit wird das real verfügbare Nettoeinkommen der Konsumenten geringer. Vereinfacht gesagt: Auch wenn alle Bundesbürger nach einer Erhöhung der Mehrwertsteuer so viel verdienen wie vorher, können sie für ihr Geld weniger kaufen, denn alle Produkte sind teurer geworden, weil sich in ihrem Preis ein höherer Steueranteil verbirgt.

Eine weitere wichtige Einschränkung der Steuerpolitik hat der amerikanische Ökonom Arthur Laffer aufgezeigt und in der so genannten ***Laffer-Kurve*** grafisch dargestellt: Laffer hält Einschnitte in die Steuerpolitik für einen sehr wichtigen Hebel, um Investitionen, Sparneigung und Situation auf dem Arbeitsmarkt zu beeinflussen. Seine zentrale These lautet, dass es für jede einzelne Steuer einen optimalen Steuersatz gibt, bei dem die Staatskasse einen maximalen Steuergewinn erzielt. Grafisch stellt sich das so dar:

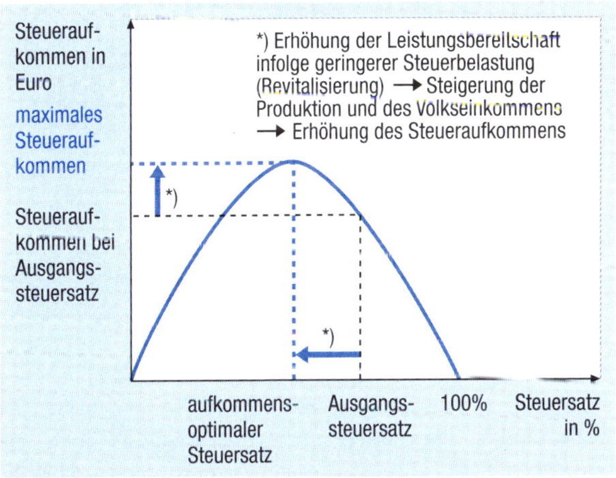

Ist die Steuer sehr gering, sind natürlich auch die staatlichen Einnahmen klein. Steigt die Steuer aber über ein gewisses Maß, fällt der Anreiz für die Steuerzahler, weiteres steuerpflichtiges Einkommen zu erzielen (bzw. im Falle von Konsumsteuern, weitere Einheiten des besteuerten Produktes zu konsumieren). Bezogen auf Unternehmens- und Einkommenssteuern sind Steuerhinterziehung, Schwarzarbeit und Verlagerung der Produktion ins Ausland die Folge.
Ein kleines Beispiel aus der jüngsten bundesrepublikanischen Geschichte: In den letzten Jahren wurde mehrfach die Besteuerung auf Tabakwaren erhöht. Aber spätestens seit der vorletzten Erhöhung gehen die Steuereinnahmen aus der ***Tabaksteuer*** zurück. Das hat drei Ursachen: Verstärkter Schmuggel mit ausländischen Zigaretten wird immer lohnender und weitet sich damit aus, viele Verbraucher steigen auf Ersatzprodukte um, insbesondere auf „Selbstgedrehte", und viele Raucher nahmen die Steuererhöhungen zum Anlass, mit dem Rauchen ganz aufzuhören.

Subventionspolitik

Unter Subventionen versteht man im Allgemeinen staatliche Transfers an Unternehmen. Sie betreffen sowohl die Ausgabenseite des Staates in Form von gewährten Finanzhilfen (Zuschüsse und Darlehen) als auch die Einnahmenseite (Steuervergünstigungen). Subventionen sollen das Verhalten der Wirtschaftssubjekte (dies sind in erster Linie die Firmenleitungen) über eine Verbesserung der Kosten- und Erlössituation (Kapitalrentabilität) im Sinne der wirtschafts- und der strukturpolitischen Ziele des Staates (↗ S. 117) positiv beeinflussen.
Das StWG nennt eine Reihe von konjunkturpolitischen Belebungs- und Dämpfungsmaßnahmen:

Zur Erläuterung

Unter ***Konjunkturausgleichsrücklage*** versteht man ein bei der Zentralbank zu unterhaltendes unverzinsliches Guthaben. Die Bundesregierung kann zur Abwehr einer Störung des gesamt-

Belebungsmaßnahmen	
Einnahmenseite	Erhöhung von Abschreibungsmöglichkeiten (§ 26), Investitionsbonus von 7,5 % (§ 26), Abschlag in Höhe von 10 % auf die Einkommens- und Körperschaftssteuer für höchstens 1 Jahr (§ 26)
Ausgabenseite	Auflösung der Konjunkturausgleichsrücklage (§ 5, 6, 7, 15), strukturelle Hilfsmaßnahmen für Unternehmen (§ 12), Investitionsvorhaben (§ 10, 11)

Dämpfungsmaßnahmen	
Einnahmenseite	Aussetzung von Abschreibungsmöglichkeiten (§ 26), Konjunkturzuschlag zur Einkommens- und Körperschaftssteuer (§ 26), Begrenzung der öffentlichen Kreditaufnahme (§ 19)
Ausgabenseite	Streckung von Baumaßnahmen des Staates (§ 6), Konjunkturausgleichsrücklage (§ 5, 11, 15), zusätzliche Schuldentilgung (§ 5, 11)

wirtschaftlichen Gleichgewichts durch Rechtsverordnung mit Zustimmung des Bundesrates anordnen, dass der Bund und die Länder Konjunkturausgleichsrücklagen zu bilden haben. Entnahmen aus der Konjunkturausgleichsrücklage sind nur möglich, soweit sie von der Bundesregierung durch Rechtsverordnung mit Zustimmung des Bundesrates zugelassen sind.

Abschreibungen sind steuerlich geltend gemachte Wertverluste des Produktionsvermögens durch Abnutzung. Eine Maschine, ein Computer etc. halten nur eine bestimmte Zahl von Jahren, dann sind sie verbraucht oder veraltet. Dieser Wertverlust wird steuerlich vom erwirtschafteten Gewinn abgezogen und trägt so zur Reduzierung der Steuersumme bei. Man unterscheidet die lineare und die degressive Abschreibung. Bei der linearen Abschreibung wird für eine vom Gesetzgeber festgelegte bestimmte Zahl von Jahren ein jährlich stets gleicher Betrag abgesetzt. Wer z. B. einen Computer gekauft hat und diesen beruflich nutzt, kann fünf Jahre lang jeweils ein Fünftel der Kaufsumme steuerlich absetzen. Bei der degressiven Abschreibung ist der Anfangswert für das erste Jahr erheblich höher als bei der linearen Abschreibung, er sinkt dann aber proportional. Welche Art der Abschreibung die günstigere ist, kann nur von Fall zu Fall entschieden werden.

Subventionen auf der Ausgabenseite gibt es in Form von
- Zuschüssen (nicht rückzahlbar),
- Krediten (müssen, im Regelfall zu sehr günstigen Konditionen, zurückgezahlt werden),
- Bürgschaften (z. B. als Hermes-Bürgschaft bei Exportgeschäften: Der Staat steht als Bürge ein, falls Vereinbarungen, Verträge nicht eingehalten werden),
- Zollbefreiungen und Ausfuhrerstattungen (in der Landwirtschaft),
- Rückvergütungen (z. B. Agrardieselrückvergütung in der Landwirtschaft: Landwirte erhalten einen Teil der bereits gezahlten Mineralölsteuer zurück.)

Im Gegensatz zur Geldpolitik hat das Thema Subventionspolitik immer einen hohen Reizcharakter gehabt, und die Forderung nach Subventionsabbau gehört seit Jahrzehnten zum Standardrepertoire (fast) aller politischen Parteien. Die Rückführung von Transfers aus öffentlichen Haushalten an Unternehmen scheint

Gesamtvolumen der Subventionen von Bund, Ländern und Gemeinden, ERP, EU in den Jahren1970 bis 2005

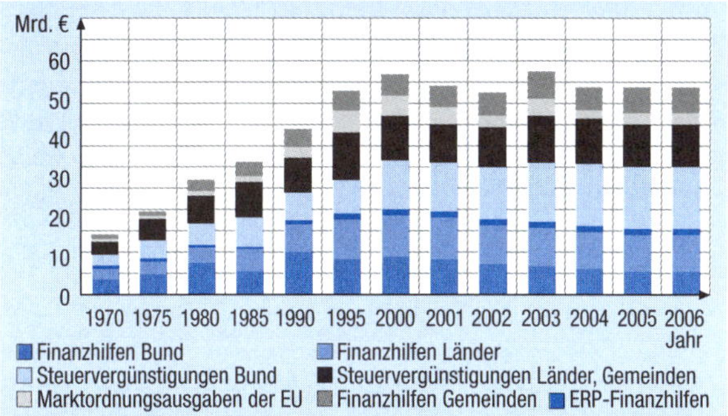

http://www.bundesregierung.de/Content/DE/Periodischer Bericht/Berichte-der-Bundesregierung/2006/03/_Anlagen/zwanzigster-subventionsbericht978296.property=publicationFile.pdf

eines der schwierigsten Unterfangen der Finanzpolitik zu sein. Die heutige Subventionspolitik ist häufig von einem Subventionsdschungel gekennzeichnet, in dem klare Zielmittelvorgaben untergehen. 2007 beschlossen Bund und Länder endlich, den Steinkohlebergbau bis 2018 einzustellen – ausreichend Zeit für Strukturmaßnahmen in den betroffenen Regionen.

Beispiel Steinkohlebergbau

Ein besonders unrühmliches Kapitel ökonomisch sinnloser Subventionierung ist die Subventionierung des deutschen Steinkohlebergbaus. Eine Tonne Steinkohle kostet in Deutschland rund 150 €, das ist etwa das Vierfache des Weltmarktpreises. Jeder Arbeitsplatz in dieser Branche wird mit rund 35 000 € aus Steuergeldern subventioniert, insgesamt kostet das den Fiskus jährlich knapp 1,7 Mrd. €. Dass diese verharmlosend ***Kohlepfennig*** genannte Praxis dennoch seit Jahrzehnten besteht, zeigt, wie sehr sich Politiker nach potenziellen Wählerstimmen richten und wie zementiert einmal gewährte Privilegien sind.

6.5 Die Konzepte von Angebots- und Nachfragetheorie

Die Vorstellung, konjunkturelle Prozesse durch eine gezielte Beeinflussung der Nachfrageseite steuern zu können, stammt von Keynes. Keynes war der Erste, der makroökonomische Prozesse von der Seite des Konsums her in den Blick nahm, daher bildet auch das Konzept der nachfrageorientierten Konjunktursteuerung den Ausgangspunkt seiner Überlegungen.
Die angebotsorientierte Steuerungstheorie versteht sich eher als Gegenmodell zur Nachfragesteuerung. Die traditionell mikroökonomisch-betriebswirtschaftliche Sicht der Angebotstheorie steht allerdings ganz in der Tradition des Liberalismus (A. Smith, ↗ S. 44 f.). Der Bezug zum Monetarismus ist nur sehr indirekt herstellbar, da die zentrale Notenbank EZB von Anfang an weisungsunabhängig war (↗ S. 78). Die Geldpolitik im engeren Sinne ist der Kontrolle der anderen staatlichen Organe entzogen und kann kein unmittelbarer Bestandteil eines der beiden politischen Konzepte bilden.
Eine Übersicht über die Konzepte von Angebots- und Nachfragesteuerung findet sich auf der nächsten Seite.

Kritik am Konzept der Angebotssteuerung:
Der betriebswirtschaftlich-mikroökonomische Blickwinkel verstellt den Blick auf die Tatsache, dass sich auch die rentabelste Produktion in dem Augenblick nicht mehr lohnt, wenn keine Nachfrage besteht. Der Unternehmer kann seinen Gewinn eben nur dadurch realisieren, dass er die hergestellten Produkte (oder Dienstleistungen) auch verkauft, und wenn dieser Verkauf nicht gewährleistet oder unwahrscheinlich ist, wird seine Investitions- und Produktionsbereitschaft unabhängig von der Kapitalrentabilität abnehmen.
Alle angebotsorientierten Maßnahmen bedeuten eine Verringerung der gesamtgesellschaftlichen Nachfrage: Niedrige Löhne, hohe Konsumsteuern, (lohn-)steuerliche Belastung sowie eine

	Angebotssteuerung	Nachfragesteuerung
Ursachen für Konjunkturschwankungen	1. Grundüberlegung Die Kapitalrentabilität der Unternehmen bestimmt die konjunkturelle Situation.	1. Grundüberlegung Die Höhe der gesamtgesellschaftlichen Nachfrage bestimmt die konjunkturelle Situation.
Aktionsparameter	2. Grundüberlegung: Die Kapitalrentabilität wird bestimmt durch: Kosten für Rohstoffe, Energie, ggf. Miete, Lohnhöhe, Lohnnebenkosten, Steuer- und Subventionsquote, Preisniveau	2. Grundüberlegung: Die gesamtgesellschaftliche Nachfrage wird bestimmt durch: Lohnhöhe, Preisniveau, Zinsniveau, Arbeitslosenquote, Abgabenquote
Staatlich beeinflussbare Parameter	3. Grundüberlegung: Nur die Lohnnebenkosten und die Steuer- und Subventionsquote sind durch staatliche Maßnahmen direkt beeinflussbar.	3. Grundüberlegung: Nur die Arbeitslosen- und die Abgabenquote (sowie mittelbar das Zinsniveau) sind durch staatliche Maßnahmen direkt beeinflussbar.
Konsequenzen für staatliche Wirtschaftspolitik	Therapie: Senkung der Lohnnebenkosten durch Verringerung der Sozialversicherungsbeiträge oder Neuregelung des Zahlungsanteils von Arbeitgebern und Arbeitnehmer zugunsten der Arbeitgeber. Senkung von unternehmensbezogenen Steuern (z. B. Körperschafts-, Lohnsummen- und Umsatzsteuer) Erhöhung staatlicher Subventionen Verbesserung von Abschreibensmöglichkeiten	Therapie: Schaffung von Arbeitsplätzen durch staatlich finanzierte Beschäftigungsprogramme Senkung der arbeitnehmer- und konsumbezogenen Steuern (z. B. Lohn- und Einkommensteuer, Mehrwertsteuer) Beeinflussung der Notenbank in Richtung auf ein niedriges Zinsniveau
Konjunkturpolitisches Ziel	Durch Erhöhung der Ertragskraft der Unternehmen soll die Stärkung der Investitions- und Produktionsbereitschaft der Unternehmen gewährleistet werden.	Durch gezielte Erhöhung der Konsumkraft soll mithilfe von Multiplikator- und Akzeleratorprozess die gesamtgesellschaftliche Nachfrage dauerhaft erhöht werden.

Erhöhung des Arbeitnehmeranteils an den Sozialversicherungsbeiträgen gehen zu Lasten des Nettoeinkommens und schmälern den für Konsumzwecke verfügbaren Teil des Einkommens.

Kritik am Konzept der Nachfragesteuerung:
Staatliche Konjunktur- und Beschäftigungsprogramme verzerren die reale Wettbewerbssituation des Marktes. Sie können auf diese Weise dazu führen, dass Branchen und ganze Sektoren, die unter Konkurrenzbedingungen national und insbesondere auch international eigentlich nicht mehr wettbewerbsfähig sind, künstlich am Leben gehalten werden – eine unproduktive und nicht ökonomische Verschwendung von Steuergeldern.
Um neue Konjunktur- und Beschäftigungsprogramme finanzieren zu können, muss der Staat Kredite aufnehmen (↗ S. 170 f.). Er tritt daher am Geldmarkt als zusätzlicher Nachfrager in erheblicher Größenordnung auf. Zusätzliche Nachfrage auf einem gegebenen Markt bedeutet Erhöhung der Preise, im Falle des Geldmarktes also der Zinsen. Staatliches Handeln führt also in diesem Falle zu einer Zinserhöhung (***Crowding-out-Effekt***). Dies läuft der generellen nachfrageorientierten Zielsetzung möglichst niedriger Zinsen zuwider.
Niedrige Zinsen und Abgaben sowie hohe Lohnabschlüsse führen zu verstärkten inflationären Tendenzen (Lohn-Preis-Spirale, ↗ S. 66), diese machen die gewünschte Anhebung der Massenkaufkraft wieder zunichte.
Die erhoffte Steigerung des Konsums kann durch zwei Tendenzen vermindert bzw. ganz aufgehoben werden:

- Der Kauf ausländischer Güter bzw. die Inanspruchnahme ausländischer Dienstleistungen (VGR, ↗ S. 125 f.) bedeutet einen Verlust für die Inlandsnachfrage.
- Die Erhöhung der Sparquote läuft ebenfalls dem Ziel der Konsumsteigerung entgegen: Wenn die Leute in dem Augenblick, in dem sie mehr Geld zur Verfügung haben, einen größeren Teil ihres Einkommens sparen, tritt kurz- und mittelfristig keine Belebung der Nachfrage ein.

Wettbewerbspolitik

7.1 Märkte

Übersicht über Marktformen

Auf einem Markt treffen Anbieter und Nachfrager aufeinander. Ökonomisch gesehen ist also nicht nur der Wochenmarkt ein Markt, sondern bei jedem Kauf/Verkauf handelt es sich um einen Marktprozess. Märkte gibt es viele, vom globalen Versteigerungsmarkt für UMTS-Lizenzen bis zum Flohmarkt um die Ecke. Grob unterscheidet man folgende Hauptformen:

Verbrauchsgütermarkt	Jeder Markt, auf dem Konsumgüter gehandelt werden, vom Wochenmarkt über den Supermarkt bis zur Bootsmesse.
Investitionsgütermarkt	Handel mit Gütern, die zur Produktion weiterer Güter notwendig sind.
Kapitalmarkt	Gehandelt (besser: transferiert) wird Kapital in Geldform zur Investition in Unternehmen.
Geldmarkt	Kredite, Sparguthaben und zum Teil „geldnahe" Aktiva, wie z. B. Bundesschatzbriefe, werden gehandelt.
Arbeitsmarkt	Marktteilnehmer sind Arbeitgeber und Arbeitnehmer, es geht um Arbeitsverträge.
Immobilienmarkt	Gehandelt wird mit Grundstücken, Häusern, Gebäuden.

Ordnungselemente der Marktwirtschaft

Zur Warenproduktion gehören der Tausch und das Privateigentum untrennbar dazu. Erst und nur dann, wenn der von mir produzierte Gegenstand von allen als mein Eigentum anerkannt wird, kann ich über ihn verfügen und ihn z. B. gegen etwas anderes eintauschen.

Die allgemeinen Rahmenbedingungen der modernen Marktwirtschaft sind:

- Produziert wird nicht für den eigenen Verbrauch, sondern für einen ***Tauschmarkt***. Der Warenproduzent tauscht (verkauft) auf diesem Markt seine Produkte, um diejenigen Güter einzutauschen (zu kaufen), die er für seine Existenz braucht.

Der Markt wiederum beinhaltet eine Reihe von Voraussetzungen, ohne die er nicht funktionieren könnte:

- ***Privateigentum:*** Ein Tausch kommt nur zustande, wenn sich beide Seiten gegenseitig als Eigentümer ihrer Produkte anerkennen und keiner dem anderen dessen Güter rauben will. Zuwiderhandlungen werden bestraft. Seit den Marktordnungen des Spätmittelalters haben Stadtbüttel bzw. Polizei das Aufsichtsrecht.
- ***Vertragsfreiheit:*** Nur wenn beide Tauschpartner ihn wollen, kommt der Tausch zustande. Beide Vertragspartner müssen sich nicht nur darüber einig sein, dass sie ihre Produkte tauschen wollen, sondern auch über die Quantität der beiden Tauschwaren. Nach dem Aufkommen des Geldes, das diesen einfachen Warentausch wesentlich vereinfacht, kann man statt des sperrigen Begriffs „Tauschquantität" einfach „Preis" sagen.
- ***Freie Konkurrenz:*** Das Marktmodell funktioniert nur, wenn freier Wettbewerb zwischen den Anbietern (und auch den Nachfragern) herrscht. Wenn ein Monopol entsteht, also nur noch ein einziger Anbieter oder Nachfrager den Markt beherrscht, werden die Marktgesetze – insbesondere die Preisbildung – außer Kraft gesetzt.
- ***Gleichheit:*** Auf dem Markt gelten alle Individuen als prinzipiell gleich – als Verkäufer bzw. Käufer von Waren.

Der vollkommene Markt

Der vollkommene Markt ist ein Ideal, dennoch stellt er ein wichtiges Modell dar, das die Ökonomen zur näheren Bestimmung des Marktgeschehens benötigen.
Die folgenden Grundannahmen benötigen die Volkswirtschaftler für den vollkommenen Markt:

- Alle auf diesem Markt angebotenen Waren einer bestimmten Art sind qualitativ völlig gleichwertig.
- Alle am Marktgeschehen beteiligten Käufer und Verkäufer sind vollkommen über alles, was das Marktgeschehen angeht, informiert.
- Alle lassen sich nicht von irrationalen Beweggründen wie Traditionen, persönlichen Vorlieben oder Abneigungen, Aberglauben, karitativen Motiven zum Kauf oder Verkauf hinreißen.
- Es gibt weder ein Angebots- noch ein Nachfragemonopol, es herrscht vollkommene Konkurrenz.
- Unter diesen Voraussetzungen kann es nur einen einzigen Preis für jedes Gut geben, wie die Grafiken zur Angebots- und Nachfragekurve zeigen (↗ S. 104).

7

Die Anbieter sind glücklich über einen möglichst hohen Preis. Je höher dieser Preis klettert, desto größer wird die Tendenz, das Angebot auszuweiten. Geht der Preis dagegen nach unten, geht auch das Angebot gegen null – die Anbieterkurve nimmt die Form einer Parabel an. Aus der Perspektive der Käufer ist das umgekehrt: je niedriger der Preis, desto höher die Kaufbereitschaft, je höher der Preis, desto geringer die Nachfrage – das Nachfrageinteresse lässt sich in der Form einer Hyperbel grafisch darstellen.
Legt man die beiden Kurven übereinander, so ergibt sich zwangsläufig ein Schnittpunkt. Dieser Schnittpunkt ist der Schlüssel zum Verständnis der gesamten marktwirtschaftlichen Theorie: An diesem Punkt ergibt sich der so genannte natürliche Preis (P_n), und nur an diesem Punkt können Angebot und Nachfrage in eine ausgewogene Harmonie kommen. Die gesamte Menge

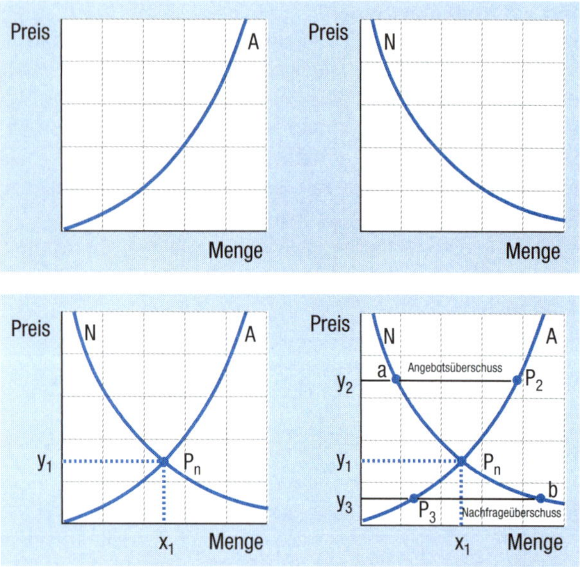

y_1-P_n wird zum Preis von x_1-P_n verkauft. Die Grafik zeigt, was passiert, wenn der Preis – warum auch immer – nach oben oder unten rutscht.

Wandert der Preis nach oben zum Punkt P_2, wird zwar die Menge y_2-P_2 angeboten, aber nur die Menge y_2-a nachgefragt – es entsteht ein ***Angebotsüberschuss***, der grafisch durch die Strecke a-P_2 illustriert wird. Die einzige Möglichkeit der Anbieter, die angebotene Ware dennoch zu verkaufen, ist, den Preis wieder zu senken. Rutscht der Preis dann auf den Punkt P_3, entsteht die umgekehrte Situation: Einer hohen Nachfrage (y_3-b) steht ein geringes Angebot (y_3-P_3) gegenüber, es kommt daher zu einem ***Nachfrageüberschuss*** (P_3-b), was den Preis sofort wieder in die Höhe schnellen lässt, bis sich im Punkt Pn ein erneutes Gleichgewicht ergibt.

Die Lehre: Überlässt man alles dem freien Spiel der Marktkräfte, gibt es für jedes beliebige Gut zu einem bestimmten Zeitpunkt einen natürlichen Preis, zu dem die gesamte angebotene Menge verkauft wird – Krisen durch Überproduktion oder Mangel sind ausgeschlossen. Mit anderen Worten: Die Marktwirtschaft enthält einen sich selbst regelnden Mechanismus in Form der Marktgesetze, der ohne Eingriff von außen die wirtschaftliche Effizienz sichert. Adam Smith hat das auf die Formel der unsichtbaren Hand gebracht, die quasi „hinter dem Rücken" der Menschen und ohne ihr bewussten Zutun die (Markt-)Wirtschaft so steuert, dass für alle eine optimale Versorgung gewährleistet ist.

Der reale Markt

Formuliert werden kann das Gesetz des natürlichen Preises nur auf der Basis der oben skizzierten Bedingungen, und die sind eben „idealtypisch", d.h. nicht realistisch und durch vielerlei Faktoren gefährdet:

- Gleichwertigkeit der Waren ist nicht gegeben.
- Den zu 100 % informierten Marktteilnehmer gibt es nicht.
- Bei Käufern spielen irrationale Motive wie Markentreue eine Rolle, nicht nur reale Faktoren sind ausschlaggebend.
- Sowohl Angebots- als auch Nachfragekurven sind ständigen Schwankungen unterworfen, z.B. durch Änderung von Moden, neue Produkte, exogene (von außen kommende) Faktoren (z.B. Rohölpreise), staatliche Steuerung des Marktes (z.B. Ökosteuer) usw.
- Die „Sparquote", also der Teil des Einkommens, den private Haushalte nicht ausgeben, wird ebenso wenig berücksichtigt wie der Handel mit ausländischen Märkten.

Das Marktmodell funktioniert außerdem nur unter der Bedingung der möglichst vollständigen Konkurrenz. Nur wenn auf einem Markt für ein bestimmtes Produkt mehrere Anbieter auftreten, besteht für alle die Notwendigkeit, den natürlichen Preis zu realisieren: Geht ein einzelner Anbieter höher, bleiben ihm

Nachfrager / Anbieter	einer	wenige	viele
einer	Bilaterales Monopol	Nachfrageoligopol mit monopolistischem Angebot	Angebotsmonopol
wenige	Angebotsoligopol mit monopolistischer Nachfrage	Bilaterales Oligopol	Angebotsoligopol
viele	Nachfragemonopol	Nachfrageoligopol	Polypol

die Kunden weg, geht er niedriger, macht er weniger oder keinen Gewinn. Wenn ein ***Monopol*** entsteht oder sich wenige Großfirmen einen Markt teilen, Preise absprechen und auf Konkurrenz verzichten (***Oligopol***), können andere Preise als der natürliche Preis durchgedrückt werden, denn die Menschen sind auf viele Produkte zum Leben unmittelbar angewiesen, und der Konkurrenzmechanismus ist außer Kraft gesetzt.
Folgerichtig ist die Kontrolle und notfalls die Verhinderung der Monopolbildung durch die staatliche Aufsicht (***Bundeskartellamt***), seit Einführung der Sozialen Marktwirtschaft in der Bundesrepublik 1949, das neben der Sozialstaatsklausel wichtigste Korrektiv an der freien Marktwirtschaft und von den Schöpfern dieses Wirtschaftskonzeptes, Alfred Müller-Armack und Ludwig Erhard, zu einem der zentralen Prinzipien erhoben worden. Völlig ungelöst aber ist bis heute die Frage, wie angesichts der Globalisierung und des raschen Zusammenwachsens der Weltwirtschaft solche Kontrollen international durchgeführt werden können.

Die optimale Ressourcenallokation

Ökonomen bezeichnen mit dem Begriff ***Ressourcenallokation*** das Zuordnen knapper Güter auf verschiedene Verwendungsmöglichkeiten. Da eine bestimmte Ware, die z. B. zur Produktion des Gutes X eingesetzt wird, nicht gleichzeitig auch zur Produktion des Gutes Y verwendet werden kann, sind (fast) alle Ressourcen auf der Erde grundsätzlich knapp. In einer Marktwirtschaft wird die Allokation auf Märkten über den Preis der Ressource gesteuert. Derjenige, der die Ressource am dringendsten braucht, ist wahrscheinlich bereit, einen höheren Preis zu zahlen.

Das Zusammenspiel der verschiedenen Prinzipien führt also dazu, dass der Markt allein aufgrund seiner Funktionsweise und Gesetzmäßigkeiten die optimale Ressourcenallokation vornimmt, ohne dass dirigistische Maßnahmen notwendig wären.

7.2 Kartellrecht und Monopolbildung

Akteure und gesetzliche Grundlagen

Fusion: Zwei oder mehrere Unternehmen gründen ein neues Unternehmen, in das die bisherigen Unternehmen eingehen.

Gründung eines *Kartells:* Zusammenschlüsse zwischen rechtlich und weitgehend auch wirtschaftlich selbstständig bleibenden Unternehmen der gleichen Branche (horizontale Kartellbildung) oder verschiedener Wirtschaftsbereiche (vertikale Kartellbildung).

Gründung eines *Konzerns:* Zusammenschlüsse zwischen rechtlich selbstständigen, aber wirtschaftlich unselbstständigen Unternehmen unter einheitlicher wirtschaftlicher Leitung. Auch hier gibt es die horizontale und vertikale Konzernbildung.

Im Abschnitt über die Soziale Marktwirtschaft wurde schon auf die große Bedeutung der Wettbewerbspolitik hingewiesen. Die Aufrechterhaltung des Wettbewerbs ist die Grundlage eines

funktionierenden Marktes, die Monopolkontrolle und die Sorge um die Aufrechterhaltung der Spielregeln der freien Konkurrenz sind daher Eckpfeiler der Sozialen Marktwirtschaft.
Mit der Entstehung der Bundesrepublik und der Realisierung der Sozialen Marktwirtschaft wurde daher auch das Bundeskartellamt geschaffen, eine dem Wirtschaftsministerium untergliederte, aber selbstständige Wettbewerbsbehörde mit Sitz in Bonn (bis 1999 in Berlin). Neben dem Bundeskartellamt gibt es Landeskartellämter in den Bundesländern, die für regionale Fälle zuständig sind. Entsprechende internationale Institutionen gibt es nicht, lediglich auf der Ebene der Europäischen Union nimmt der für Wettbewerbsbeschränkungen zuständige Kommissar Kontroll- und Aufsichtsfunktionen wahr. So musste im Sommer 2006 bspw. das „VW-Gesetz“ auf Druck der Kommission abgeschafft werden. In diesem Gesetz hatte das Land Niedersachsen unabhängig von den Mehrheitsverhältnissen eine Monopolstellung gegenüber anderen Aktionären.
Die nationalen gesetzlichen Grundlagen finden sich hauptsächlich im „Gesetz gegen Wettbewerbsbeschränkungen“ (GWB). Dieses Gesetz soll den ungehinderten und freien Wettbewerb garantieren und jegliche Form von Machtakkumulation („Anhäufung“) verhindern.

Kartellamt hat Bedenken

Berlin (dpa). Das Bundeskartellamt hat Bedenken gegen den Kauf des führenden deutschen TV-Unternehmens ProSiebenSat.1 durch den Springer-Konzern. Das Kartellamt habe mitgeteilt, dass nach dem bisherigen Stand der Ermittlungen die Voraussetzungen für eine Untersagung des Zusammenschlusses vorlägen, berichtete gestern die Axel Springer AG. Nach Auffassung der Behörde würden sich durch den Zusammenschluss die Wettbewerbsbedingungen auf dem Fernsehwerbemarkt verschlechtern. Mit Springer und RTL-Mutter Bertelsmann stünden sich zwei Konzerne gegenüber, die sich keinen Wettbewerb mehr machen würden.

Weser-Kurier, 19.11.05

Das Gesetz ist unterteilt in
- das Verbot und die Kontrolle bestimmter Wettbewerbsbeschränkungen (Verbot von Kartellen),
- den Missbrauch marktbeherrschender Stellungen,
- die Kontrolle von Unternehmenszusammenschlüssen (Zusammenschlusskontrolle),
- die Organisation und das Verwaltungsverfahren der Wettbewerbsbehörden, insbesondere des Bundeskartellamtes,
- das Vergaberecht, das strenge Richtlinien für die Vergabe öffentlicher Aufträge formuliert.

Zusammenschlusskontrolle: Zusammenschlüsse von Unternehmen müssen dem Bundeskartellamt zur ***Zusammenschlusskontrolle*** dann angemeldet werden, wenn der Zusammenschluss die Umsatzschwellen aus § 35 GWB erreicht oder überschreitet. Wird durch den Zusammenschluss eine marktbeherrschende Stellung begründet oder verstärkt, so wird das Bundeskartellamt den Zusammenschluss in der Regel nicht genehmigen.

§35 GWB:
„1) Die Vorschriften über die Zusammenschlusskontrolle finden Anwendung, wenn im letzten Geschäftsjahr vor dem Zusammenschluss
1. die beteiligten Unternehmen insgesamt weltweit Umsatzerlöse von mehr als 500 Millionen Euro und
2. mindestens ein beteiligtes Unternehmen im Inland Umsatzerlöse von mehr als 25 Millionen Euro erzielt haben.
(3) Die Vorschriften dieses Gesetzes finden keine Anwendung, soweit die Kommission der Europäischen Gemeinschaft nach der Verordnung (EWG) Nr. 4064/89 des Rates vom 21. Dezember 1989 über die Kontrolle von Unternehmenszusammenschlüssen in ihrer jeweils geltenden Fassung ausschließlich zuständig ist."

Das deutsche Kartellgesetz wird vielfach durch ***europäisches Wettbewerbsrecht*** beeinflusst. Das gilt für Wettbewerbsbeschränkungen, die den Handel zwischen den Mitgliedstaaten beeinträchtigen können und Unternehmenszusammenschlüsse, die die entsprechenden Umsatzschwellen erreichen. Hier gilt das europäische und nicht das deutsche Recht. Im Jahr 2004 hat der Rat der Europäischen Union die recht vage gehaltenen Bestimmungen des Amsterdamer Vertrages zur Fusionskontrolle präzisiert:

> „Ein Zusammenschluss hat gemeinschaftsweite Bedeutung, wenn folgende Umsätze erzielt werden:
> a) ein weltweiter Gesamtumsatz aller beteiligten Unternehmen zusammen von mehr als 5 Mrd. EUR und
> b) ein gemeinschaftsweiter Gesamtumsatz von mindestens zwei beteiligten Unternehmen von jeweils mehr als 250 Mio. EUR …
> Zusammenschlüsse sind auf ihre Vereinbarkeit mit dem Gemeinsamen Markt zu prüfen. Bei dieser Prüfung berücksichtigt die Kommission:
> a) die Notwendigkeit, im Gemeinsamen Markt wirksamen Wettbewerb aufrechtzuerhalten und zu entwickeln, insbesondere im Hinblick auf die Struktur aller betroffenen Märkte und den tatsächlichen oder potenziellen Wettbewerb durch innerhalb oder außerhalb der Gemeinschaft ansässige Unternehmen;
> b) die Marktstellung sowie die wirtschaftliche Macht und die Finanzkraft der beteiligten Unternehmen, die Wahlmöglichkeiten der Lieferanten und Abnehmer, …
> Zusammenschlüsse, durch die wirksamer Wettbewerb im Gemeinsamen Markt oder in einem wesentlichen Teil desselben erheblich behindert würde, insbesondere durch Begründung oder Verstärkung einer beherrschenden Stellung, sind für mit dem Gemeinsamen Markt unvereinbar zu erklären."
> (Verordnung 139/2004 vom 20. 1. 2004 über die Kontrolle von Unternehmenszusammenschlüssen)

Marktbeherrschung liegt vor, wenn ein Unternehmen auf einem Markt keine oder nur unwesentliche Konkurrenten hat und damit eine überragende Marktstellung einnimmt.
Das GWB präzisiert in § 19 die Marktbeherrschungsvermutung:

> „– Die Monopolvermutung liegt vor, wenn ein Unternehmen einen Marktanteil von mindestens 1/3 besitzt,
> – die Oligopolvermutung liegt vor, wenn 2 bis 3 Unternehmen zusammen 50 % des Marktes besitzen oder 4 bis 5 Unternehmen zusammen 2/3 des Marktes besitzen."

Internationale Zusammenschlüsse: Als die „Väter" der Sozialen Marktwirtschaft ihr Konzept entwickelten und der Bedeutung der Monopolkontrolle so breiten Raum zumaßen, waren Konzentrations- und Monopolbewegungen fast gänzlich auf das Inland beschränkt. In diesem Bereich erfüllt das Bundeskartellamt bis heute seine Funktion. Mit dem Einsetzen des Globalisierungsprozesses und den damit verbundenen internationalen Fusions- und Konzentrationsbewegungen aber hat sich die Situation grundlegend geändert: Es gibt keine internationalen Gegenspieler gegen die Global Player, und wenn ein deutscher Konzern wie Daimler beschließt, eine Fusion mit einem amerikanischen Großunternehmen wie Chrysler einzugehen, dann kann das deutsche Kartellamt dies nicht verhindern, weil die nationalen Kompetenzen an den Grenzen Deutschlands enden.

Konzentration, Oligopol- und Monopolbildung

So sehr die Marktwirtschaft und der Staat als der Garant für das Funktionieren ihrer Rahmenbedingungen die möglichst freie und vollständige Konkurrenz als konstitutives Strukturmerkmal voraussetzen, so deutlich drängen auf der anderen Seite ebendiese Marktmechanismen zur Kapitalkonzentration und zur Bildung von Oligopolen und Monopolen.

Dies sei an einem kleinen Modell illustriert:

Man stelle sich einen Markt vor, auf dem 20 genau gleich große Firmen, die alle das gleiche Produkt oder die gleiche Produktgruppe herstellen, miteinander konkurrieren. Diese scheinbar statische Situation steckt voller Dynamik und ruht keineswegs „für alle Zeit" in sich selbst: So könnte

- ein Unternehmer eine technische Innovation entwickeln, die ihm eine effektivere Produktion ermöglicht,
- ein zweiter Unternehmer extrem „knauserig“ sein und den erzielten Gewinn nicht konsumieren, sondern komplett in seine Firma stecken, in dem er z. B. neue, produktivere Maschinen anschafft,
- ein dritter Unternehmer anderweitig an eine große Summe Geldes kommen,
- ein vierter Unternehmer einen besonders guten Kontakt zu Kunden pflegen usw.

Mit anderen Worten: Einige der 20 Unternehmer werden sich Vorteile verschaffen, die ihnen eine günstigere Marktsituation garantieren. Der erste und der zweite Unternehmer z. B. könnten ihr Produkt kostengünstiger produzieren und damit preiswerter als die Konkurrenz verkaufen. Der dritte könnte sein zusätzliches Kapital einsetzen, um ebenfalls neue Maschinen zu kaufen und kostengünstiger zu produzieren oder aber auch eine Konkurrenzfirma aufkaufen, um seine Stellung am Markt zu stärken und auszubauen.
Einige der anderen Unternehmer werden auf Dauer dem Konkurrenzdruck nicht gewachsen sein und ihre Firmen schließen oder verkaufen. Der Konzentrationsprozess hat begonnen und wird weitergehen, bis es entweder ein Monopol auf diesem Markt gibt oder sich einige Firmen den Markt aufteilen, ohne sich weiter Konkurrenz zu machen (Oligopol).

Ziel eines jeden Unternehmens ist also von Beginn an die ***Ausschaltung des Wettbewerbs*** und der Aufbau einer marktbeherrschenden oder kontrollierenden Machtposition, um die Marktrisiken für das eigene Unternehmen möglichst auszuschalten und die Gewinne zu maximieren. Die Vorteile der Konzentration können dabei sowohl von einem makroökonomisch-volkswirtschaftlichen als auch von einem mikroökonomisch-betriebswirtschaftlichen Standpunkt aus formuliert werden.

Volkswirtschaftliche Vorteile der Konzentration:
Ein großer Konzern mit hoher Wirtschaftskraft und breitgestreuter Produktpalette ist weniger anfällig gegen (nationale) Wirtschaftskrisen und sonstige konjunkturelle Einflüsse und daher in sich stabiler und krisenresistenter als ein kleines Unternehmen.

Betriebswirtschaftliche Vorteile der Konzentration:
Die Ausnutzung der Kostenvorteile bei der Massenproduktion steht an erster Stelle. Wenn ein Produkt in riesigen Stückzahlen hergestellt wird, sinken die Produktionskosten für jedes einzelne Produkt.
Wissenschaftlich-technischer Fortschritt und Innovation sind für kleine Unternehmen nicht einfach finanzierbar. Je größer ein Konzern, desto intensiver und umfassender können z. B. gezielte Auftragsforschung und Erprobung technischer Umsatzmöglichkeiten finanziert werden. Dies kommt nicht nur der Effektivität der Produktion (und damit den Produktionskosten) zugute, sondern auch dem Umwelt- und Arbeitsschutz.

Vorteile auf dem Kapitalmarkt: Kleine Firmen haben kaum oder nur bedingt Zugang zu den Börsen. So ist es in Deutschland von erheblicher Bedeutung, zu den 50 ***DAX-Firmen*** zu gehören.
Vorteile auf dem Geldmarkt: Große Unternehmen können Banken durchaus gegeneinander ausspielen. Zudem ist die Eigenkapitaldecke im Regelfall höher als bei mittelständischen Firmen.
Natürlich lassen sich auch Gegenbeispiele finden, z. B.:

- BMW musste sich schleunigst von seiner englischen Tochter Rover wieder trennen und diese Firma (bis auf den Markennamen „Mini") liquidieren.
- Der durch Fusion entstandene Weltkonzern DaimlerChrysler sucht nach Möglichkeiten, sich wieder „gesundzuschrumpfen", während die mit Abstand kleinste Automarke Porsche geradezu „märchenhafte" Gewinne macht.

Letztlich bestätigen diese Ausnahmen aber nur die Regel.

8 Strukturpolitik

8.1 Von der Agrar- zur Dienstleistungsgesellschaft

Die Gesellschaft des Mittelalters war weitgehend eine agrarische ***Subsistenzwirtschaft***, d. h., der überwiegende Teil der Bevölkerung arbeitete in der Landwirtschaft fast ausschließlich für den eigenen Bedarf, Handel und Marktwirtschaft waren unterentwickelt. Mit Beginn der Neuzeit wuchs in den großen Handelsstädten ein weltumspannender Handel, und Manufakturen entstanden. Es gab keine Maschinen, aber betriebliche Arbeitsteilung, Zerlegung der Produktion in einzelne Schritte usw.
Das 19. Jh. bringt dann den Beginn des Industriezeitalters; Erfindungen wie die Dampfmaschine oder der mechanische Webstuhl bilden die Grundlage der Industrialisierung.
Heute sind alle modernen, entwickelten Volkswirtschaften auf dem Wege zur Dienstleistungs- und Informationsgesellschaft. Diese auch als „Tertiarisierung" bzw. „Quartarisierung" der Wirtschaft bezeichnete Entwicklung bedeutet, dass der Beitrag der Dienstleistungsbetriebe bzw. der Informationswirtschaft zum Sozialprodukt und zur gesamtwirtschaftlichen Beschäftigung steigende Tendenz aufweist und der sekundäre Sektor längst überholt wurde.
Ökonomen sprechen von den drei (bzw. vier) Sektoren jeder Volkswirtschaft:

- ***Primärer Sektor:*** alle landwirtschaftlichen Erzeugnisse von Ackerbau und Viehzucht bis zur Kokosnussernte.
- ***Sekundärer Sektor:*** alle industriell hergestellten Produkte von den ersten Manufakturwaren bis zum völlig per Roboter hergestellten High-End-Produkt.

- *Tertiärer Sektor:* alle Arten von Dienstleistungen, an deren Ende eine immaterielle Leistung steht. Zu den Dienstleistungsbetrieben zählen u.a. Handelsbetriebe, Verkehrsbetriebe, Geld- und Kreditinstitute, Versicherungen, Steuerberater und Rechtsanwälte sowie der öffentliche Dienst.
- *Quartärer Sektor* (relativ neuer Begriff): Informationswirtschaft. Verbreitung, aber auch Beschaffung, Verarbeitung und vor allem Aufbereitung von Informationen zu gezielten Zwecken. Zur Informationswirtschaft werden u.a. Informationstechnik, Telekommunikation, Unterhaltungselektronik und Medienberufe gerechnet.

Den Bedeutungswandel der einzelnen Sektoren zeigen die Beschäftigungszahlen auf der folgenden Grafik:

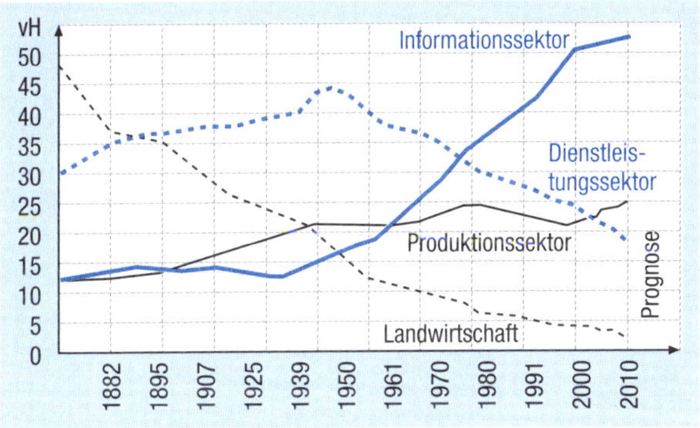

Strukturwandel heute und in Zukunft

Im Jahr 2005 befanden sich knapp 72 % aller Arbeitsplätze in Deutschland im Dienstleistungssektor. Für das Jahr 2015 rechnen Ökonomen damit, dass drei Viertel der gesamten Wertschöpfung im tertiären und quartären Sektor stattfinden wird. Die künftige beschäftigungspolitische Bedeutung des Dienstleistungs- und Informationssektors für die Volkswirtschaften wird dabei durchaus unterschiedlich beurteilt:

- Einerseits besteht die Hoffnung, dass zusätzliche Arbeitsplätze entstehen, weil sich im Zuge einer weltweiten organisatorischen Umstrukturierung die Industrieunternehmen immer mehr auf den Kernbereich der Produktion konzentrieren. Andere Funktionen wie Werbung, Logistik, Informationsbeschaffung und Kommunikation werden auf einschlägige Dienstleister ausgelagert („outsourcing“).
- Andererseits wird als Folge der vergleichsweise hohen Kosten des Dienstleistungs- und Informationssektors sowie der Einsparungen im öffentlichen Dienst die Entstehung eines ***Dienstleistungsproletariats*** vorhergesagt. Abhängig Beschäftigte oder auch (Schein-)Selbstständige müssen für eine sehr geringe Entlohnung einfache Dienstleistungen übernehmen.

Hauptursache für den Strukturwandel ist der technische Wandel bzw. Fortschritt, der auf der Angebotsseite permanent neue Produktionsverfahren und neue Produkte hervorbringt und auf der Nachfrageseite das entsprechend neue Konsumverhalten stimuliert. Hinzu kommt die Bevölkerungsentwicklung. Fachleute rechnen in den nächsten Jahrzehnten mit folgenden Entwicklungen in Deutschland:

- Das Durchschnittsalter der Bevölkerung wird immer höher, die Zahl der jungen Leute unter 30 immer geringer.
- Die absolute Bevölkerungszahl (ohne Zuwanderung) nimmt kontinuierlich ab, auf etwa 50 Millionen um 2050 und auf nur noch knapp 25 Millionen um 2100.
- Wirtschaftliches Wachstum wie in der Vergangenheit wird damit immer unwahrscheinlicher. Das gleiche gilt für technische Innovationen.
- Die Versorgung der älteren Menschen wird immer aufwändiger und teurer.
- Die Konsequenzen dieses Strukturwandels werden vermutlich in Deutschland regional sehr unterschiedlich ausfallen:
- Es wird eine allgemeine Wanderungsbewegung von Nord-Ost nach Süd-West geben (bzw. gibt es bereits).

- Insbesondere die Großräume München und Stuttgart werden die Menschen zunehmend anziehen, demgegenüber werden Teile Nord- und Ostdeutschlands zunehmend entvölkert.

8.2 Regionale und sektorale Strukturpolitik

Sektoraler und regionaler Strukturwandel

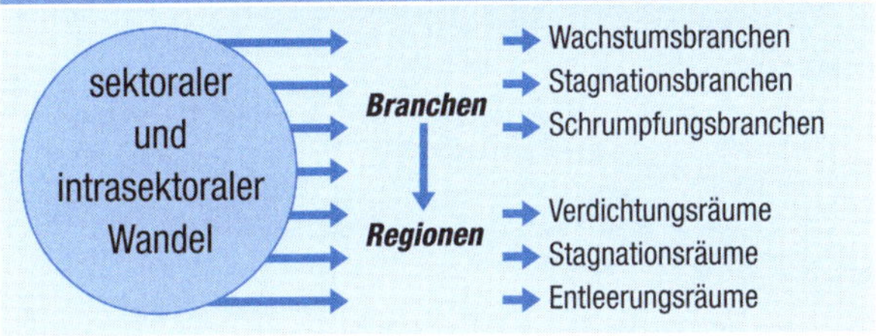

Die staatliche Strukturpolitik lässt sich unterscheiden nach regionaler und sektoraler Strukturpolitik, wobei Erstere häufig eine Folge der sektoralen ist: Wenn durch staatliche Maßnahmen ein bestimmter Industriesektor gefördert wird, wirkt sich das für diejenigen Regionen aus, in denen dieser Sektor stark vertreten ist. Ein Beispiel hierfür ist das Ruhrgebiet, in dem sich nach dem Niedergang der alten Schwerindustrie (Kohle, Eisen, Stahl) mithilfe der staatlichen Strukturpolitik neue Wirtschaftszweige ansiedelten.

Regionale Strukturpolitik unterstützt durch Maßnahmen der Investitionsförderung die Ansiedlung von Industrien und Dienstleistungsbetrieben in Fördergebieten.

Sektorale Strukturpolitik erleichtert bestimmten Industriezweigen die Anpassung an den Strukturwandel und fördert bestimmte zukunftsträchtige Technologien und Wirtschaftszweige. Sektorale Strukturpolitik wird dann zum Problem, wenn sie auf dem Weltmarkt nicht mehr konkurrenzfähige Industrien subventioniert (vgl. den Steinkohlebergbau, ↗ S. 97).

Die staatlichen Instrumente zur sektoralen Strukturpolitik zeigt die folgende Übersicht:

Staatliche Instrumente zur sektoralen Strukturpolitik	
Marktorganisatorische Instrumente	
1. Regulierung der Marktdaten Informationspolitik zur Verbesserung der Markttransparenz ■ Beratungswesen (z. B. wirtschaftswissenschaftliche Forschungsinstitute), Zulassung und Förderung von Markt- und Verbandsforschungsinstituten sowie Preismeldestellen *Mobilitätspolitik* ■ Umschulung und berufliche Weiterbildung, Arbeitsvermittlung, ■ Wirtschaftliche Rahmenregelungen ■ Regulierung des Markteintritts, Kooperationspolitik	**2. Regulierung der Marktelemente** Regulierung des Angebotes ■ Importkontigentierung, Zollpolitik, Investitionskontrollen, Kapazitätsbeschränkungen, Beschränkung von Anbauflächen, Arbeitszeit- und Mindestlohnbestimmungen, Innovationsförderung *Regulierung der Nachfrage* ■ Verwendungs- oder Beimischungszwang, Verbrauchswerbung und -rationierung *Preisregulierungen* ■ Höchst-, Mindest-, Richt-, Festpreise, Zulassung bzw. Verbot der vertikalen Preisbindung
Fiskalische Interventionen	
1. Monetäre Interventionen (Transfers) ■ Zollpolitik, Subventionen (Finanzhilfen, Steuervergünstigungen)	**2. Reale Interventionen** ■ Nachfrage- und Produktionswirkungen des Staatshaushalts (strukturpolitisch motivierte Änderungen beim staatlichen Konsum, Infrastrukturinvestitionen) ■ Ausgleich von Marktschwankungen (Einkauf- und Vorratsstellen, Export-/Importregulierungen)

Die gesetzliche Grundlage der bundesstaatlichen Strukturpolitik bilden die Art. 72/2 sowie 106/3 GG, in denen die Gleichwertigkeit bzw. Einheitlichkeit der Lebensverhältnisse in Deutschland gefordert wird. Der Staat soll den strukturellen Anpassungsprozess unterstützen und flankieren. Dies geschieht auf den folgenden Ebenen:

- Förderung von Unternehmensgründungen,
- Subventionen (Erhaltungs-, Anpassungs- und Gestaltungssubventionen),
- Forschungs- und Technologieförderung,
- Ausbau und Verbesserung der Infrastruktur,
- Arbeitsmarktpolitik.

8.3 Die Kohäsionspolitik der Europäischen Union

Die Förderung der Regionen ist vorrangiges Ziel der europäischen Strukturpolitik. Regionen gibt es in der EU rund 200, es sind Räume, deren geographische Merkmale die Wirtschaft und die Lebensweise der dort ansässigen Bevölkerung prägen und in denen sich die Menschen durch ihre ethnische, kulturelle und geschichtlich gewachsene Eigenart miteinander verbunden fühlen – über bestehende nationale Grenzen hinweg. Für die Strukturpolitik ist vor allem folgende Definition relevant: Regionen sind Gebietskörperschaften, die unterhalb der nationalen Regierung angesiedelt sind und die über ein politisches Organ einer direkt gewählten Regionalkammer verfügen.

Der Amsterdamer Vertrag hat mit dem ***Ausschuss der Regionen*** (AdR) erstmals eine Einrichtung geschaffen, die den Regionen Europas ein, wenn auch bescheidenes politisches Gewicht verleiht. Neben der supranationalen Ebene der Europäischen Union und der Ebene der Nationalstaaten bilden die Regionen seitdem die dritte Ebene im politischen Entscheidungsprozess. Der Ausschuss der Regionen besitzt 222 Mitglieder und ist damit der weltgrößte Zusammenschluss von Politikern und Vertretern lo-

kaler und regionaler Gebietskörperschaften. Der AdR hat keine Entscheidungskompetenz, sondern nur beratende Funktion.
Die Unterschiede im Lebensstandard zwischen den Regionen sind sehr groß – zwischen den reichsten und den ärmsten Regionen herrschte in der „alten" EU zuletzt ein Wohlstandsgefälle von etwa 2,6 zu 1. Durch den Beitritt der osteuropäischen Staaten hat sich diese Kluft deutlich auf 1 zu 4,3 vergrößert und ist durch den Beitritt Bulgariens und Rumäniens am 1.1.07 auf fast 6 zu 1 gestiegen. Zu den ärmsten Regionen Europas zählen neben den neuen Mitgliedern in Osteuropa der Großteil Spaniens und Portugals, Irland, Finnland, Süditalien, zu den reichsten die süd- und mitteldeutschen Bundesländer, Norditalien, Luxemburg und Dänemark. Alle armen Regionen sind so genannte Ziel-1-Regionen, in ihnen beträgt das Pro-Kopf-BIP weniger als 90 % des europäischen Durchschnitts.
Die reichen Staaten der EU nennt man für gewöhnlich ***Nettozahler***, da ihre Beiträge die durch Subventionen rückfließenden Summen übersteigen; die armen sind ***„Nettoempfänger"***. Die EU will mithilfe der Strukturpolitik den ärmeren Regionen den Anschluss an die reicheren ermöglichen. Die finanziellen Mittel dazu kommen hauptsächlich aus dem ***Kohäsionsfonds***, aus dem vor allem Investitionen in die Infrastruktur finanziert werden. Für die Jahre 2000 bis 2006 wurden allein in der „alten EU der 15" rund 213 Mrd. Euro zur strukturellen Unterstützung aufgewendet. Hinzu kommen für die Jahre 2004 bis 2006 weitere 24,5 Mrd. Euro aus Struktur- und Kohäsionsfonds für die neuen EU-Staaten in Osteuropa. Die weiteren Planungen für das Europa der 27 Länder sehen für den Zeitraum von 2007 bis 2013 insgesamt fast 375 Mrd. Euro für die Kohäsionspolitik vor. Das klingt als absolute Zahl natürlich recht gewaltig, ist aber nur ein halbes Prozent des im gleichen Zeitraum in der EU erwirtschafteten BIP und liegt nun geringfügig über dem Haushalt der Bundesrepublik für jeweils ein Jahr.
Die Kohäsionspolitik der Gemeinschaft hat drei Ziele, für die fast 90 % der geplanten Mittel ausgegeben werden:

Konvergenz: Alle Ziel-1-Regionen erhalten Mittel, gestaffelt nach der relativen Armut, zur Angleichung der Lebensverhältnisse, hauptsächlich zum Ausbau der Infrastruktur und der Umweltinfrastruktur.

- Regionale Wettbewerbsfähigkeit: Anpassung regionaler (d. h. im Regelfall veralteter) Wirtschaftsstrukturen an das europäische Niveau.
- Grenzüberschreitende Zusammenarbeit: Parallel zum Aufbau und zur Förderung grenzüberschreitender EU-Regionen wie z. B. der Ems-Dollart-Region oder der Maas-Rhein-Region werden grenzüberschreitende Wirtschaftsprojekte gezielt gefördert. Hier abschließend ein Beispiel für andere grenzübergreifende Aktivitäten:

Anne Frank-Ausstellung:

„Anne Frank – Eine Geschichte für heute"

An der Grenztournee der Anne-Frank-Ausstellung, die im deutsch-niederländischen Grenzgebiet gezeigt wird, beteiligen sich Orte auf beiden Seiten der Grenze. Nach der Präsentation der Ausstellung im „Zollhaus" in Leer im Februar 2004 wird sie nun bis zum 28. Mai 2004 im Dokumentations- und Informationszentrum Emslandlager (DIZ) in Papenburg gezeigt. Am 5. Mai, dem nationalen Feiertag zur Befreiung der Niederlande, sind zudem Teile der Ausstellung in Groningen zu sehen. Anhand der Ausstellung sollen sich die Besucher mit der Bedeutung von Toleranz, Menschenrechten und Demokratie auseinandersetzen. Erzählt wird die Lebensgeschichte der Anne Frank aus der Perspektive der Familie Frank. Weitere Zeitzeugen skizzieren ihre Erfahrungen in der Zeit des Holocausts.

http://www.edr-org.de/content/pdf/grenzenlos04-05.qxd.pdf

9 Kreislaufmodelle

9.1 Der Wirtschaftskreislauf

Modelle

Modelle sind im wirtschaftlichen Bereich unverzichtbar: Sie reduzieren die Komplexität der Realität und machen so Planung und Steuerung erst möglich. Nach welchen Kriterien soll ein Wirtschaftskreislauf konstruiert werden? Laut ***Volkswirtschaftlicher Gesamtrechnung (VGR)*** sollte er die wichtigsten wirtschaftlichen Aktivitäten, die zwischen den zentralen ökonomischen Akteuren stattfinden, erfassen.

Grundsätzlich lassen sich vier Aktivitäten unterscheiden:

- Einkommensschaffung durch Produktion von Gütern,
- Einkommensverwendung durch Konsum von Gütern,
- Einkommensverwendung durch Sparen,
- Einkommensübertragung durch Kreditgewährung bzw. Kreditaufnahme.

Diese grundlegenden wirtschaftlichen Aktivitäten werden nun abhängig vom Entwicklungsstand der jeweiligen Volkswirtschaft unterschiedlich von den ökonomischen Akteuren ausgeführt. Bei diesen ökonomischen Akteuren handelt es sich um

- die Unternehmen, in denen Güter (Produkte und Dienstleistungen) für den Markt produziert werden,
- die privaten Haushalte, die den Unternehmen Produktivleistungen (Arbeit) zur Verfügung stellen und das dafür erhaltene Einkommen für Konsumgüterkäufe und Ersparnisbildung verwenden,
- den Staat, der in der VGR vor allem als Produzent unentgeltlicher öffentlicher Güter, als Steuereinnehmer und als Umverteiler von Einkommen auftritt.

Der einfachste Kreislauf kann für eine ***geschlossene Volkswirtschaft*** (d.h. ohne Außenhandel) ohne staatliche Aktivität konstruiert werden. Er erfasst die Beziehungen zwischen einem Unternehmen und einem Haushalt – oder jeweils allen. Die Sektoren werden in den Kreislaufdarstellungen als Pole, die zwischen ihnen ablaufenden Transaktionen als Ströme bezeichnet. Die Haushalte stellen den Unternehmen Arbeit zur Verfügung und erhalten dafür ***Faktoreinkommen*** (sie überlassen den ihnen gehörenden Produktionsfaktor Arbeit auf Zeit dem Kapitaleigner). Die Unternehmen produzieren mit den erworbenen Produktivleistungen Güter, die sie auf den Gütermärkten den Haushalten anbieten. Die Haushalte treten als Nachfrager auf den Märkten auf und erwerben so durch Einsatz ihres Einkommens Konsumgüter. Das Modell ist statisch, d. h., es treten keine Veränderungen auf, die Haushalte geben ihr gesamtes Einkommen für den Konsum aus, die Unternehmen tätigen keine Neuinvestitionen, sondern ersetzen nur „verbrauchtes" Sachkapital.

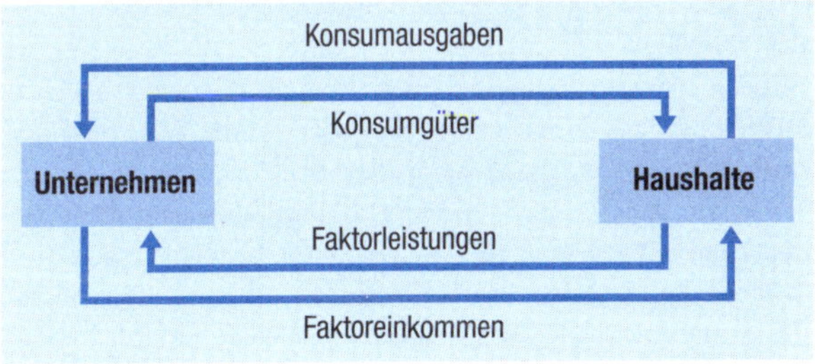

9

In dieser Grafik müssen die Geldströme jeweils die gleiche Größe wie die ihnen genau entgegengesetzt laufenden realen Güter- und Faktorleistungsströme haben. Dieses erste Modell aber ist zu einfach, um die Realität wiederzugeben, die Marktwirtschaft ist nicht statisch, sondern evolutorisch:

Haushalte verwenden ihr Einkommen nicht völlig für Konsumgüter, die zudem eine sehr unterschiedlich lange „Lebensdauer" haben, sondern bilden auch Ersparnisse.

Unternehmen produzieren (bzw. kaufen) nicht nur Konsumgüter, sondern auch Investitionsgüter, mit denen sie ihre Produktionskapazitäten erneuern oder erweitern.
Mit anderen Worten: Die Banken, die sowohl Spareinlagen entgegennehmen als auch Kredite geben, müssen in das Modell aufgenommen werden. Dies zeigt die Grafik, die sich – wie in der VWL allgemein üblich – der Einfachheit halber nur auf die Geldströme konzentriert.

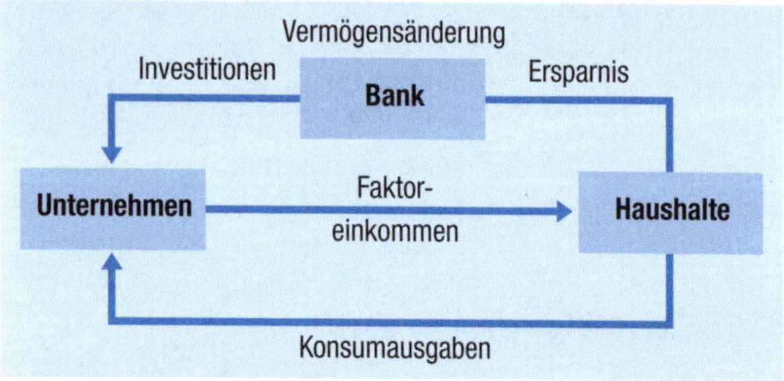

Aber auch der Staat ist ökonomisch tätig. Es müssen also weitere Ströme berücksichtigt werden wie Steuerzahlungen der Unternehmen und der Haushalte an den Staat, Einkommens- und Transferzahlungen (z. B. Kindergeld) des Staates an die Haushalte und Subventionen des Staates an die Unternehmen.
Eine weitere Annäherung an die Realität ergibt sich, wenn man die Annahme einer geschlossenen Wirtschaft aufgibt. Berücksichtigt man das Ausland als neuen Sektor, so müssen die Ströme der Waren und Dienstleistungen zwischen den inländischen Sektoren und dem Ausland erfasst werden. Ein Teil der inländischen Produktion wird im Ausland nachgefragt und dorthin geliefert (***Exporte***) oder ein Teil der Produktion des Auslands im Inland von inländischen Unternehmen oder Haushalten nachgefragt (***Importe***).
Ein „komplettes Kreislaufmodell“ zeigt die Grafik auf der gegenüberliegenden Seite.

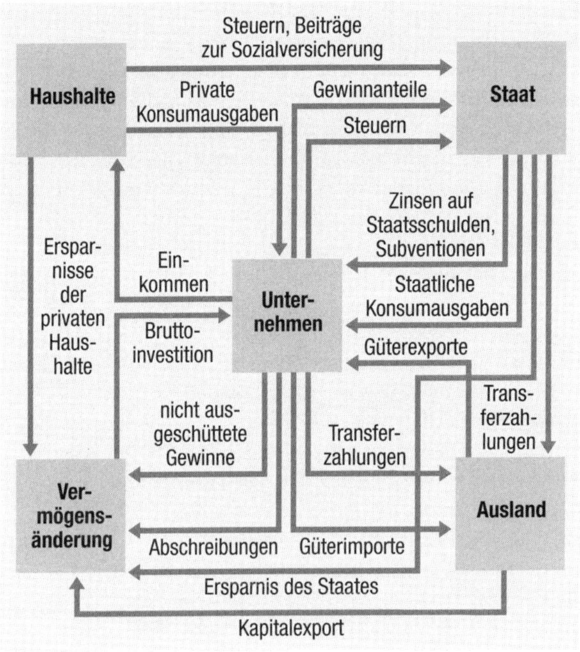

9

Die „Volkswirtschaftliche Gesamtrechnung"

Die VGR ist das umfassende Rechenwerk über das wirtschaftliche Geschehen in einem Land während eines bestimmten Zeitraumes, im Allgemeinen innerhalb eines Jahres. Sie hat die Aufgabe, ein möglichst vollständiges, übersichtliches, hinreichend gegliedertes, quantitatives Gesamtbild des wirtschaftlichen Geschehens zu geben. In dieses Bild sind alle Wirtschaftseinheiten (Personen, Institutionen) mit ihren für die Beschreibung des Wirtschaftsablaufes wichtigen wirtschaftlichen Tätigkeiten und damit verbundenen Vorgängen einbezogen. Die VGR ist das zentrale Informationssystem für gesamtwirtschaftliche Analysen.

Die VGR dient
- als Ausgangspunkt für alle Wirtschaftsprognosen, die die Planungsgrundlage für die Bundesregierung bilden,
- als empirische Basis für das wissenschaftliche Studium von Ursache-Wirkungs-Prozessen,
- als Basis für die Arbeit der internationalen Wirtschaftsorganisationen (Weltbank, WTO, IWF) sowie der Kohäsionspolitik der Europäischen Union (↗ S. 120).

Zur bessere Übersicht wird die Vielzahl der Wirtschaftseinheiten zu Gruppen zusammengefasst. Diese „Buchhaltung" der Volkswirtschaft gibt Antwort auf folgende Fragen:

1. Wie groß war die Wirtschaftsleistung eines Landes in einem bestimmten Jahr insgesamt? (Produktion von Waren und Erbringung von Dienstleistungen)
2. Was haben die großen wirtschaftlichen Bereiche zu dieser Gesamtleistung beigetragen?
3. Wie ist diese Gesamtleistung verteilt worden? (Erwerbs- und Vermögenseinkommen sowie deren Umverteilung)
4. Wie ist die Gesamtleistung verwendet worden? (Verbrauch und Vermögensbildung/Investitionen)
5. Wie haben sich die verschiedenen Größen im Verlauf der Zeit entwickelt? (Wirtschaftswachstum, Umstrukturierung, Verschiebung der Proportionen)

Zu den zwei ersten Fragen: **Wachstumsrechnung**

Basis für die Berechnung des Sozialprodukts sind die Produktionsmeldungen der Unternehmen (Umsätze). Um Doppelzählungen zu vermeiden, zieht man vom Brutto-Produktionswert die darin enthaltenen Vorleistungen (z. B. von Zulieferfirmen eingekaufte Waren und Dienstleistungen) ab. Man erhält die ***Bruttowertschöpfung*** und fasst sie nach Branchen zusammen.

Der Beitrag des Staates zum Sozialprodukt wird im Gegensatz zu privater Tätigkeit auf Basis der Kosten ermittelt. Nach Abzug der Vorleistungen handelt es sich im Wesentlichen um die Bezüge der öffentlich Bediensteten.

Zahlreiche wirtschaftliche Leistungen werden statistisch nicht erfasst. Hierzu gehören

- die Selbstversorgungswirtschaft der privaten Haushalte (Haus- und Gartenarbeit, Kindererziehung, Hobby-Arbeiten usw.),
- die ehrenamtlich unentgeltliche Tätigkeit in Vereinen und Verbänden,
- und nicht zuletzt die Schwarzarbeit, in der nach Schätzungen jährlich gut 50 Mrd. € erwirtschaftet werden.

Addiert man die Bruttowertschöpfungen der Wirtschaftsbereiche und rechnet die Mehrwertsteuer hinzu, so erhält man das BIP, das Bruttoinlandsprodukt (Güterproduktion im Inland). Dies erfasst auch die Produktionsfaktoren im Besitz von Ausländern in der Bundesrepublik.

Wichtig ist die Unterscheidung zwischen ***nominalem*** und ***realem Wachstum***: In das nominale Wachstum gehen sowohl Mengen- als auch Preisänderungen ein, denn die produzierten Güter werden grundsätzlich zum tatsächlich erzielten („jeweiligen") Verkaufspreis bewertet. Ein Teil des nominalen Wachstums ist somit lediglich Ausdruck der Inflationsrate.

Bei allen „realen" Zahlen im Bereich der Volkswirtschaftslehre ist diese Inflationstendenz herausgerechnet, indem man den realen Geldwert (in diesem Fall das BIP) auf konstante Preise eines „Basisjahres" zurückrechnet. Die dann verbleibende Änderungsrate gegenüber dem Vorjahr gibt das reale (oder: preisbereinigte) Wachstum an.

Zur dritten Frage: **Verteilungsrechnung**

Das Volkseinkommen ist die Summe aller in einem bestimmten Zeitraum (Kalenderjahr) in einer Volkswirtschaft erzielten Erwerbs- und Vermögenseinkommen. Das Volkseinkommen wird primär aus der Einkommensstatistik errechnet. Man erhält dadurch vor allem einen Einblick in die Verteilung der Einkommen auf die verschiedenen Produktionsfaktoren. Die neu geschaffenen Werte bestehen einerseits aus den Produkten (Waren und Dienstleistungen), andererseits aus den dafür erzielten Erlösen,

aus denen die Produktionsfaktoren Arbeit, Kapital und Boden bezahlt werden (= Faktoreinkommen).
Grundsätzlich wird hierbei unterschieden nach:

- Einkommen aus unselbstständiger Arbeit
- Einkommen aus Unternehmertätigkeit und Vermögen

Zur vierten Frage: **Verwendungsrechnung**
Nach dem Muster eines „Haushaltsbuchs" gibt diese Rechnung darüber Aufschluss, welche Teile des Sozialprodukts verbraucht, investiert und exportiert werden, unterschieden nach privatem und staatlichem Verbrauch. Die Ergebnisse sind wichtige Indikatoren für Struktur und Entwicklung der Güternachfrage in einer Volkswirtschaft; sie dienen deshalb als Orientierungspunkte für Wirtschaftspolitik und unternehmerische Entscheidungen.
Anlageinvestitionen sind der Sammelbegriff für alle diejenigen Güter, die Unternehmen oder Staaten im In- und Ausland kaufen, um sie im Produktionsprozess einzusetzen (Bruttoinvestitionen). Gerade diese Größe ist jedoch sehr wichtig für die zukünftige wirtschaftliche Entwicklung. Der „reale" Zuwachs an Produktionsanlagen und öffentlichen Einrichtungen für die Volkswirtschaft ergibt sich freilich erst durch die Gegenrechnung mit den jährlichen Abschreibungen (also dem, was an Produktionsanlagen usw. verbraucht, abgenutzt ist). Dieser letztlich entscheidende Wert heißt ***Nettoinvestitionen***.
Der ***Außenbeitrag*** ergibt sich aus dem Vergleich von Ausfuhr und Einfuhr von Waren und Dienstleistungen. Da Deutschland immer ein Exportland gewesen ist und diese Tendenz gegenwärtig noch stärker wird, war dieser „Saldo" (Vergleich) mit sehr wenigen Ausnahmen in den letzten Jahrzehnten immer positiv.

Die Zahlungsbilanz der Bundesrepublik

Die außenwirtschaftlichen Beziehungen eines Landes werden statistisch in der Zahlungsbilanz erfasst. In ihr schlagen sich alle wirtschaftlichen Transaktionen zwischen In- und Ausländern für die Bundesrepublik in einer Periode nieder, wobei man üblicherweise von Monaten, Quartalen und Jahren ausgeht. Als Inländer gilt, wer seinen festen Wohnsitz im Inland hat, also auch ausländische Einwohner. Der Begriff „Bilanz“ ist insofern missverständlich, als keine Bestände, sondern Ströme erfasst werden (↗ S. 18). Die ***Zahlungsbilanz*** setzt sich aus fünf Teilbilanzen zusammen.

Handelsbilanz: In der Handelsbilanz, auch Waren- oder Warenhandelsbilanz genannt, werden Importe und Exporte von Sachgütern erfasst. Positiv zu Buche schlagen alle Waren von der Nähnadel bis zum Kreuzfahrtluxusliner, die ins Ausland exportiert werden, negativ alle importierten Waren.
Dienstleistungsbilanz: In sie gehen Exporte und Importe von Dienstleistungen ein. Nun kann man immaterielle Güter nicht transportieren. Daher bedeutet Import, dass Inländer Güter in Anspruch nehmen, die Teil eines ausländischen Sozialprodukts sind. Wenn also ein Deutscher sich auf Ibiza die Haare schneiden lässt, dann importiert er diese Dienstleistungen, und das Geld, das er dem Friseur zahlt, wird auf der Importrate verbucht. Daher zählen Urlaubsreisen ins Ausland aus deutscher Sicht zum Dienstleistungsimport und wirken sich negativ auf diese Bilanz aus. Diese Teilbilanz ist daher beinahe „traditionell“ negativ – wir Deutschen sind bekanntlich „Weltmeister im Reisen“.
Übertragungsbilanz (auch Schenkungs- oder Transferbilanz genannt): In ihr werden alle Leistungen ohne direkt zurechenbare Gegenleistungen erfasst, z. B. Entwicklungshilfe (sofern nicht als Kredit gewährt), Beiträge zu internationalen Organisationen und Institutionen, Abführungen an die EU, Überweisungen ausländischer Arbeitnehmer in ihre Heimat usw.

Diese ersten drei Bilanzen werden auch zusammengefasst als **Leistungsbilanz**. Die Leistungsbilanz der Bundesrepublik ist lange Zeit trotz deutlicher Handelsüberschüsse wegen der negativen Dienstleistungsbilanz im Minus gewesen und erst seit 2001 im positiven Bereich.

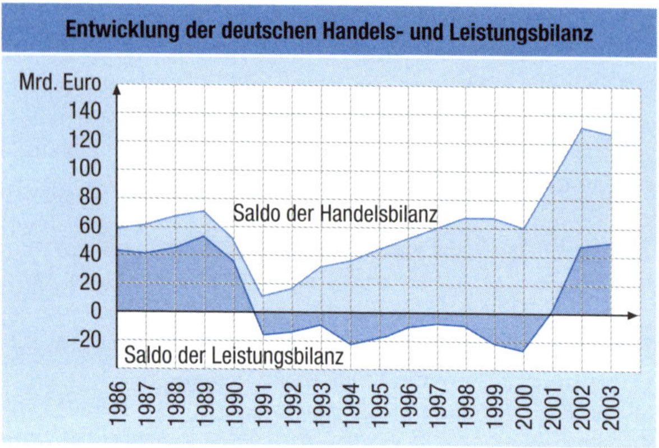

Kapitalbilanz: Sie erfasst alle Forderungen und Verbindlichkeiten der privaten Wirtschaft und des Staates (außer der Notenbank) gegenüber dem Ausland. Eine Zunahme der Forderungen an das Ausland gilt als Kapitalexport (positiv gewichtet), eine Zunahme der Verbindlichkeiten (negativ) als Kapitalimport. Bei einer Fristigkeit von weniger als einem Jahr spricht man von kurzfristigem, ansonsten von langfristigem Kapitalverkehr.

Devisenbilanz: Devisen sind Ansprüche auf Teile ausländischer Sozialprodukte. Wenn Importen keine Exporte in gleicher Höhe gegenüberstehen, müssen die Differenzen durch Devisenzahlungen an den Importeur ausgeglichen werden. Ein Defizit in der Leistungs- und Kapitalbilanz führt also zu einem Abfluss an Devisen, ein Überschuss zu einem Zufluss.
Auch wenn es auf den ersten Blick als ein sehr aufwändiges Verfahren erscheint, so erfüllt die gesamte staatliche Bilanzierung damit zwei grundsätzliche Funktionen:

- Dokumentation der staatlichen Finanztätigkeit, d. h. Information und Rechenschaftslegung den Bürgern gegenüber.
- Planungsgrundlage für die zukünftigen Haushaltsjahre.

9.2 Bruttosozialprodukt, Bruttonationaleinkommen und Bruttoinlandsprodukt

Bis 1991 wurde das nationale Sozialprodukt der Bundesrepublik mit der Messgröße des ***Bruttosozialproduktes*** (BSP) erfasst und 1992 durch das ***Bruttoinlandsprodukt*** (BIP) ersetzt. Heute wird der Begriff Bruttosozialprodukt nicht mehr verwendet, da er 1999 im Zuge der EU-Vereinheitlichungen gegen die Messgröße ***Bruttonationaleinkommen*** ausgetauscht wurde. Die grundsätzliche Definition aber ist zunächst einmal gleich:
Alle drei Messgrößen bezeichnen die volkswirtschaftliche Gesamtleistung der Bevölkerung eines Staates während eines bestimmten Zeitraums (im Regelfall ein Jahr) – ausgedrückt in Geldeinheiten. Es geht also um die Summe aller innerhalb eines Zeitraumes hergestellten Waren und Dienstleistungen in den gängigen (mittelwertigen) Marktpreisen. Um Mehrfachzählungen zu vermeiden, müssen alle Vorleistungen abgezogen werden. Vorleistungen sind alle diejenigen Güter und Dienstleistungen, die im Jahr ihrer Entstehung wieder in den Produktionsprozess eingeflossen sind.
Dennoch gibt es zwischen dem Bruttoinlandsprodukt und dem Bruttosozialprodukt bzw. Bruttonationaleinkommen einen wichtigen Unterschied: Die Berechnung nach dem BIP erfasst alle Produktions- und Dienstleistungsprozesse innerhalb der Grenzen unseres Staates, gleichgültig, ob sie von Deutschen oder Ausländern erbracht worden sind. Im Gegensatz zu diesem ***Inlandskonzept*** misst das BSP bzw. Bruttonationaleinkommen nicht den Ort der Leistung, sondern die Nationalität der Person.

Nominales, reales und Pro-Kopf-BIP: Das ***nominale BIP*** ist die gängigste Form, um das Inlandsprodukt von Ländern oder Regionen zu vergleichen. Es gibt die Summe der inländischen Wertschöpfung in aktuellen Marktpreisen ohne jeden Bezug zur nationalen Inflationsrate (↗ S. 177 f.) an. Insofern ist eine Aussage wie „das (nominale) BIP steigerte sich im letzten Jahr um 3,5 %“

wenig aussagekräftig, denn wenn im gleichen Zeitraum z. B. eine Inflationsrate von ebenfalls 3,5 % zu verzeichnen war, ist das BIP tatsächlich keineswegs gestiegen.
Mathematisch wird das reale BIP mit der Formel

$$\text{BIP (real)} = \frac{\text{BIP (nominal)}}{\text{Preisindex}} \cdot 100$$

dargestellt.
Das BIP kann auf folgende Arten verwendet werden:

- Privater Konsum (C),
- Staatsausgaben (G),
- die Erhaltung bzw. Ausweitung des Kapitalstocks, also Bruttoinvestitionen (I),
- für den Export (X).

Von den Exportausgaben abgezogen werden müssen die Ausgaben für den Import (Z). Also:
$\text{BIP} = C + I + G + X - Z$

Um den Nachteil der Messung zu Marktpreisen auszugleichen, wird bei der Berechnung des ***realen BIP*** die Inflation berücksichtigt. Rechnerisch wird das so gelöst, dass der Warenkorb eines Basisjahres verwendet und dann die jährliche Inflationsrate von der nominalen Steigerungsrate abgezogen wird – im obigen Beispiel also 3,5 % – 3,5 % = 0.
Teilt man das reale BIP durch die Zahl der Einwohner eines Staates, erhält man das ***Pro-Kopf-Einkommen***. Man bekommt auf diese Weise einen sicheren Indikator für den materiellen Wohlstand eines Landes. Allerdings sagt diese Messgröße überhaupt nichts aus über die Verteilung des Wohlstandes (↗ S. 136).

- Das ***Bruttonationaleinkommen:*** Vom Bruttoinlandsprodukt werden die Erwerbs- und Vermögenseinkommen abgezogen, die an das Ausland geflossen sind – also z. B. Einkünfte von in Deutschland ansässigen Firmen, deren Besitzer im Ausland leben. Addiert werden die Einkünfte, die Deutsche im Ausland erzielt haben.

9.3 Entstehung, Verteilung und Verwendung des Sozialprodukts

Einkommensquellen

Das gesamte Volkseinkommen der Deutschen betrug 1616,4 Mrd. Euro im Jahre 2004. Es gibt vier unterschiedliche Einkommensquellen:

- Einkommen aus unselbstständiger Tätigkeit sind die weitaus größte Einkommensquelle mit 1132,3 Mrd. Euro. Das Spektrum der Arbeitsverhältnisse reicht von Voll- über Teilzeit- bis zu Nebenerwerbstätigkeit. Gleichgültig, ob als Arbeiter, Angestellter, Beamter, 400-Euro-Jobber, Azubi, Soldat – alles gilt als Einkommen aus unselbstständiger Tätigkeit.
- Einkommen aus selbstständiger Tätigkeit sind Unternehmergewinne und die Erlöse aus freiberuflicher Tätigkeit, wie von Journalisten, Schriftstellern.
- Einkommen aus Vermögen sind Einkünfte, die in Form von Zinsen oder Dividenden erzielt werden. Dazu kommen Einkünfte aus Vermietung oder Verpachtung.
- Einkommen aus Transferleistungen sind alle Leistungen, die der Staat den Haushalten zahlt wie Kindergeld, Arbeitslosengeld II, (teilweise) Renten, Beamtenpensionen.

Galt früher insbesondere für die unteren Sozialschichten, dass die einzige Einnahmequelle der Arbeitslohn war, stellt sich diese Situation in der Gegenwart komplizierter dar. Viele Haushalte beziehen mittlerweile Einkommen aus mehreren, teilweise aus allen vier Quellen. So wird z. B. die Generation der heute etwa Fünfzigjährigen in den nächsten 1 bis 2 Jahrzehnten ca. 1 Billion Euro erben. Auch Einkommen aus Dividenden werden immer breiter gestreut, da viele Arbeitnehmer Fondsanteile, Aktien oder sonstige Eigentumsanteile an Unternehmen (↗ S. 38 f.) erworben haben. Auf der anderen Seite wird die Anzahl der Arbeitslosengeld II-Bezieher immer größer – 1/3 des Etats von Minister Müntefering (120 Mrd. €) wird für Arbeitslosengeld II verbraucht. Konkret:

- Nur noch 38 % aller in der Bundesrepublik Lebenden beziehen Einkommen allein aus unselbstständiger Tätigkeit.
- 16 % aller Einwohner im Westen und 22 % im Osten erhalten Rente oder Pension.
- 3,5 % aller Einwohner im Westen und 10 % im Osten leben vom Arbeitslosengeld II.

Primäre und sekundäre Einkommensverteilung

Folgende Definition lässt sich formulieren:

- ***Primäre Einkommensverteilung:*** Verteilung des BIP, wie sie sich ohne jedes Einmischen des Staates einzig durch den Produktionsprozess ergibt. Sie deckt sich im Wesentlichen mit dem Bruttoeinkommen oder -lohn.
- ***Sekundäre Einkommensverteilung:*** Umverteilung des BIP durch den Staat, also Abzüge vom Primäreinkommen durch Steuern, Pflichtbeiträge für die Sozialversicherungen und andere Abgaben sowie staatliche Transferzahlungen wie Kindergeld usw. Sie deckt sich im Wesentlichen mit dem verfügbaren oder Nettoeinkommen bzw. -lohn.

Bis heute ist umstritten, ob der Staat möglichst wenig in die primäre Einkommensverteilung eingreifen solle oder ob er diese Umverteilung möglichst umfassend zu gestalten habe. Traditionell wirtschaftsliberale Länder wie die USA wollen die „Staatsquote“ (Anteil des Staates an allen finanziellen Transaktionen) sowie die Steuerquote möglichst niedrig halten und setzen auf die private Eigeninitiative jeden Bürgers. Traditionell sozialdemokratische Staaten wie die skandinavischen Länder bevorzugen im Gegenteil eine möglichst umfassende staatliche Gestaltung der Gesellschaft. Beide Modelle sind im Rahmen ihrer Vorgaben durchaus erfolgreich, wie z. B. die Weltbank im Herbst 2005 feststellte: Bei einem offiziellen, weltweiten Ranking fanden sich sowohl wirtschaftsliberale Staaten wie die USA, Großbritannien und Neuseeland als auch die skandinavischen Länder unter den Gewinnern.

Einkommensverteilung und Lohnquote

An der Produktion von Waren und Dienstleistungen sind Kapital, Boden und Arbeit beteiligt. Die Eigentümer dieser Produktionsfaktoren erhalten ihr jeweiliges Faktoreinkommen, über dessen Verteilung im Regelfall bei Tarifauseinandersetzungen heftig gestritten wird. Die Verteilung des BIP auf die Produktionsfaktoren wird als ***funktionale Einkommensverteilung*** bezeichnet:

- Dividende/Unternehmergewinn für Kapital,
- Zins/Pacht für Boden,
- Lohn/Gehalt für Arbeit.

Das „Einkommen aus selbstständiger Tätigkeit" wird dem „Einkommen aus unselbstständiger Tätigkeit" (also Lohn/Gehalt) gegenübergestellt. Auf diese Weise erhält man eine weitere Messgröße, nämlich den Arbeitnehmeranteil am BIP, kurz „Lohnquote". Letzteres meint den Anteil der Einkünfte aus unselbstständiger Tätigkeit am innerhalb einer Zeiteinheit geschaffenen gesamten Volkseinkommen.

Eine Übersicht zur Einkommensentwicklung in Deutschland in den Jahren 1992 bis 2004 findet sich auf der nächsten Seite.

Während also die Lohnquote in diesem Zeitraum um 23,5 % stieg, verbesserten sich die Gewinnerwartungen der Selbstständigen um gut 48 %.

Die Lohnquote bietet damit einen Maßstab für das Verhältnis von Unternehmergewinnen, Dividenden und Zins auf der einen und den Einkommen der Arbeitnehmer auf der anderen Seite und ist so ein wichtiger Indikator für die Verteilungsgerechtigkeit einer Volkswirtschaft. Dementsprechend ist die Lohnquote von besonderem Interesse für die Gewerkschaften.

Bei der Lohnquote sind allerdings einige gravierende Schwachpunkte zu berücksichtigen:

- Sie ist stark konjunkturabhängig – und dies zudem häufig noch mit einer ein- bis mehrjährigen Verzögerung, da fast alle Tarife, die z. B. im Jahr 2006 gezahlt werden, 2005 oder früher ausgehandelt wurden.

Jahr	Volksein-kommen	Kapitalein-kommen (Untemehmens- und Vermögensein-kommen)	Arbeitnehmer-entgelte (= Einkommen aus unselbstständiger Arbeit einschließlich Sozialbeiträge der Arbeitgeber)
1992	1 242,6	326,3	916,4
1993	1 255,7	317,8	937,9
1994	1 302,6	341,5	961,2
1995	1 358,6	362,4	996,2
1996	1 381,7	376,4	1 005,3
1997	1 404,6	395,4	1 009,2
1999	1 442,2	411,6	1 030,6
2000	1 468,2	410,4	1 057,8
2001	1 509,5	410,4	1 099,1
2002	1 538,4	417,6	1 121,3
2003	1 551,9	422,4	1 129,4
2004	1 569,3	437,1	1 132,2
2005	1 616,4	484,0	1 132,3
			(Ausgaben in Mrd. Euro)

- Die Differenzierung nach „selbstständig" – „unselbstständig" ist nicht in jedem Fall sinnvoll:
  Der kleine Kioskbesitzer, der gerade so eben „über die Runden kommt", wird als Selbstständiger gezählt, der Topmanager mit mehreren Millionen Euro Jahreseinkünften dagegen als abhängig Beschäftigter. Beides verzerrt natürlich das eigentliche Bild.
- Viele Arbeitnehmer erhalten neben ihrem Lohn/Gehalt auch Einkünfte aus Kapitalanlagen (s. o.).

Die Lohnquote hat zudem einen grundsätzlichen Konstruktionsfehler, da sie die absoluten Verteilungszahlen zwischen abhängig Beschäftigten und Selbstständigen nicht berücksichtigt. Wenn sich die Zahl der Selbstständigen 1997/98 im Vergleich zu den abhängig Beschäftigten stark erhöht hat, könnte es trotz der gesunkenen Lohnquote Lohnsteigerungen gegeben haben (↗ S. 136). Statistiker haben daher die ***bereinigte Lohnquote*** konstruiert: Sie geht von einem Basisjahr mit einer feststehenden Quote zwischen Selbstständigen und Arbeitnehmern aus und errechnet daraus die jeweils aktuelle Lohnquote.

Die Lorenzkurve

Die Einkommensverteilung in einer Volkswirtschaft lässt sich recht präzise mit der Lorenzkurve messen: Die Bevölkerung eines Staates wird in fünf Gruppen von je 20 % (so genannten Quintilen) aufgeteilt. Einziger Maßstab für diese Aufteilung ist die Höhe des verfügbaren Einkommens. Dann wird mit statistischen Methoden errechnet, wie viele Prozent des gesamten Volksvermögens die einzelnen Quintilen verdienen. In Deutschland sah das am Beginn des 21. Jh.s z. B. folgendermaßen aus:

Die Einkommensverteilung der Bevölkerung der BRD

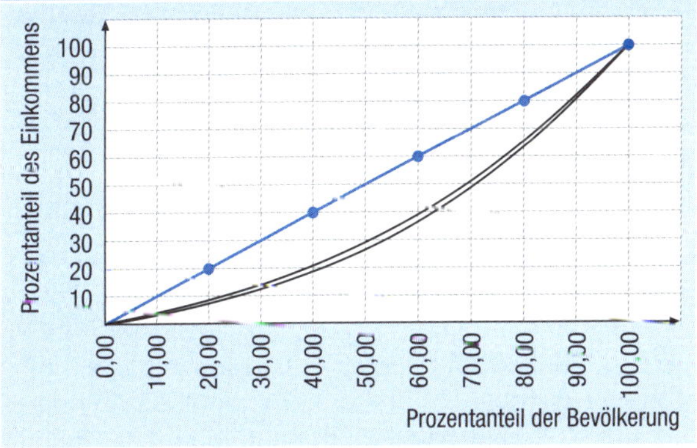

Die eingezeichnete Diagonale bildet den theoretischen Idealfall einer völligen Gleichverteilung aller Einkommen. Die Realität in Deutschland ist deutlich von diesem hypothetischen Idealfall entfernt, aber anderseits lässt sich eben auch feststellen, dass die unteren zwei Quintilen (also die 40 % der Bevölkerung mit dem niedrigsten Einkommen) rund 20 % des BIP verdienen. Das oberste Fünftel allerdings erhält alleine fast doppelt so viel (38 %). Bedenklich ist zudem, dass der Abstand zwischen den oberen und unteren Quintilen seit 1–2 Jahrzehnten wächst.

Einkommensverwendung

Der ***private Verbrauch*** umfasst alle Waren und Dienstleistungen, die inländische Privatpersonen (Haushalte) für Konsumzwecke kaufen. Dabei ist gleichgültig, ob die Waren in der betreffenden Periode tatsächlich verbraucht werden oder ob es sich um Vorratskäufe bzw. langlebige Gebrauchsgüter handelt. Auch die Frage, ob es sich um im Inland produzierte oder importierte Güter handelt, spielt keine Rolle.

Der ***Staatsverbrauch*** ist definiert als Summe aller Sach- und Dienstleistungen, die öffentliche Einrichtungen unentgeltlich zur Verfügung stellen. Dazu gehören die Leistungen der Sicherheitskräfte, der Erziehungs- und Gesundheitsbehörden sowie des gesamten Verwaltungsapparates einschließlich Gesetzgebung und Rechtsprechung. Da es für diese Leistungen keinen Verkaufswert gibt, wird der Staatsverbrauch anhand der laufenden Personal- und Sachaufwendungen der öffentlichen Haushalte errechnet.

Das für unser Leben und unsere Gesellschaft grundlegende ***Gesetz der prinzipiellen Knappheit*** und Begrenztheit ist der Ausgangspunkt aller wirtschaftlichen Überlegungen und Konsumentscheidungen. Dem Zwang zum ökonomischen Handeln unterliegt jeder, gleichgültig ob er Leiter eines großen Wirtschaftsunternehmens ist oder sich um seinen „Ein-Personen-Haushalt" kümmern muss.

Je weniger Geld ein Mensch dabei zur Verfügung hat, desto einfacher und berechenbarer sind seine Konsumentscheidungen: Zunächst und vordringlich müssen die elementaren Bedürfnisse (Nahrung/Kleidung bzw. Schutz vor Kälte/Wohnung) befriedigt werden. Mit zunehmendem Wohlstand wird diese Entscheidung immer individueller und von außen (also aus der Sicht von Planungsinstanzen) immer weniger voraussehbar. Dies liegt daran, dass jeder Mensch sehr individuelle und unterschiedliche Bedürfnishierarchien hat und der eine sein Geld für Dinge verbraucht, die einem anderen völlig überflüssig erscheinen und die er sich selbst als Multimillionär nicht anschaffen würde. Es stellen sich also gleichsam automatisch (psychologische) Fragen wie:

- Warum haben die Menschen Bedürfnisse nach bestimmten Dingen, nach anderen nicht?
- Warum sind einige Menschen bereit, viel Geld für Dinge auszugeben (Präferenzen zu setzen), die andere als völlig nutzlos ansehen?
- Warum werden manche neue Produkte Marktrenner, während andere völlig untergehen?

Auch wenn wir Menschen uns dessen nicht bewusst sind, handeln wir nach unseren Einstellungen, Wünschen, Träumen, Befürchtungen, wenn wir unsere Bedürfnisse befriedigen. Um dieses Phänomen fassen zu können, hat die Wirtschaftslehre den Begriff des „individuellen Grenznutzens“ eingeführt: Jeder Mensch verwendet jede ihm zur Verfügung stehende zusätzliche Einheit an Geld so, dass er daraus den individuell maximalen Nutzen zieht.

Nach genau dieser ***Grenznutzentheorie*** verhalten wir uns. Sie macht das Geschäft der Wirtschaftsplanung allerdings nicht leichter, da ökonomische Überlegungen bunt durcheinander mit psychologischen, seelischen und sonstigen Faktoren gehen. Zudem trägt die Werbung das ihre dazu bei, die Grenze zwischen „tatsächlich vorhandenen“ und „künstlich geweckten“ Bedürfnissen zu verwischen und sucht permanent nach neuen „Bedürfnisquellen“.

Die Regel vom abnehmenden Grenznutzen

Die Regel lautet: Wenn wir von einem bestimmten Gut sehr viel konsumieren, nimmt der zusätzliche (Grenz-)Nutzen ab.
Unmittelbar einsichtig ist dies bei den Nahrungsmitteln, denn wenn ich schon zwei Brote gegessen habe, kann ich nicht noch ein drittes essen. Der zusätzliche Nutzen wird kleiner, das Brot aber dadurch keineswegs billiger. Allgemein auf Konsumgüter übertragen: Der Unterschied zwischen der nullten und der ersten Einheit eines bestimmten Gutes bringt uns im Regelfall einen großen Nutzenzuwachs, und dieser wird immer kleiner, je mehr Einheiten dieses Gutes wir besitzen.
Ein Beispiel: Der Unterschied zwischen keinem und einem Auto ist sehr groß, bedeutet er doch den Übergang von der Immobilität zur Mobilität. Der individuelle Nutzenzuwachs zwischen Zweit- und Drittwagen fällt dagegen schon sehr viel geringer aus, bei noch mehr Autos beginnt die Sammelleidenschaft. So mag der Besitz des 50. Mercedes den passionierten Sammler sehr bewegen, statistisch gesehen ist es völlig irrelevant.

Entstehung des Bruttoinlandsproduktes

Wirtschafts-bereich	1950	1960	1970	1980	1989	2000 DM-/€-Angaben
Land- und Forstwirtschaft	10,0	17,7	21,8	30,5	38,0	43,7 22,34
Produzierendes Gewerbe	48,7	160,8	333,7	624,8	882,1	1113,76 569,46
Handel und Verkehr	20,0	56,0	103,5	218,7	309,9	638,64 326,53
Dienstleistungs-unternehmen	10,0	41,1	114,4	338,3	625,2	1127,72 576,59
Staat, private Haushalte	9,4	26,7	72,6	203,7	292,6	780,45 399,04

Verteilung des Bruttoinlandsproduktes			
Jahr	Einkommen aus unselbstständiger Arbeit	Einkommen aus Unternehmertätigkeit und Vermögen	Anteil der Unselbstständigen am Volkseinkommen
1950	45,0	32,0	58,2%
1960	144,4	95,7	60,1%
1970	360,6	169,8	68,0%
1980	863,9	275,7	75,8%
1989	1221,5	512,8	70,3%
2000 DM-/€-Angaben	2121,48 1084,70	824,14 421,37	72,0%

Konsumentscheidungen

Grundsätzlich hat jeder Haushalt die Möglichkeit, das erzielte Einkommen zu sparen („Sparquote“) oder auszugeben. Die Entscheidungen für sparen oder konsumieren sind nur zum Teil von der objektiv vorhandenen Höhe des Einkommens abhängig, sondern häufig nur psychologisch erklärbar. Die Sparquote in der Bundesrepublik ist z. B. zur Zeit sehr hoch (fast 15 %). Dies liegt nach Ansicht der Fachleute aber eher an der Angst vieler Menschen vor der Zukunft, der Furcht vor den Auswirkungen der Globalisierung, den weiter steigenden Arbeitslosenzahlen als daran, dass die Menschen heute mehr Geld haben, das sie auf die hohe Kante legen könnten. Der Sparzuwachs (2004) gegenüber dem letzten Jahr ist jedoch mit 1,1 Mrd. € deutlich geringer, als es den politischen Forderungen nach höherer Eigenverantwortung, v. a. für die Altersvorsorge, entspräche.

Der Teil des Einkommens, der ausgegeben wird, wird noch ein-

Verwendung des Bruttoinlandsproduktes						
Bereich	1950	1960	1970	1980	1989	2000 DM-/€-Angaben
Privater Verbrauch	62,9	171,8	368,3	837,0	1207,3	2309,05 1180,60
Staats-verbrauch	14,2	40,5	166,5	298,0	418,9	750,31 383,63
Bruttoanlage-investitionen	18,7	73,6	172,1	331,7	452,1	850,67 434,94
Vorrats-veränderung	+3,6	+9,2	+14,2	+11,8	+23,5	+ 50,74 25,94
Außen-beitrag	-1,4	+7,9	+14,1	-1,5	+143,4	+ 15,33 7,84
Bruttosozial-produkt	98,1	303,0	675,2	1477,4	2245,2	3946,92 2018,03

mal differenziert nach festen, nicht frei verfügbaren und den verfügbaren Ausgaben.

- Feste Ausgaben sind z. B.: Steuern, Versicherungsbeiträge, Miete oder Hausabtrag, Kosten für Heizung, Strom, Gas, Wasser, Telefon.
- Verfügbare Ausgaben sind z. B.: Ausgaben für Nahrung, Kleidung, Körperpflege, Sport sowie größere Konsumausgaben wie Autos, Stereoanlagen, Urlaubsreisen.

Die Höhe der verfügbaren Einkommen und die Höhe der Sparquote sind die wichtigsten Indizes für die Inlandsnachfrage, also die Höhe der gesamten Konsumausgaben in der Bundesrepublik.

Die Frage danach, wie viel im statistischen Mittel die Bundesbürger für die verschiedenen Konsumbereiche ausgeben, ist nicht nur eine wichtige volkswirtschaftliche Planungsgrundlage,

sondern gibt auch Aufschluss über den relativen Wohlstand. So mussten die (West-)Deutschen z. B. 1950 noch gut die Hälfte ihres gesamten Einkommens für Nahrungsmittel und nicht-alkoholische Getränke ausgeben. Dieser Anteil hat sich seitdem kontinuierlich verringert und liegt heute bei gut 10 %. Die Aufwendungen für Freizeit, Unterhaltung und Kultur dagegen stiegen im gleichen Zeitraum von 7 auf knapp 12 %.
Die umfangreichen Erhebungen des Statistischen Bundesamtes werden im ***Wägungsschema*** zusammengefasst; die Grafiken auf Seite 140 bis 142 zeigen im Überblick die Entwicklung der letzten 50 Jahre.

10 Ökologie

10.1 Wachstum und Wachstumspolitik

Indikator für das Wachstum ist das Bruttoinlandsprodukt (↗ S. 131 f.). Da die Wachstumszahlen für jedes neue Jahr an der Wirtschaftsleistung des Vorjahres gemessen werden und diese Leistung jeweils als 100 % gerechnet wird, verbirgt sich hinter den prozentual ausgedrückten Wachstumszahlen ein ***exponentielles Wachstum*** in absoluten Zahlen.
Wirtschaftshistoriker haben nachgewiesen, dass es um das Jahr 1700 keine nennenswerten Einkommensunterschiede zwischen den reichsten und den ärmsten Ländern der Welt gegeben hat. Der primäre Sektor dominierte fast uneingeschränkt, die Produktionsmethoden waren im Wesentlichen gleich und Produktivitätsunterschiede daher sehr gering. Diese Situation hat sich in den letzten drei Jahrhunderten radikal geändert. Heute gibt es zwischen den reichsten und den ärmsten Nationen eine Relation von ca. 140 zu 1. Das Pro-Kopf-BIP in absoluten Zahlen ($ pro Person) für das letzte Jahrhundert in einigen Ländern zeigt die Dynamik:

Land	Reales BIP um 1900	Reales BIP um 2000	Durchschnittliches Wachstum pro Jahr
Deutschland	1975	25 010	2,03 %
USA	3500	34 260	1,81 %
Pakistan	616	1960	1,16 %
Bangladesh	520	1650	1,16 %

Also würde sich schon bei einem jährlichen Wachstum von nur 3 % das BIP eines Landes nach 100 Jahren um fast das Zwanzigfache vergrößert haben. Dies Zahlenbeispiel zeigt die Problematik des exponentiellen Wachstums: Selbst die Forderung nach geringen Wachstumsraten bedeutet – in den absoluten Zahlen von BIP/Währung etwa oder Produktionsoutput ausgedrückt – den Zwang zu immer schnellerem und größerem Wirtschaftswachstum. Oder aus der Sicht der armen Länder wie Pakistan oder Bangladesh formuliert: Schon ein geringfügig kleineres Durchschnittswachstum öffnet die Schere zu den reicheren Nationen immer weiter und schneller.
Das Wachstum des realen BIP in der Bundesrepublik von 1960 bis zur Gegenwart zeigt die folgende Übersicht:

Entwicklung des realen Bruttoinlandprodukts 1963 bis 2006

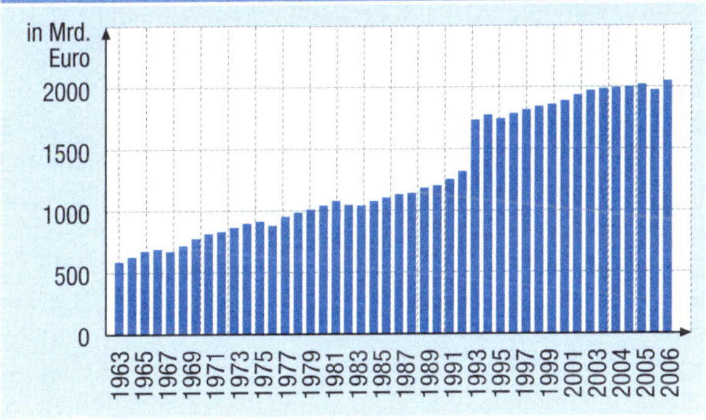

Die klassischen Argumente für ein stetiges Wachstum der Befürworter (zu den Wachstumsgegnern, ↗ S. 147 ff.):

- Ohne Wachstum würde der allgemeine Lebensstandard nicht für alle erhöht, sondern nur durch Umverteilung und damit Benachteiligung einiger Gruppen geändert werden können.
- Der weitere technische Fortschritt, der die materielle Basis unseres Wohlstands sichert, wäre gefährdet.

- Wirtschaftswachstum bedeutet auch wachsende Staatseinnahmen und damit -ausgaben, z. B. für Bildung, Infrastruktur.
- Umweltschutz setzt einen gewissen finanziellen Spielraum der Unternehmen voraus, der bei kräftigem Wachstum eher vorhanden ist als während einer Rezession.
- Wachstum schafft Arbeitsplätze.
- Wachstum ist nötig, um die internationale Konkurrenzfähigkeit zu erhalten.

Die Wachstumspolitik ist eng verknüpft mit der Ordnungs- und der Prozesspolitik sowie dem wirtschaftspolitischen Bemühen des Staates um die Abmilderung konjunktureller Schwankungen durch eine antizyklische Konjunkturpolitik. Sie muss daher im Zusammenhang mit diesen anderen wirtschaftspolitischen Aktionsfeldern gesehen werden. Dennoch hat sie durchaus einen eigenen Schwerpunkt, denn sie orientiert sich vorrangig vor anderen Aspekten an der Auslastung des Produktionspotenzials.
Unter Produktionspotenzial versteht man die zu einem Zeitpunkt gegebenen technisch-maschinellen und logistischen sowie die von den Arbeitskräften abhängigen grundsätzlich möglichen Kapazitäten zur Herstellung von Gütern und Dienstleistungen.
Die Wachstumspolitik verfolgt in Bezug auf das Produktionspotenzial zwei Ziele:

- eine möglichst gleichmäßige und stetige Erhöhung des Produktionspotenzials,
- eine möglichst ebenso gleichmäßige Auslastung dieses Potenzials zu 100 %.

Gerade dieser zweite Aspekt ist für Konjunkturschwankungen wichtig: Sinkt der ***Auslastungsgrad***, weil die Nachfrage bei Unternehmen, Haushalten, Staat und Ausland geringer wird, kann dies zu erhöhter Arbeitslosigkeit und depressiver Wirtschaftsentwicklung führen.
Welche Therapie die staatliche Wirtschaftspolitik zur Korrektur der Schwankungen anwendet, hängt von einer Reihe von Faktoren und der jeweiligen wirtschaftspolitischen Überzeugung

ihrer Akteure ab. Ob z. B. eher monetaristische oder fiskalistische Maßnahmen ergriffen werden, eher angebots- oder nachfrageorientiert gehandelt wird (↗ S. 145), ist eine Frage der jeweiligen politischen Prämissen. Ein Blick auf den Auslastungsgrad des Produktionspotenzials in Deutschland während der letzten Jahrzehnte zeigt zudem, dass es keinerlei eindeutige Zuordnungen gibt. Man kann z. B. keineswegs sagen, dass die Auslastung des Produktionspotenzials während der keynesianischen Zeit von 1970 bis1982 deutlich höher (oder niedriger) gewesen sei als zur neoliberalen Zeit ab 1983. Langfristig schwankt in Deutschland der Auslastungsgrad um 95 %.

Auslastungsgrad[1] des Produktionspotenzials[2]
Durchschnittlicher Auslastungsgrad (95,3 vH)

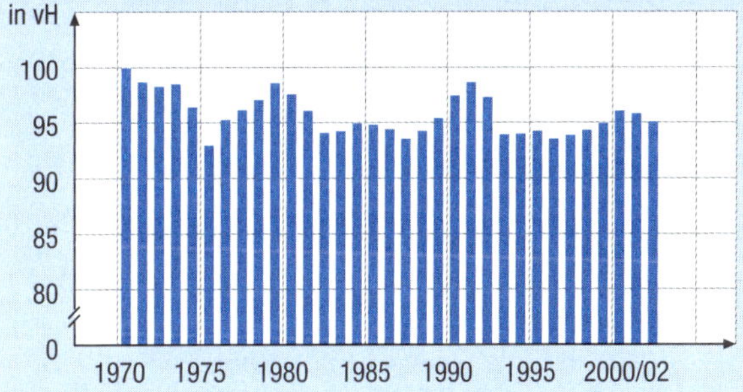

[1]Alle Werte in Preisen von 1995
[2]Bruttoinlandsprodukt in vH des Produktionspotenzials

10.2 Ökologische Umorientierung

Kritik am quantitativen Wachstum

Alle nehmen an, dass der Wohlstand steigt, wenn Güter- und Dienstleistungssektor florieren. Aus diesem Grunde hat sich in unserer Gesellschaft das Wachstumsdogma eingebürgert.

Der Indikator für dieses Wachstum – das BIP – trennt jedoch nicht in ***konstruktive*** und ***destruktive Ausgaben***.
Ein Beispiel: Wenn jemand mit seinem Auto einen Verkehrsunfall hat, steigert er das BIP gleich auf mehrere Arten: Reparaturkosten an seinem (und anderen) Autos, Reparaturkosten für Leitplanken oder Kosten für neu zu pflanzende Bäume, anfallende Krankheitskosten, selbst die Geldbuße wird positiv verbucht – und das, obwohl alles nur der Herstellung des ursprünglichen Zustandes dient, also keinerlei Steigerung der Lebensqualität bedeutet.
In der BIP-Rechnung werden Natur und Umwelt als gratis deklariert. Der Verbrauch dagegen wird als Wachstum verbucht. Wenn also der durch Güterproduktion und Dienstleistungen entstandene Abfall dieselbe Umwelt wieder belastet, zählt auch dies zum Wachstum. Mit anderen Worten: Das ökonomische Wachstumsmodell begreift auch den wachstumsorientierten Abbau von Rohstoffen und die Zerstörung der natürlichen Umwelt als Fortschritt.
Auf der ersten Weltumweltkonferenz in Rio de Janeiro 1992 wurde das Prinzip der ***Nachhaltigkeit*** als neues umweltpolitisches Leitbild eingeführt. Es macht deutlich, dass das europäisch-amerikanische Wachstumsmodell nicht für die ganze Welt als Vorbild taugt. Die unterschiedlichen Denkrichtungen sind auf der nächsten Seite skizziert.

Nachhaltigkeit bedeutet also eine Wirtschaftsweise, die ein natürlich existierendes System so nutzt, dass es in seinen wesentlichen Merkmalen langfristig erhalten bleibt.
Dieses Prinzip ist seit 1992 die Grundlage einer globalen, integrativen Politikstrategie. Alles Wirtschaften auf dieser Welt steht unter dem Vorbehalt der ökologischen Tragfähigkeit. Das Konzept der nachhaltigen Entwicklung („sustainable development") zielt darauf ab, weltweite Fehlentwicklungen in ihrem Zusammenhang anzugehen. Nachhaltige Entwicklung ist kein festgeschriebenes Programm, sondern eine Art Leitidee, eine regula-

	Die europäisch-amerikanischen Wachstumsvorstellungen	Das Konzept der Nachhaltigkeit
Grundvorstellung	Die natürlichen Ressourcen stehen kostenlos und unbegrenzt zur Verfügung.	Sämtliche natürlichen Ressourcen sind grundsätzlich knapp und begrenzt.
Konsequenzen	Rohstoffe, fossile Energien, Nahrungsmittelreserven (z. B. Fischbestand in den Weltmeeren) werden so ausgebeutet, wie es die Gegenwart erfordert.	Alle natürlichen Ressourcen werden so genutzt, dass die Grundbestände nicht verkleinert werden.
Umgang mit Ressourcen	Alle natürlichen Ressourcen werden in z. T. dramatischer Weise kleiner.	Es wird nur so viel verbraucht, wie im gleichen Zeitraum „nachwachsen“ kann.
Generationengerechtigkeit	Gegenwartsbezug: „Wir haben die Erde von unseren Eltern geerbt!“	Zukunftsbezug: „Wir haben die Welt von unseren Kindern nur geliehen!“

tive Idee in Tausenden von nationalen und lokalen Programmen. Sie ist nur schrittweise zu erreichen, denn die unterschiedlichsten Interessen müssen mit- und aufeinander abgestimmt werden. Das Prinzip der Vorsorge ist bei diesem Prozess oberste Norm.

Vorsorge beim Schutz der natürlichen Ressourcen und Lebensgrundlagen bedeutet im Einzelnen:

- Da es sich um hochkomplexe Systeme handelt, müssen alle Maßnahmen auf wissenschaftlich nachprüfbaren Risikoabschätzungen beruhen, die jederzeit von unabhängigen Experten überprüft werden können.

- Alle Maßnahmen sind vorläufig und bedürfen permanenter wissenschaftlicher Überprüfung.
- Die Maßnahmen müssen mit dem jeweiligen nationalen Recht vereinbar und grundsätzlich politisch und juristisch anfechtbar sein.

Das war der kleinste gemeinsame Nenner, auf den sich die Teilnehmer des Gipfels in Rio einigen konnten.

Die Forderung nach qualitativem Wachstum

Soziologische und psychologische Untersuchungen beweisen: Höherer Lebensstandard bedeutet nicht automatisch auch höhere Zufriedenheit oder gar höheres Glücksgefühl – eher das Gegenteil. Zu denjenigen Staaten, in denen Menschen (im statistischen Mittel) recht zufrieden sind und sich relativ glücklich fühlen, zählen auffallend viele afrikanische Staaten und sonstige arme Entwicklungsländer, während in den reichen Industriestaaten wie den USA, Japan oder Westeuropas die Zahl der „irgendwie" Unzufriedenen und Unglücklichen seit einigen Jahrzehnten kontinuierlich zunimmt.

Steigender Lebensstandard bewirkt oft auch: Vergiftung, Übernutzung, Zerstörung von Flora und Fauna sowie der Atmosphäre, Zerstörung ganzer Ökosysteme, weltweites Anwachsen giftigen Sondermülls. Umdenken scheint nicht so einfach zu sein. Die Forderung nach ***qualitativem Wachstum*** wird zunehmend lauter. Qualitatives Wachstum soll von vorneherein die beiden folgenden Problemkomplexe in die Konzeption und Realisierung weiteren Wachstums integrieren:

1. Qualitatives Wachstum muss diese Fragen berücksichtigen: Welchen Zweck, welchen Nutzen, zu wessen Gunsten soll Wachstum stattfinden?

- Wie hoch sind die (nicht nur monetären) Kosten, wer trägt sie?
- Welche Quellen und Ressourcen sind nötig?
- Wie lange soll der Wachstumsprozess dauern, wann ist das Ziel erreicht und wann kann das Wachstum gestoppt werden?

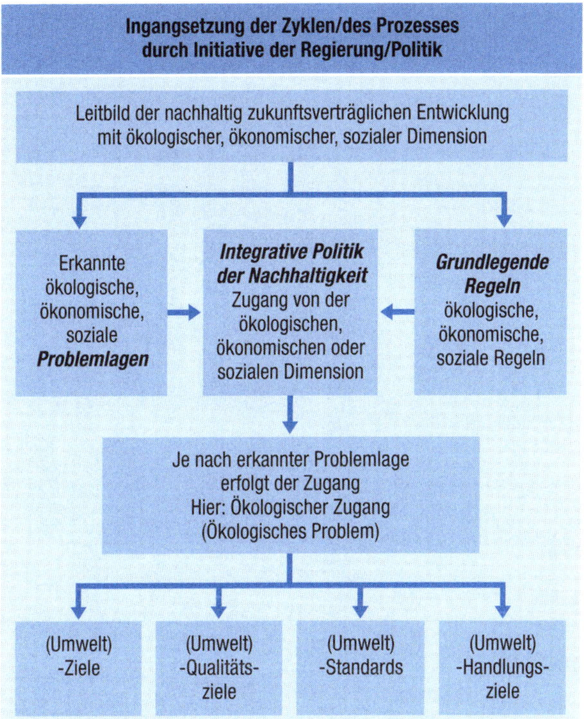

Nach: Abschlussbericht der Enquete-Kommission „Schutz des Menschen und der Umwelt" des 13. Deutschen Bundestages, Bonn 1998, S. 80.

2. Qualitatives Wachstum beinhaltet die (internationale) *Verteilungsgerechtigkeit*. Die Armen (national und weltweit) dürfen nicht einfach ihrem Schicksal überlassen werden, dauerhafte Stabilität und Sicherheit ist nur durch eine grundsätzliche Neuverteilung des Wohlstandes zu erreichen. Jedes weitere Auseinanderdriften destabilisiert die politische Weltsituation und erfordert in letzter Konsequenz Unterdrückung und Unfrieden.

1000 Menschen belasten die Umwelt jährlich durch (Stand 1995)

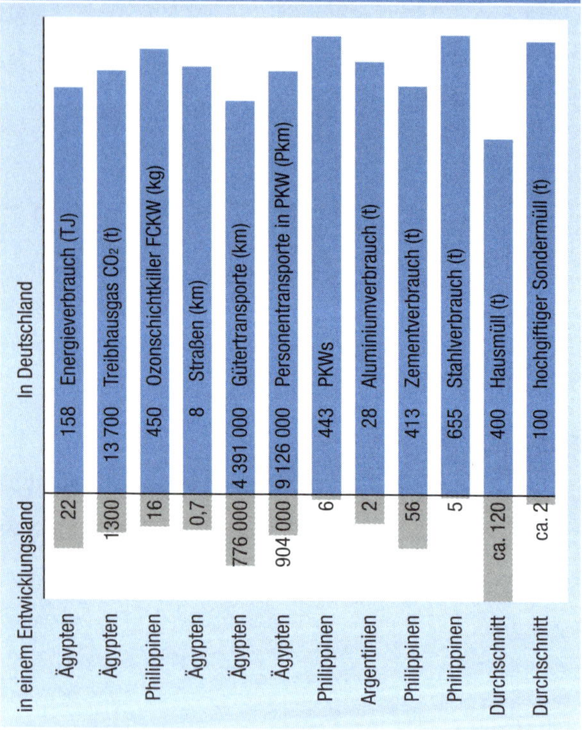

Neuberechnung des Sozialproduktes und eine ökologische Wirtschaftspolitik

Das Konzept der defensiven Kosten

Grundlage einer ökologisch orientierten Volkswirtschaft muss ein System physischer Daten sein, das Auskunft gibt über

- Zustand und Veränderungen der Umwelt,
- Emissionen und Immissionen der wichtigsten Schadstoffe,

- Ressourcenverbrauch an Rohstoffen und Energieträgern,
- Flächenverbrauch und Veränderungen des Artenbestands.

Eine gesellschaftliche Öko-Kostenrechnung muss folgende Kategorien berücksichtigen:

- Defensive, kompensatorische Kosten, d. h. alle Kosten zur Vermeidung und Verminderung von Umweltbelastungen sowie zur Beseitigung von Schäden und für ökologische Ausgleichsmaßnahmen,
- Produktions- und Einkommensverluste,
- Vermögensverluste,
- Naturverluste,
- Wohlfahrtsverluste.

Schäden und Verschlechterungen der Lebens-, Umwelt- und Arbeitsbedingungen, die zuvor durch den industriellen Wachstumsprozess ausgelöst worden sind, müssen erfasst und vermindert oder beseitigt, neue Schäden vorbeugend vermieden werden. Die entstehenden (defensiven) Kosten dienen ausschließlich dazu, diejenigen Umwelt- und Lebensqualitäten wiederherzustellen, die zuvor durch negative Folgewirkungen des Wirtschafts- und Gesellschaftsprozesses verlorengegangen oder beeinträchtigt worden sind. Diese müssen im BIP auch als solche identifiziert werden.

Umweltökonomische Gesamtrechnung

Umweltschäden müssen zunächst bewertet und materiell quantifiziert werden. Wie soll man z. B. Schäden am menschlichen Organismus durch Schadstoffemissionen oder Lärm in Geldeinheiten umrechnen? Wie hoch sind umweltbedingte Schäden an historischen Baudenkmälern zu veranschlagen? Wie „teuer" ist das Aussterben einer Tier- oder Pflanzenart? Diese Fragen müssten für eine umfassende statistische Erfassung und Bewertung von Umweltschäden geklärt werden.

Ziel der Volkswirtschaftlichen Gesamtrechnungen (VGR) ist die Bereitstellung verlässlicher Daten für wirtschaftspolitische Entscheidungen. Die traditionellen Berechnungen des Sozialpro-

Materialwert eines Singvogels		**Der Wert eines Vogels im ökologischen Zusammenhang (p.a.)**	
Skelett (Phosphor, Kalzium, Fluor etc.)	0,7 €	Materialwert	0,031 €
		Leistungen für:	
Fleisch	1,8 €	Gemüt	30,00 €
Blut	0,1 €	Insektenvertilgung	60,00 €
Federkleid	0,3 €	Pflanzung	20,00 €
Mineralstoffe	0,2 €	Warnrolle	100,00 €
	3,1 €	Symbiose	36,50 €
		Bionik*	1,60 €
		Erholung	12,00 €
		Artenvielfalt	8,00 €
		Polit. Entscheidung	0,50 €
		Umweltentlastung	10,00 €
*Bionik, interdisziplinärer Wissenschaftszweig aus dem Bereich von Biologie und Technik		Finanzierung	3,00 €
		Regeneration	1,50 €
		Gesamtstabilität	18,25 €
			301,88 €

duktes sollten wie bisher fortgeführt werden. Ergänzend ist ein Rechenwerk für die Darstellung der ökonomisch-ökologischen Zusammenhänge aufzubauen und mit der traditionellen VGR eng zu verknüpfen. Es bieten sich fünf Sachgebiete an:

- Das umweltbezogene ökonomische Sachgebiet umfasst die aktuellen Kosten des Umweltschutzes im weiteren Sinne wie Luftreinhaltung, Abfallbeseitigung, Abwasserbehandlung.
- Nutzung natürlicher Rohstoffe und Elementargüter wie Sonnenenergie, Wasser, Luft. Auch Aufwendungen für die Erforschung von Ersatztechnologien und besserer Ressourcenausnutzung könnten hier eingehen.
- Ausstoß und Verbleib von Rest- und Schadstoffen (Emissionen),
- qualitativer Zustand der Umwelt (Immissionslage),
- Nutzung der Umwelt als Standort bei bisheriger sektoraler und regionaler Raumplanung durch ganzheitliche Zustandsbeschreibungen von Ökosystemen.

Internalisierung externer Kosten

Eine der tragenden Säulen jedes marktwirtschaftlichen Systems ist die unbedingte Geltung des ***Verursacherprinzips***: Jeder am Marktgeschehen Beteiligte ist für die Konsequenzen seines Tuns unmittelbar und direkt verantwortlich. Das gilt für Produzenten- wie für Konsumentenseite:

- Wer als Produzent z. B. mangelhafte Qualität liefert, wird nicht nur unmittelbar für die Fehler seines Produkts haftbar gemacht (***Haftungsprinzip***), sondern darf sich auch nicht wundern, wenn sein Produkt nicht mehr nachgefragt wird.
- Wer als Konsument z. B. für eine spürbare zusätzliche Nachfrage sorgt, darf sich nicht wundern, wenn die Preise steigen.

Dieses Verursacherprinzip ist bei der Entstehung der so genannten ***externen Kosten*** außer Kraft gesetzt: Unter externen Kosten versteht man alle diejenigen negativen Folgen, die Dritte oder auch die Allgemeinheit durch das wirtschaftliche Handeln einzelner Akteure zu tragen haben. Externe Schäden und Kosten entstehen z. B. durch

- Schädigungen der Atmosphäre durch industrielle Emissionen (Stichwort „Ozonloch"),
- lärmverursachte oder -verstärkte Arbeitsunfähigkeit und Krankheit (Straßenlärm, Fluglärm),
- Klimaveränderungen durch Treibhausgase,
- soziale Unruhen, Krawalle und Zerstörungen als Folge billigen, gettoisierten Wohnungsbaus (z. B. die Ausschreitungen in französischen Trabantenstädten vom Herbst 2005).

10

Diese Liste ließe sich verlängern und sie zeigt, dass unsere bisherige Wirtschaftsweise durch die Vorstellung geprägt war, die Natur und ihre Ressourcen seien unbegrenzt und zum Nulltarif zu erhalten.

Der Begriff ***Internalisierung*** beinhaltet die Forderung, diese externen Kosten von vorneherein den Produzenten anzulasten. Das würde bedeuten, dass die Preiskalkulation der Unternehmen grundsätzlich anders verlaufen müsste und viele Produkte (sehr viel) teurer würden – was die Unternehmer mit dem Hinweis auf die internationale Konkurrenzfähigkeit energisch ablehnen und auch die Verbraucherschutzorganisationen mit sehr gemischten Gefühlen sehen.

Die ***gesellschaftlichen Kosten*** der Produkte müssten neben den unmittelbaren Produktionskosten sowohl die Kosten für die „Reparatur" der anfallenden Umweltschäden an Natur und Mensch als auch einen Zukunftsanteil enthalten. Für die Energieerzeugung aus fossilen, nicht regenerativen Rohstoffen sind das:

- Aufwendungen für Wald- und Bodenschäden sowie die damit verbundenen Gesundheitsschäden der Menschen.
- Für die „Zeit danach" muss bereits jetzt von den Stromerzeugern Vorsorge getroffen werden. Dies könnte z. B. in einer Art negativer Abschreibung (↗ S. 95 f.) geschehen, die proportional zum Abbau der Energiequellen zusätzliches Kapital zum Aufbau neuer Energiegewinnungsformen kumuliert.

Derart weitgehende Forderungen sind nur sehr schwer durchsetzbar. Andererseits werden zur Zeit die externen Kosten ohne jedes Verantwortlichmachen der Verursacher auf die Allgemeinheit, letztlich also auf die Steuerzahler abgewälzt.

Ein weiterer Aspekt, der die Lösung des Problems noch ganz erheblich erschwert, ist der internationale Charakter vieler externer Kosten. Umweltschäden z. B. machen an Staatsgrenzen nicht halt: Die Verschmutzung, die ein Land dem Oberlauf eines Flusses zufügt, kann von dem Nachbarstaat, der die negativen Folgen zu tragen hat, vor keiner Institution der Welt an- und eingeklagt werden.

Dennoch könnten als erster Ansatz zur Internalisierung externer Kosten einige Dinge ins Rollen gebracht werden:

- Verhandlungen über Art und Höhe externer Schäden zwischen Verursachern und Betroffenen,
- Schaffung von (internationalen) Organisationen zur Klärung der Fragen, welcher Verursacher unter welchen Bedingungen welchem Betroffenen was zu zahlen hätte,
- eine entsprechende ökologisch orientierte (und möglichst internationale) Steuerreform (vgl. den nächsten Abschnitt).

Ökologische Steuerreform

Die zentralen Ansatzpunkte aller Konzepte einer ökologisch orientierten Steuerpolitik lassen sich so zusammenfassen:

- sukzessive Verteuerung von Energie bei gleichbleibender Steuergesamtbelastung für den einzelnen Bürger,
- gezielte steuerliche Entlastung umwelt- und ressourcenschonender Produktions- und Dienstleistungsbranchen bzw. Betriebe,
- höhere Kosten für einzelne Bereiche, insbes. für den (Individual-)Verkehr.

Das Ziel der Steuerreform soll ein ökologischer Strukturwandel mit etwa den folgenden Konturen sein:

- Die Industrie forciert die Wiederverwertung von Ressourcen und die Einsparung von Energie. Viele heute billige Wegwerf- und Einwegprodukte würden dann verteuert und verschwinden. Gleichzeitig entsteht ein rasch expandierender Markt von Energiespar- und Umwelttechniken.
- In der Landwirtschaft schwinden die Preisvorteile der Massenproduktion, die naturnah-biologische Produktionsweise würde sich im Vergleich zu heute verbilligen. Die massiven Subventionen der EU für die „industrielle" Landwirtschaft werden in die ökologische umgeleitet.
- Alle Produkte geben ihre „wahren Preise" einschließlich ihrer Umweltbelastung (z. B. Kosten für Entsorgung oder Recycling) korrekt wieder; entsprechend ändert sich das Verbraucherverhalten.

Umweltpolitik regional, national, europäisch und international

Aktionen auf kommunaler und regionaler Ebene

Basis für Umweltpolitik auf unterster Ebene ist die *Agenda 21*, die 1992 auf der ersten Weltumweltkonferenz in Rio de Janeiro verabschiedet wurde. In Art. 28.3 werden den Kommunen folgende Aufgaben zugeordnet:

> „Jede Kommunalverwaltung soll in einen Dialog mit ihren Bürgern, örtlichen Organisationen und der Privatwirtschaft eintreten und eine ‚kommunale Agenda 21' beschließen. ... Durch den Konsultationsprozess würde das Bewusstsein der einzelnen Haushalte für Fragen der nachhaltigen Entwicklung geschärft. ... Strategien könnten auch dazu herangezogen werden, Vorschläge für die Finanzierung auf lokaler, nationaler, regionaler und internationaler Ebene zu begründen."

Zehn Jahre später, auf dem 3. Weltumweltgipfel in Johannesburg, zeigte sich, dass weltweit fast 6500 Kommunen in 113 Staaten dem Aufruf zur Formulierung und Umsetzung einer lokalen Agenda gefolgt waren, 80 % davon allerdings in Europa. Hier entstanden zudem Netzwerke, häufig durch Unterstützung von NGOs, mit den Arbeitsschwerpunkten Abfallreduzierung, Verbesserung der Wasserqualität, Artenschutz, Verkehrsplanung, sparsamer Flächenverbrauch und allgemein Sensibilisierung für den Umweltschutz.

Staatliche Umweltpolitik in Deutschland

Das erste umweltpolitische Sofortprogramm von 1970 enthielt drei Punkte:

- Die Zentralgewalt, der Bund, war ab sofort zuständig für eine Reihe von umweltpolitischen Aufgaben.
- 1971 wurde ein Sachverständigenrat für Umweltfragen eingerichtet.
- 1974 wurde das Umweltbundesamt gegründet.

Neben der Luftreinhaltung und dem Gewässerschutz ist die Energiepolitik das dritte Vorzeigeprojekt des Umweltschutzes in Deutschland. Das ist insofern kein Zufall, als unsere Hightech-Industrie gerade bei der Lösung technischer Probleme weltweit führend ist. Die Energiepolitik ist durch drei Grundsätze gekennzeichnet:

- Effektivierung der Energienutzung und Reduzierung der Umweltbelastung durch den Einbau entsprechender Filter,

- Ausstieg aus der Atomenergie, seit 2002 gesetzlich verankert. Alle AKWs müssen nach einer Gesamtlaufzeit von rund 35 Jahren abgeschaltet werden.
- Förderung aller regenerierbaren Energien, wie z. B. Windkraft.

Beispiel: Förderung der regenerativen Energiequelle Windkraft
Das ***Erneuerbare-Energien-Gesetz*** (EEG) trat erstmals am 1.4. 2000 in Kraft und regelt die Abnahme und die Vergütung von ausschließlich aus erneuerbaren Energiequellen gewonnenem Strom durch Netzbetreiber. Das neue EEG gilt ab 1. 8. 2004. Netzbetreiber sind verpflichtet, Strom aus erneuerbaren Energiequellen abzunehmen und zu vergüten. Die Preise für Windkraft betragen 5,5 bzw. 8,7 Cent pro Kilowatt. Dieser Abnahmepreis ist per Gesetz für 20 Jahre festgeschrieben und liegt deutlich über dem Marktpreis für Elektroenergie.

Beispiel: Handel mit Emissionsrechten
Seit dem 1. 1. 2005 können europaweit Emissionsrechte für das „Treibhausgas“ Kohlendioxid ge- und verkauft werden. Wenn also z. B. ein energieintensives Stahlwerk durch Einbau aufwändiger Filter weniger CO_2 ausstößt (emittiert), als ihm von der EU zugestanden wird, kann es seine gesparten „CO_2-Tonnen“ für etwa 8–9 € pro Tonne an andere Unternehmen verkaufen.

10

Umweltpolitik der Europäischen Union
Umweltpolitisches Ziel der EU ist, die Voraussetzungen dafür zu schaffen, dass die wirtschaftliche Entwicklung langfristig im Einklang mit den Umwelterfordernissen erfolgt, und zwar so, dass die Entwicklungsmöglichkeiten künftiger Generationen nicht gefährdet werden. Die Schwerpunkte des Umweltrechts liegen auf den Bereichen

- Reinhaltung der Luft und des Wassers,
- Energiepolitik/erneuerbare Energiequellen,
- Abfallpolitik,

- Natur- und Artenschutz/Erhaltung der Artenvielfalt,
- Verbraucherschutz.

Das wichtigste Instrument zur Durchsetzung der rechtlichen Positionen und der Bestimmungen des Art. 174 innerhalb des EU-Raumes ist die so genannte ***Umweltverträglichkeitsprüfung*** (UVP). Sie integriert den Umweltschutz von vorneherein als wesentlichen Faktor in alle Planungs- und Entscheidungsprozesse. Die UVP ist ein einheitliches Prüfverfahren, das die Auswirkung von geplanten Projekten auf die Umwelt, also auf Menschen, Tiere, Pflanzen, Klima, nach einheitlichen und überprüfbaren Kriterien einschätzt. Im Bereich der Europäischen Union gibt es mittlerweile eine Reihe von Regelungen zur Durchsetzung nachhaltiger Wirtschaftsweisen:

Reporting: Aktivitäten transnationaler Unternehmen basieren in der Regel auf Mitarbeiterbefragungen. Sie sollen Probleme identifizieren und sie beseitigen bzw. verringern.

Audits/Auditing: Sie werden von internen Abteilungen und von externen Wirtschaftsprüfern anhand von Checklisten durchgeführt. Es gilt, Beobachtungen zu standardisieren.

Zertifizierung: Die Standards und Prozesse, die zu einer Zertifizierung führen, müssen von den beteiligten Vertragspartnern eines Zertifizierungssystems anerkannt sein. Bei Verstößen kann eine Zertifizierung rückgängig gemacht werden.

Eckdaten der internationalen Umweltpolitik

1972: Auf der „Konferenz über die menschliche Umwelt" in Stockholm wird das Umweltprogramm der Vereinten Nationen verabschiedet und die Gründung einer entsprechenden Behörde mit Sitz in Nairobi beschlossen.

1979: Beschluss über die Verhinderung bzw. Verringerung grenzüberschreitender Luftverschmutzung in Europa auf der Genfer Konferenz

1985: Wiener Abkommen zum Schutz der Ozonschicht

1987: Weltweite Ausdehnung des Wiener Abkommens in Gestalt des Montrealer Abkommens

1992: 1. Weltumweltgipfelkonferenz in Rio de Janeiro, alle teilnehmenden Staaten verpflichten sich auf das Konzept der Nachhaltigkeit.
1997: 2. Weltumweltgipfelkonferenz in Kyoto, Verabschiedung des Kyoto-Protokolls
2002: 3. Weltumweltgipfelkonferenz in Johannesburg: Bilanz und Weiterschreibung des Konzepts der Nachhaltigkeit/Stand der Agenda 21
2005: Nach Unterzeichnung durch Russland tritt das Kyoto-Protokoll weltweit in Kraft.

Insbesondere die ***Umweltgipfelkonferenz*** von 2002 in Johannesburg machte die relative Ohnmacht internationaler Umweltpolitik deutlich. Der Gipfel wurde schon im Vorfeld durch unzählige Streitigkeiten, Rivalitäten und Eifersüchteleien in Misskredit gebracht und in den Medien wurde lediglich über die Ausschreitungen von Globalisierungsgegnern berichtet. Inhaltlich einigte man sich in vielen Punkten gar nicht oder nur auf den kleinsten gemeinsamen Nenner.
Fast unter Ausschluss der Weltöffentlichkeit fand die letzte Weltumweltkonferenz in Montreal im Dezember 2005 statt. Lediglich dem Abschlusskommuniqué widmete die deutsche Presse ein paar Zeilen:

> „Ich glaube, wir haben ein wirklich gutes Ergebnis erreicht", betonte der neue Bundesumweltminister Sigmar Gabriel (SPD). Die wichtigste Botschaft sei, dass der Klimaschutzprozess vorangetrieben werde. Es werde nun auch beim Emissionshandel bleiben. Selbst Vertreter von Umweltverbänden nannten das Treffen erfolgreich. Der Wissenschaftliche Beirat der Bundesregierung „Globale Umweltveränderungen" sprach von einem „kleinen Hoffnungsschimmer". Es sei aber völlig unklar geblieben, ob und wann die USA sich zur Reduktion ihrer Emissionen verpflichten.
>
> *dpa/Weser-Kurier, 11.12.05*

11 Staatsverschuldung

11.1 Entwicklung und Grenzen

Unter Wirtschaftswissenschaftlern ist heute allgemein anerkannt, dass es grundsätzlich sinnvoll ist, wenn sich ein Staat verschuldet. Allerdings nur unter folgenden Voraussetzungen:
Während ein normaler Arbeitnehmerhaushalt die monatlichen Einkünfte im Voraus genau berechnen und entsprechend wirtschaften kann, unterliegen die Staatseinnahmen vor allem Steuerschwankungen. Sie werden daher von speziellen Fachgremien beobachtet und für die Zukunft geschätzt (***Steuerschätzung***). Da die zeitliche Verteilung der Staatseinnahmen sich nicht mit dem Zeitpunkt der Ausgaben decken wird, sind sehr kurzfristige so genannte Kassenverstärkungskredite zur Sicherung der Zahlungsfähigkeit des Staates unumgänglich. Diese sind zum großen Teil vorhersehbar und unproblematisch, ähnlich wie kurzfristige Kredite und Ratenzahlungsverträge auch bei Privathaushalten üblich sind.

Die Steuerschätzung

Der Arbeitskreis Steuerschätzung tagt zweimal im Jahr und soll eine möglichst objektive Aussicht auf die staatlichen Einnahmen der kommenden Jahre geben. Der erste und wichtigere Termin ist im Mai. Die Experten versuchen dann, die Steuereinnahmen – von der Lotteriesteuer bis zu den großen Posten der Lohn- und Umsatzsteuern – der nächsten fünf Jahre abzusehen. Diese Zahlen bilden die Basis für die Haushaltsplanungen von Bund, Ländern und Kommunen.
Allerdings fußen die Steuerschätzungen im Frühjahr auf noch verhältnismäßig unsicheren Wirtschaftsprognosen. Deshalb tref-

fen sich die Fachleute im November erneut, um ihre Aussagen zu überprüfen und gegebenenfalls zu korrigieren. Dann betrachten die Experten jedoch nur die Steuerentwicklung für das laufende und das kommende Jahr. Die Ergebnisse können in der Debatte um den Bundeshaushalt berücksichtigt werden.
Prognosen der Steuerschätzer und tatsächliche Steuereinnahmen in Milliarden Euro:

Jahr	Mai-Schätzung	November-Schätzung	Steuereingang
2000	461,4	462,9	467,3
2001	480,2	458,9	446,2
2002	473,9	462,5	441,7
2003	474,5	458,5	442,2
2004	443,8	442,4	442,8
2005	445,0	447,9	452,0
2006	465,5	484,9	484,0
2007 (Prognose)	494,0	514,0	514,0

Quelle: www.tagesschau.de

Eine ausgleichende Kreditaufnahme kann auch dann erforderlich sein, wenn Großaufträge ein Volumen erreichen, dem die augenblickliche Finanzlage nicht entspricht, so wie auch der private Verbraucher sein Eigenheim nicht gerade bar „aus der Portokasse" bezahlt.

Diese Formen der Verschuldung, die im Wesentlichen der momentanen ungünstigen Wirtschaftsentwicklung oder Großprojekten geschuldet sind, sollten mittelfristig im nächsten Konjunkturaufschwung abgebaut werden.
Problematisch wird es bei der so genannten ***strukturellen Verschuldung***. Diese entsteht dann, wenn längerfristig die Struktur des Staatshaushalts zu Ausgaben führt, die nicht durch entsprechende Einnahmen gedeckt werden können. Solange ein struk-

turelles Defizit nicht verringert werden kann, muss es durch ständige Neuverschuldung, die den Schuldenstand erhöht, finanziert werden. Dies ist in der Bundesrepublik seit Anfang der 1970er-Jahre der Fall.

Von den 50er-Jahren bis heute

In den 1950er- und 1960er-Jahren herrschte die klassisch konservative Vorstellung, die Staatsquote geringzuhalten und sich nicht zu verschulden. Die Gesamtschulden von Bund, Ländern und Kommunen fielen in Relation zum gesamten Bruttosozialprodukt sogar von 21 % des BSP 1950 auf 18,5 % im Jahr 1970.
Mit der sozialliberalen Koalition, die Ende 1969 an die Macht kam, wurde die jährliche Neuverschuldung zu einem „normalen" Instrument der Haushaltskonsolidierung. Im Zeitraum von 1970 bis 1980 stieg die Gesamtverschuldung auf das Vierfache. Im Krisenjahr 1975 lag die Nettokreditaufnahme bei 64 Mrd. DM. Der Sparkurs der neoliberalen Regierung Kohl ab 1982 bremste das Tempo der Neuverschuldung: Sie erreichte 1989 mit 19,2 Mrd. DM einen Tiefstand.
Unmittelbar vor der Wiedervereinigung war also das Problem der wachsenden Staatsverschuldung zwar nicht beseitigt, aber doch erheblich entschärft worden. Die Gesamtverschuldung der (alten) Bundesrepublik lag Anfang 1990 bei deutlich unter einer halben Billion Euro.
Die immensen Kosten der Wiedervereinigung haben diesen Trend ab 1990 gestoppt und in das Gegenteil umgekehrt. 1994 wurde die Schmerzgrenze von einer Billion Euro erreicht, Ende 2005 erreichte die Verschuldung knapp 1,5 Billionen. Der sekündliche Schuldenzuwachs betrug zu diesem Zeitpunkt 1700 €, die Staatsschulden pro Kopf knapp 18 000 €. (Die aktuellen Zahlen kann man unter www.steuerzahler.de einsehen.)
Die ***Schuldenquote*** (Gesamtverschuldung von Bund, Ländern und Kommunen in Relation zum BIP) wächst seit Jahren schneller als das BIP. Sie „kletterte" von rund 18 % 1970 über 31 % 1980, 42 % 1990 auf gut 67 % Ende 2005 und liegt damit rund vier

Prozent über EU-Durchschnitt. Nur Belgien, Griechenland und Italien stehen noch deutlich schlechter da: Deutschland hat damit seinen früheren Platz im „oberen Mittelfeld“ vorerst eingebüßt.

Gesetzliche Regelungen

Art. 115 GG schreibt vor, dass die Nettokreditaufnahme (also die jährliche Neuverschuldung) die Summe der öffentlichen Investitionen nicht überschreiten darf. Diese Regelung hat aber Lücken und Probleme, denn sie bezieht sich nur auf neue Schulden, nicht aber auf die Gesamtschuld, berührt also nur das Tempo, nicht die Höhe der Staatsverschuldung. Dennoch ist der Bundeshaushalt seit mehreren Jahren nicht mehr verfassungsgemäß, wie die folgende Grafik zeigt:

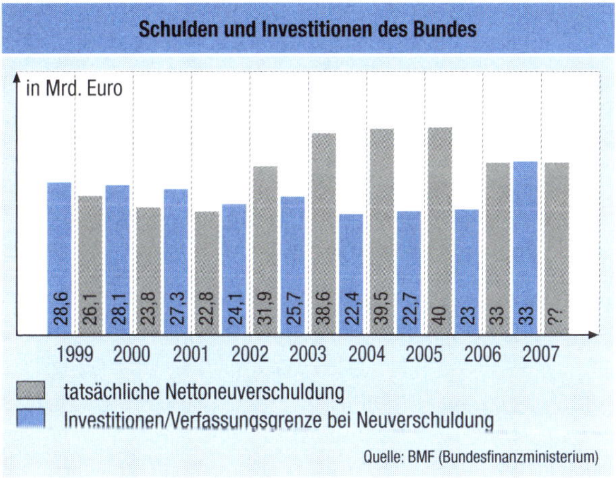

Der GG-Artikel enthält eine Gummiformulierung, die Ausnahmen von obiger Regel zulässt: „… zur Abwehr einer Störung des gesamtwirtschaftlichen Gleichgewichts“.
Auch die Konvergenzkriterien des ***Stabilitätspaktes***, die sich die

Länder der EU als Messlatte für den Beitritt zur Währungsunion selbst auferlegt haben, hatten nur eine bedingte Einflussnahme auf die Staatsverschuldung in Deutschland, denn sie galten eben nur für den Augenblick des Zustandekommens der Währungsunion am 1.1.1999. Die Konvergenzkriterien in Bezug auf die Staatsverschuldung lauteten:

- Die jährliche Neuverschuldung von Bund, Ländern und Gemeinden darf höchsten 3 % des jährlichen Haushaltsvolumens betragen
- und die gesamte Staatsverschuldung höchstens 60 % des BIP.

Gegen beide Kriterien hat Deutschland jahrelang verstoßen, erst 2006 gelang es aufgrund des Konjunkturaufschwungs, die Nettokreditaufnahme auf 1,7 % zu begrenzen. Die Staatsschulden (rd. 1,5 Billionen) betragen aber immer noch ca. 75 % des BIP.

Haushaltsdefizit in Prozent des BIP

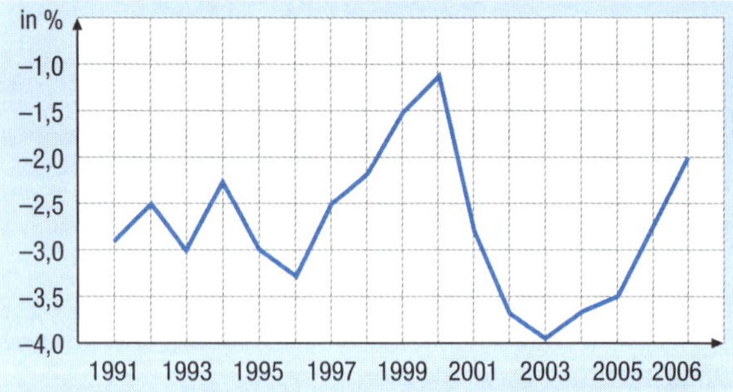

Gemeinschaftsgutachten der Institute 2005

11.2 Bundeshaushalt und Bundesschuld

Art. 110 GG bildet die gesetzliche Grundlage für die Verabschiedung des Bundeshaushaltes durch den Bundestag. Der Haushaltsplan gliedert die Einnahmen und Ausgaben des Bundes nach Ressorts und Fallgruppen und dient der Feststellung und Deckung des voraussichtlichen Finanzbedarfs des Bundes. Gegen Ende des laufenden Haushaltsjahres ist in den letzten Jahrzehnten häufig ein Nachtragshaushalt verabschiedet worden, da z. B. Einnahmeneinbrüche aufgrund zu positiver Steuerschätzung (↗ S. 162 f.) oder negativer Konjunkturentwicklungen die Aufnahme zusätzlicher Schulden nötig machten.

Es existiert für jede Art von Ausgaben und Einnahmen einer jeden Bundesdienststelle eine eigene Haushaltsstelle im Haushaltsplan. Im ***Haushaltsplan*** ist festgelegt, welcher Betrag im Laufe des Haushaltsjahres maximal an dieses Ressort gezahlt werden soll. Im Übrigen gilt das ***Ressortprinzip***, nach dem die Minister das Geld in eigener Verantwortung ausgeben.

Die Grafik auf Seite 168 zeigt die Bundeshaushalte der letzten Jahre im Überblick.

Wie die Ausgaben im Jahr 2005 tatsächlich strukturiert waren, geht aus der Übersicht auf S. 169 hervor.

Im Bundeshaushalt 2005 taucht der Posten „Zinsen für Schuldendienst" mit 40 Mrd. € auf. Das bedeutet, dass den Zins- und Tilgungszahlungen für die schon bestehenden Schulden ein in etwa gleich großer Betrag an Krediten gegenübersteht, die neu aufgenommen werden – dies heißt im Fachjargon Nettokreditaufnahme. Man kann es auch wesentlich einfacher formulieren: Fällig werdende Zins- und Tilgungszahlungen werden durch Aufnahme neuer Schulden finanziert.

Die Bundesschuld macht nach den Sozialausgaben (120 Mrd. €) mit weitem Abstand den zweitgrößten Posten aus und ist fast doppelt so hoch wie z. B. der Verteidigungsetat.

Auch die Große Koalition, die sich im November 2005 konstituiert hat, wird zumindest kurzfristig die Schuldenlast nicht verringern: Die für 2006 eingeplante Nettokreditaufnahme beläuft sich auf die Rekordsumme von etwa 40 Mrd. Euro. Also wird auch der Haushalt 2006 den EU-Stabilitätspakt verletzen. Eine Verringerung der Neuverschuldung auf unter 3 %, wie sie der Stabilitätspakt fordert, ist frühestens für 2007 geplant.

Gegenstand der Nachweisung	2000 Ist	2001 Ist	2002 Ist	2003 Ist	2004 Soll	2005 Soll
	Milliarden Euro					
1. Ausgaben	244,4	243,2	249,3	256,7	255,6	254,3
Veränderung gegen Vorjahr in vH	–1,0	–0,5	2,5	3,0	–0,4	–0,5
2. Einnahmen	220,5	220,2	216,6	217,5	211,8	232,0
Veränderung gegen Vorjahr in vH	–0,1	–0,1	–1,6	0,4	–2,6	9,5
darunter: Steuereinnahmen	198,8	193,8	192,0	191,9	186,6	190,8
Veränderung gegen Vorjahr in vH	3,3	–2,5	–0,9	–0,1	–2,7	2,2
3. Finanzierungsdefizit	–23,9	–22,9	–32,7	–39,2	–43,8	–22,3
Zusammensetzung des Finanzierungsdefizits						
4. Bruttokreditaufnahme (–)	149,7	130,0	175,3	192,3	229,6	217,3
5. Tilgungen (+)	125,9	107,2	143,4	153,7	186,1	195,3
6. Nettokreditaufnahme	–23,8	–22,8	–31,8	–38,7	–43,5	–22,0
7. Münzeinnahmen	–0,1	–0,0	–0,9	–0,6	–0,3	–0,3
8. Finanzierungssaldo	–23,9	–22,9	–32,7	–39,2	–43,8	–22,3
in vH der Ausgaben	9,8	9,4	13,1	15,3	17,1	8,8

Den rund 40 Mrd. Euro aus Steuermitteln, die der Staat 2005 für reine Zinsen aufbringen musste, stehen keine neu geschaffenen Werte (Produkte oder Dienstleistungen) gegenüber, da diese ja schon zu einer früheren Zeit, als die Schulden gemacht worden sind, entstanden. Dies ist genau so wie in einem Privathaushalt: Wer einen Kredit aufnimmt, um sich etwas Bestimmtes zu leis-

Bundeshaushalt 2007/Einzelplan (Ausgaben in Mrd. Euro)

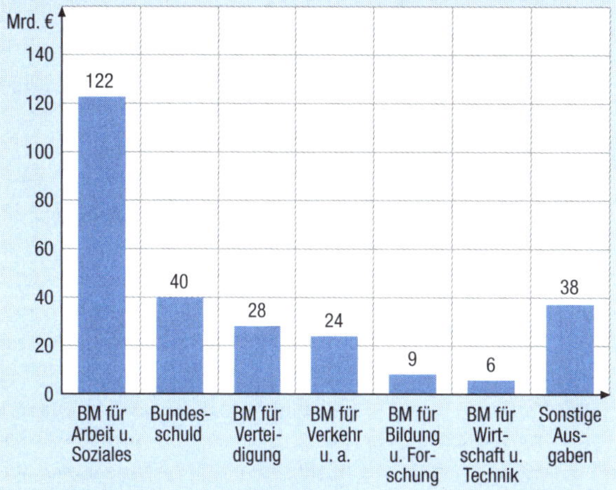

Finanzplan des Bundes:		
	Ausgaben	267,6 Mrd. Euro
	Einnahmen	245,6 Mrd. Euro
	Steuereinnahmen	214,5 Mrd. Euro
	sonstige Einnahmen	31,1 Mrd. Euro
	Nettokreditaufnahme	22,0 Mrd. Euro

Quelle: Bundesfinanzministerium/Abkürzung BM = Bundesministerium

ten, zahlt später, wenn das erwünschte Produkt längst konsumiert worden ist, für diese Anschaffung die Zinsen ab. Wenn er es nicht schafft, zusätzlich zu den Zinsen die Schuld nach und nach zu tilgen, zahlt er diese Zinsen im Prinzip unendlich lange. Und die ungünstigste Situation, in die ein privater Haushalt geraten kann, ist die, die anfallenden Zinsen mit neu aufgenommenen Krediten zu zahlen. Wenn der Staat sich weiter verschuldet, die jährliche Aufnahme von Neukrediten nicht stoppt und anfängt, die gesamte Zinslast abzutragen, werden künftige Generationen dafür zu zahlen haben, dass heutige Generationen über ihre Verhältnisse gelebt haben.

Formen der Verschuldung

Die Formen der Staatsverschuldung lassen sich mit dem Kriterium der Fristigkeit ordnen:

- Die kurzfristigste und flexibelste Form der öffentlichen Kreditaufnahme stellen ***Direktausleihungen durch Kreditinstitute*** (Banken) dar.
- ***Schatzwechsel*** haben Laufzeiten bis zu zwei Jahren. Da sie einen hohen Stückwert (5 000 €) haben, sind die Kreditgeber im Wesentlichen Kreditinstitute, private Versicherungen und Sozialversicherungen.
- ***Verzinsliche Schatzanweisungen*** (Kassenobligationen) laufen über 3–4 Jahre und werden an der Börse gehandelt.
- ***Bundesobligationen*** sind mit einem festen Zinssatz ausgestattet und jederzeit verkäuflich. Ihre Laufzeit beträgt fünf Jahre. Sie haben eine Mindeststückelung von 100 € und können nur von Privaten, nicht aber von Bankinstituten erworben werden.
- ***Schatzbriefe*** wenden sich mit einer Mindeststückelung von 50 € vor allem an kleine private Anleger.

Die Zielgruppen dieser unterschiedlichen Anleihen sind die (inländischen) Kreditinstitute und Investmentgesellschaften (↗ S. 39 f.) sowie direkt oder indirekt die eigenen Bürger.

Struktur der Staatsverschuldung

Das zusätzliche Geld für den Staat kommt

- entweder aus dem Inland (den Banken und anderen Institutionen und den eigenen Bürgern)
- oder dem Ausland, also von ausländischen Banken und sonstigen Institutionen oder der Weltbank und der WTO (↗ S. 207 ff.).

Die zweite Alternative ist die schlechtere, denn sie bedeutet, dass alle Zins- und Tilgungszahlungen an das Ausland fließen. Sie werden also nicht nur dem nationalen Wirtschaftskreislauf entzogen, sondern verschlechtern auch noch als Devisenlast die eigene Leistungsbilanz. Zudem sind Kredite von Weltbank und WTO häufig an politische Bedingungen und die Erfüllung sonstiger Vorgaben gebunden. Die Bundesrepublik Deutschland ist so gut wie überhaupt nicht bei internationalen Organisationen verschuldet.

Bis Mitte der 1970er-Jahre war die Struktur der Verschuldung leicht durchschaubar: Über Staatsanleihen waren es die eigenen Bürger – direkt oder über die Banken –, die dem Staat ihr Geld liehen. Durch diese Form der Inlandsverschuldung bleiben Zins- und Tilgungszahlungen innerhalb der eigenen Volkswirtschaft. Also alles halb so schlimm? Die 40 Mrd. Euro Zinszahlungen im Jahr 2005 bleiben also dem nationalen Wohlstand letztlich doch erhalten?

Dies ist zwar zweifellos richtig – dennoch:

- Um dem Staat Kredite geben zu können, muss man „flüssig“ (liquide) sein, d. h., selber ein genügend hohes Einkommen haben. Die Gläubiger des Staates kommen daher überwiegend aus der oberen Gesellschaftsebene. Die Zins- und Tilgungszahlen an diese Gläubiger dagegen stammen aus Steuergeldern, und der „Löwenanteil“ der Steuereinnahmen des Staates stammt aus der Lohn- und der Mehrwertsteuer und damit von den „Normalbürgern“. Letztlich bedeutet dies also eine Umverteilung von Teilen des Bruttoinlandsproduktes „von unten nach oben“ zugunsten der Wohlhabenden.
- Je größer die Gesamtschuld des Staates ist, desto größer sind auch die Zins- und Tilgungszahlungen. Künftige Generationen werden damit belastet, dass sie einen guten Teil ihrer Steuerzahlungen für die heute gemachten Staatsschulden aufbringen müssen.
- Als weiterer negativer Faktor kommt der Crowding-out-Effekt hinzu (↗ S. 100).
- Und noch ein letzter Einwand: Niemand kann abschätzen, wie groß der Anteil ausländischer Kunden bzw. Fondseigner bei den Bundespapieren ist – der ursprüngliche Besitzer kann sie ja verkaufen. Dass die Staatsverschuldung in Deutschland fast ausschließlich eine Inlandsverschuldung ist, steht also auf ziemlich tönernen Füßen.

Positive Aspekte der Staatsverschuldung
Einen originellen Blick auf das Problem Inlandsverschuldung wirft der amerikanische Investmentbanker und Finanzhistoriker James McDonald. Seine Hauptthese lautet:
Wenn der Schuldner ein demokratischer Staat ist und seine Gläubiger die eigenen Bürger, sind Gläubiger und Schuldner nicht zwei verschiedene Parteien, die sich gegenseitig voller Misstrauen beobachten, sondern haben identische Interessen. Mit anderen Worten: Das Vertrauensverhältnis zwischen dem demokratischen Staat und seinen Bürgern, das für das Funktionieren jeder Demokratie vonnöten ist, wird durch die Schuldenabhängigkeit des Staates bei seinen Bürgern verstärkt und gefestigt. Von der Entwicklung der oberitalienischen Handelsmetropolen Florenz und Venedig über das 19. Jh. bis in die Gegenwart findet McDonald eine Fülle von historischen Fakten, die seine These belegen!

Unumstritten ist mittlerweile bei allen Politikern, gleich welcher Partei oder wirtschaftspolitischen Richtung sie angehören, dass der Abbau der Staatsverschuldung die wichtigste finanzpolitische Aufgabe der Gegenwart und Zukunft ist, der sich alle anderen Ziele unterordnen müssen. So wurde z. B. im Frühjahr 2007 der Vorstoß von Wirtschaftsminister Glos, den Bürgern deutliche Steuererleichterungen zu gewähren, sofort und unisono von allen anderen Regierungsmitgliedern abgelehnt.

Das wirtschaftliche Auf und Ab 12

12.1 Konjunktur

Konjunkturphasen und -zyklen

Wie auf S. 14 ausgeführt, ist die kapitalistische Wirtschaftsordnung im Unterschied zu allen früheren Formen immer eine dynamische gewesen. Der wichtigste Indikator für den Stand der allgemeinen wirtschaftlichen Lage ist die jährliche Wachstumsrate des BIP im Vergleich zu den Vor- und Nachjahren (zu den weiteren Indikatoren ↗ S. 17).

Kennzeichnend für die Marktwirtschaft ist eine „wellenförmige" Entwicklung. Es gibt keine stetige, immer gleichmäßige (Aufwärts-)Bewegung, sondern „Wachstumsberge" und „Wachstumstäler". Den Zeitraum zwischen zwei „Tälern" (oder auch zwei „Bergen") bezeichnet man als ***Konjunkturzyklus***, der sich in vier Konjunkturphasen aufteilt:

- Aufschwung: Die Auftragslage der Wirtschaft verbessert sich, die Produktion wird angekurbelt, neue Arbeitsplätze entstehen, die Gewinne der Unternehmen wachsen und das Vertrauen in die Zukunft nimmt zu.
- Boom: Die Produktionsauslastung ist erreicht bzw. in manchen Branchen überschritten; Engpässe und Nachfrageüberhang lassen die Gefahr von inflationären Tendenzen steigen.
- Rezession: Die Nachfrage bleibt immer deutlicher hinter den Produktionsmöglichkeiten zurück, der Kostendruck auf die Wirtschaft wächst vor allem wegen zu geringer Kapazitätsauslastung; Arbeitsplätze gehen verloren.
- Depression: Die Talsohle ist erreicht, die Arbeitslosigkeit sehr hoch, die Kapazitätsauslastung sehr gering, und von der Nachfrage gehen kaum Impulse aus.

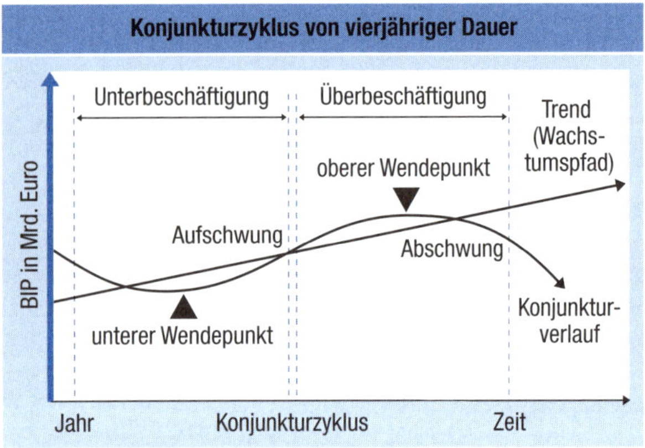

Zahlreiche Einrichtungen in Deutschland betreiben Konjunkturforschung. Sie beschäftigen sich u. a. mit saisonalen, konjunkturellen und strukturellen Konjunkturschwankungen.

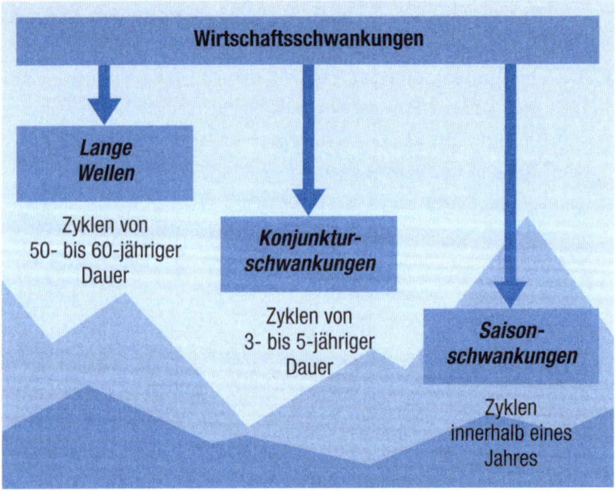

Es gibt verschiedene Theorien über die durchschnittliche Dauer eines Konjunkturzyklus:

- *Saisonale Schwankungen:* kurzfristige, leicht vorhersehbare Schwankungen, die häufig jahreszeitlich bedingt sind.
- *Konjunkturelle Schwankungen:* mittelfristige Konjunkturentwicklungen mit einem Zyklus von etwa 5 bis 8 Jahren.
- *Strukturelle Schwankungen:* die Kondratieff-Wellen, benannt nach dem gleichnamigen russischen Ökonomen, der schon 1926 eine Theorie entwickelt hat, nach der sich die Marktwirtschaft weltweit in langfristigen Zyklen von 50 bis 60 Jahren bewegt. Ursachen dieser „langen Wellen" sind strukturelle Veränderungen etwa in Produktionstechnik, Technologie, Kommunikation.

Konjunkturindikatoren

Neben dem wichtigsten Indikator Wirtschaftswachstum (Steigerungsrate des BIP im Vergleich zum Vorjahr) gibt es weitere Indikatoren zur Messung des augenblicklichen Konjunkturstandes:

- Auslastung des Produktionspotenzials: die gegenwärtige Auslastung der Produktion im Vergleich zur maximal möglichen.
- Industrieproduktion: Zwar geht der Anteil des sekundären Sektors am Wertschöpfungsprozess zurück, dennoch gilt die Höhe der industriellen Produktion als wichtiger und sensibler „Pulsmesser" für den Stand der Konjunktur.
- Auftragseingang: Volle Auftragsbücher bedeuten immer die Erwartung einer Konjunkturbelebung.
- Arbeitslosenquote: Schon ein leichter Rückgang der Arbeitslosenquote (↗ S. 190) gilt als positives konjunkturelles Signal, zumal weniger Arbeitslose immer auch höhere Inlandsnachfrage bedeutet.
- Entwicklung von Löhnen und Gewinnen: Gemeint sind hier nicht die Lohnquote oder die Lorenzkurve (↗ S. 137), sondern die Entwicklung in absoluten Zahlen. Je höher Löhne und Gewinne, desto besser die Entwicklung der Nachfrage.

- Steuereinnahmen: Sie hängen direkt von der Entwicklung von Löhnen und Gewinnen ab.
- Zinsentwicklung: Die Steuerung der Leitzinsen durch die Zentralbank (↗ S. 82) schlägt unmittelbar auf die konjunkturelle Entwicklung durch.
- Aktienindizes: Das heftige Auf und Ab an den Börsen in den letzten 15 Jahren hat gezeigt, dass dieser Indikator mit Skepsis zu betrachten ist. Oft ist nicht die reale wirtschaftliche Basis eines Unternehmens Grundlage seiner Bewertung, sondern Gerüchte, Spekulationen auf künftige Gewinnerwartungen.

Als verlässlichstes Konjunkturbarometer gilt der vom Münchener ifo-Institut für Wirtschaftsforschung monatlich veröffentlichte Index, der auf der Befragung von 7000 Unternehmen und deren jeweiliger Beurteilung der Geschäftsaussichten in den kommenden Monaten beruht.

Konjunkturverlauf in der BRD

1952	8,8	1972	3,6	1992	2,2
1953	8,3	1973	4,9	1993	–1,1
1954	7,6	1974	0,4	1994	2,3
1955	12,1	1975	–1,8	1995	1,7
1956	7,2	1976	5,3	1996	0,8
1957	5,6	1977	2,6	1997	1,4
1958	3,7	1978	3,5	1998	2,1
1959	7,3	1979	3,7	1999	1,6
1960	9,0	1980	1,3	2000	2,9
1961	4,9	1981	–0,2	2001	0,8
1962	4,4	1982	–1,2	2002	0,2
1963	3,0	1983	1,9	2003	–0,1
1964	6,6	1984	3,3	2004	1,8
1965	5,5	1985	1,9	2005	1,5
1966	2,5	1986	2,3	2006	2,7
1967	–0,1	1987	1,6	2007 (1. Quart.)	3,5
1968	6,5	1988	2,1		
1969	7,9	1989	3,8		

Aus den Zahlen lassen sich unschwer fünf deutlich unterschiedliche Phasen ausmachen, die sich im Wesentlichen mit den Schwankungen der Weltkonjunktur decken:

- Der erste Nachkriegs-Aufschwung setzte Anfang der 1950er-Jahre (nach der Währungsreform und der Gründung der BRD) ein und dauerte rund 15 Jahre.
- Die erste Rezession 1966 wurde sehr schnell (schon 1968) überwunden. Bis zum Jahre 1973 gab es einen zweiten Konjunkturboom, der 1974 (mit der ersten Ölkrise) endete.
- Nach der Überwindung dieser Krise gab es ein drittes schwächeres Konjunkturhoch bis 1981/82 (Ölpreisschock).
- Die Jahre von 1983 bis 1992 bringen einen dritten Aufschwung auf einem allerdings deutlich niedrigeren Niveau. Dieser wird 1993 abrupt beendet: Es ist die bisher einzige Rezession in der BRD, die durch rein binnenwirtschaftliche Gründe ausgelöst wurde und ihre Ursachen in den immensen Kosten der deutschen Wiedervereinigung hat.
- Ein sehr flacher neuer Aufschwung lässt sich für die Jahre bis 2000/2001 ausmachen.

Bruttoinlandsprodukt in der BRD (Kettenindex)

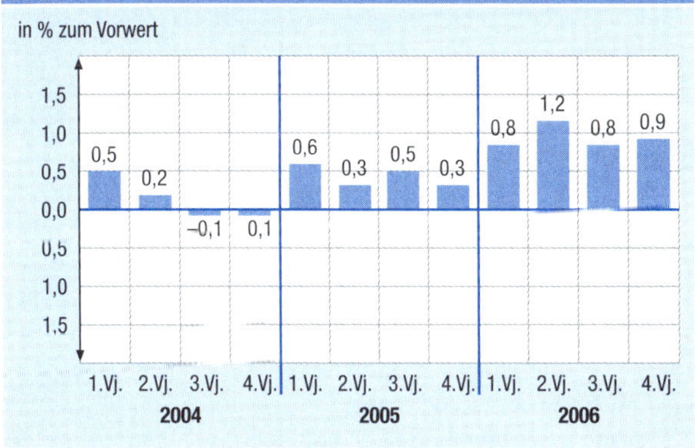

Zwei konjunkturell wichtige Grundtatsachen sind:

- Deutschland erlebt einen Exportboom und meldet trotz drastisch gestiegener Importpreise für Energie neue Rekordhandelsüberschüsse. Dennoch hat dies bisher nicht zur Erholung der Inlandsnachfrage geführt. Die allgemeine Konjunkturlage ist daher trotz der Handelsüberschüsse eher schlecht.
- Die Große Koalition, die seit Dezember 2005 regiert, wird Anfang 2007 die Mehrwertsteuer von 16 auf 19 % erhöhen. Das ist mit Sicherheit kein die Inlandsnachfrage belebendes Signal, im Gegenteil.

12.1 Inflation

Inflation kommt von dem lateinischen Wort „inflare" = aufblähen. Sie ist immer verbunden mit einem Anstieg der Preise und einem Sinken der Kaufkraft, der Begriff Deflation beschreibt die umgekehrte Entwicklungsrichtung. Es lassen sich verschiedene Arten von Inflation unterscheiden:

- Geschwindigkeit: Nach dem Tempo, mit dem sich der Preisanstieg bzw. Geldwertverlust vollzieht, unterscheidet man zwischen der schleichenden, der trabenden und der galoppierenden Inflation. Die Grenze zwischen diesen Erscheinungsformen lässt sich aber nur recht willkürlich ziehen. Eindeutig „galoppierend" sind lediglich deutlich zweistellige jährliche Raten der Geldentwertung, bei 50 % oder mehr spricht man von ***Hyperinflation***.
- Dauer: Je nach zeitlicher Ausdehnung des Inflationsprozesses kann man eine chronische Geldentwertung von einem vorübergehenden Preisanstieg unterscheiden. Allgemeine Preissteigerungen als vorübergehendes Phänomen lassen sich vor allem in Zeiten der Hochkonjunktur registrieren; bei der chronischen Inflation unterliegt zwar das Ausmaß des Preisanstiegs im Regelfall auch konjunkturellen Schwankungen, doch zeigt sich die Permanenz des Inflationsprozesses daran, dass das

Preisniveau im Konjunkturabschwung nicht sinkt, sondern im Allgemeinen ebenfalls ansteigt. Zur Charakterisierung dieser gesamtwirtschaftlichen Situation hat sich der Terminus „Stagflation" durchgesetzt.

- Offene und zurückgestaute Inflation: Die bisher genannten Inflationsformen sind offen. Im Gegensatz dazu spricht man von einer gestoppten oder auch zurückgestauten Inflation, wenn der Staat durch die Verordnung eines allgemeinen Preisstopps den Anstieg des Preisniveaus verhindert, der ohne diesen Eingriff eintreten würde. In der Regel werden die inflationären Tendenzen in dem Moment offen und galoppierend, wenn dieser staatliche Zwangseingriff beendet wird.

Inflationsindizes

Einen Preisvergleich herzustellen scheint eine ausgesprochen einfache Angelegenheit zu sein. Bei näherem Hinsehen ergeben sich aber eine ganze Reihe von (statistischen) Problemen, denn es kann bei der Inflationsmessung nicht um einen Preisvergleich von zufällig herausgesuchten Produkten gehen, sondern nur um die Ermittlung einer statistisch relevanten und repräsentativen Aussage, die auf den folgenden Bedingungen basiert:

- Die herausgesuchte Gütermenge muss qualitativ den tatsächlich gegenwärtig vorhandenen Konsumgewohnheiten entsprechen,
- und auch die Quantitäten, also der jeweilige Gewichtungsfaktor, müssen real sein – wie viel die Deutschen also z. B. durchschnittlich für Grundnahrungsmittel ausgeben.

Diesen Forderungen stehen folgende Realitäten gegenüber:

- Konsumgewohnheiten ändern sich permanent.
- Moden beeinflussen das Konsumverhalten.
- Zu teuer gewordene Produkte werden weniger nachgefragt, bzw. die Konsumenten steigen auf benachbarte Produkte um (Substitution).
- Neue Produkte verdrängen bisherige.

Das Statistische Bundesamt ist für die Ermittlung des Preisindex für die Lebenshaltung zuständig. Es verfährt dabei folgendermaßen:

- Es wird ein ***Warenkorb*** zusammengestellt, im dem die Preise aller statistisch relevanten Produkte und Dienstleistungen mit genauer Gewichtung gegeneinander enthalten sind. Dieser Warenkorb umfasst gegenwärtig rund 750 Einzelposten.
- Alle fünf Jahre wird ein neuer Warenkorb nach statistischen Erkenntnissen zusammengestellt.
- Die Preise dieses neuen Warenkorbs bilden das Basisjahr für die nächsten fünf Jahre.

$$\text{Preisindex der Lebenshaltung} = \frac{\text{Preisindex im Berichtsjahr x 100}}{\text{Preisindex im Basisjahr}}$$

	1995 (Basisjahr)	2000 (Basisjahr)
Nahrungsmittel, alkoholfreie Getränke	13,1	10,3
Alkoholische Getränke, Tabakwaren	4,2	3,7
Bekleidung, Schuhe	6,9	5,5
Wohnung, Wasser, Strom, Gas, andere Brennstoffe	27,5	30,3
Einrichtungsgegenstände (Möbel), Haushalt (Geräte) und deren Instandhaltung	7,1	6,9
Gesundheitspflege	3,4	3,5
Verkehr	13,9	13,9
Nachrichtenübermittlung	2,3	2,5
Freizeit, Unterhaltung und Kultur	10,4	11,1
Bildungswesen	0,7	0,7
Beherbergungs- und Gaststättendienstleistungen	4,6	4,7
Sonstiges	6,1	7,0

Zusammensetzung des Warenkorbs für den Preisindex (Anteile in Prozent) Zahlen: Statistisches Bundesamt

Der harmonisierte Verbraucherpreisindex der Europäischen Union

Das Statistische Amt der EU (Eurostat) hat einen einheitlichen Preisindex entwickelt, der ausschließlich diejenigen Waren und Dienstleistungen berücksichtigt, die sich in den nationalen Warenkörben aller Mitgliedsstaaten befinden. Dies Vorgehen hat sowohl Vorteile als auch Nachteile.

Vorteile:

Der ***harmonisierte Verbraucherpreisindex*** ist ein statistisch relativ einfach zu ermittelnder Wert, der eine brauchbare Arbeitsgrundlage bildet.

Nachteile:

- das völlig unterschiedlich gestaltete Verhältnis von direkten und indirekten Steuern: Nur indirekte Steuern wie die Mehrwertsteuer beeinflussen unmittelbar den Preisindex.
- Aufwendungen für z. B. Bildung oder Gesundheit werden dann, wenn sie durch direkte Steuern finanziert werden, nicht erfasst – lediglich Ausgaben für Privatschulen oder eine private Krankenversicherung gehen in den Preisindex ein.

13 Währungsordnung

13.1 Geld und Geldverfassung

Die Geldverfassung Deutschlands und der Europäischen Union

Das durch den Staat (bzw. die Staatengemeinschaft EU) gesetzlich gestaltete Geldwesen wird ***Geldverfassung*** genannt. Diese Verfassung enthält folgende Grundelemente:

- Festsetzung der Währungseinheit,
- Ordnung des Geldwesens (wer hat das Recht auf Herstellung und Ausgabe von Münzen und Banknoten?),
- Ordnung des Kreditwesens,
- Währungssystem (z. B. gebundene Goldwährung oder Papiergeldwährung ohne gesetzliche Geldmengenbegrenzung).

In Bezug auf die Währungsunion der EU kam eine weitere Aufgabe hinzu: die Festlegung der Währungsparitäten zwischen dem Euro und den alten nationalen Währungen.

Formen und Funktionen des Geldes

Geld erscheint in der heutigen Gesellschaft als:

- ***Münzgeld.*** Während früher diverse Edelmetalle in bestimmter Form und Prägung als Kurantmünzen fungierten, sind heute nur geprägte Scheidemünzen im Umlauf; dabei ist der Metallwert niedriger als der Nennwert. Die Prägung (z. B. 1 €) garantiert den Wert. Das „Münzregal" (lat. „rex" = König), die Prägung von Münzen, lag ursprünglich beim König.
- ***Noten (Papiergeld):*** Der Wert ergibt sich ausschließlich aus der Funktion als Tauschmittel.
- ***Giralgeld*** (Buchgeld): Es besteht aus Guthaben auf Bankkonten, über die im Zahlungsverkehr verfügt werden kann.

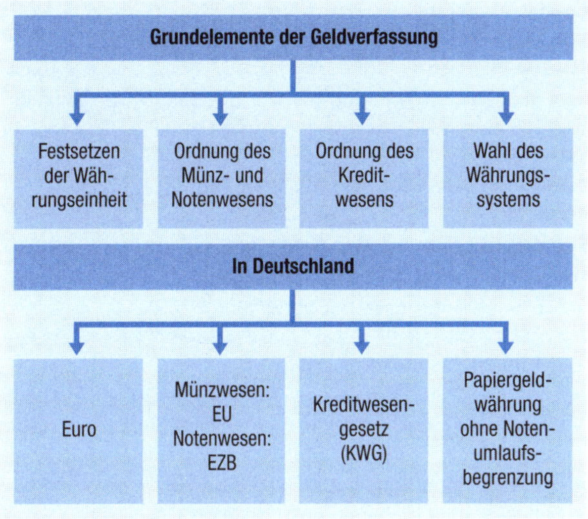

Die gesamte Entwicklung vom ersten Goldklumpen bis zur heutigen EC-Karte kann zwar als fortlaufende „Entstofflichung" bezeichnet werden, ändert aber am Charakter des Geldes und seiner Funktion nichts. Geld ist

- Tauschmittel,
- Recheneinheit,
- Wertaufbewahrungsmittel und
- Wertübertragungsmittel.

Das Wesen des Geldes beruht auf nichts anderem als einer Konvention, d. h. einer Übereinkunft und ist somit nichts weiter als der ideelle Gegenwert zu real vorhandenen materiellen Werten. Nur wenn dem in einer Volkswirtschaft kursierenden Geldvolumen ein tatsächlich geschaffener Gegenwert in Form von Produkten und Dienstleistungen gegenübersteht, kann das Geld seine Funktionen erfüllen. Ist diese Bedingung nicht gegeben, nützen alle Anordnungen gar nichts.

Giralgeldschöpfung

Mit der Verbreitung des bargeldlosen Zahlungsverkehrs und der damit verbundenen größer werdenden Verbreitung des Buch- oder Giralgeldes ist eine grundsätzlich neue Möglichkeit der „Geldvermehrung" entstanden, die in früheren Zeiten, als noch Goldmünzen oder zumindest Geldscheine kursierten, nicht möglich gewesen wäre, die so genannte ***Giralgeldschöpfung***. Sie funktioniert folgendermaßen:

- A nimmt bei seiner Bank X 100 000 € Kredit auf. Davon hebt er 20 000 € bar ab und überweist B auf dessen Bank Y die restlichen 80 000 €, um seine Schulden zu bezahlen.
- Bei der Bank Y erhöhen sich die Einlagen ihrer Kunden um 80 000 € (1. Geldschöpfungsschritt).
- Die Bank Y gewährt einen Kredit von 80 000 € an C (dieses Buchgeld hat sie ja gerade erhalten) und überweist die Summe an C's Bank U.
- Bei der Bank U erhöhen sie als Folge der Überweisung die Einlagen ihrer Kunden um 80 000 € (2. Geldschöpfungsschritt), die sie ihrerseits wieder als Liquidität (Kredit) zur Verfügung stellen kann.

13.2 Internationale Währungsordnung

Der Internationale Währungsfonds (IWF)

Beschlossen wurde der IWF 1944 im amerikanischen ***Bretton Woods*** (Gründung 1945), die Bundesrepublik trat 1952 bei. Heute sind 183 Staaten im IWF vertreten. Ziel des IWF war zunächst, eine neue Weltwährungsordnung mit dem US-Dollar als Leitwährung sowie einen liberalisierten Welthandel ohne Hemmnisse (GATT und WTO, ↗ S. 207 ff.) zu installieren. Der IWF gilt seitdem als „Zentralbank der Zentralbanken".

Aufbau des IWF >

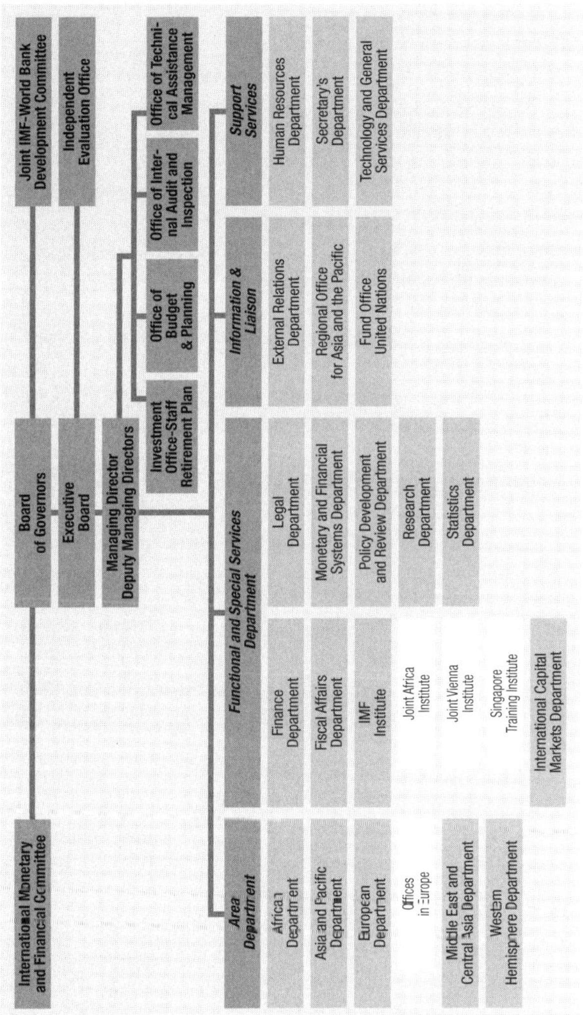
International Monetary and Financial Committee
Board of Governors
Joint IMF-World Bank Development Committee
Executive Board
Independent Evaluation Office
Managing Director
Deputy Managing Directors
Investment Office-Staff Retirement Plan
Office of Budget & Planning
Office of Internal Audit and Inspection
Office of Technical Assistance Management
Area Department
African Department
Asia and Pacific Department
European Department
Offices in Europe
Middle East and Central Asia Department
Western Hemisphere Department
Functional and Special Services Department
Finance Department
Fiscal Affairs Department
IMF Institute
Joint Africa Institute
Joint Vienna Institute
Singapore Training Institute
International Capital Markets Department
Legal Department
Monetary and Financial Systems Department
Policy Development and Review Department
Research Department
Statistics Department
Information & Liaison
External Relations Department
Regional Office for Asia and the Pacific
Fund Office United Nations
Support Services
Human Resources Department
Secretary's Department
Technology and General Services Department

Das Währungssystem von Bretton Woods, wie es allgemein bezeichnet wurde, basiert auf den folgenden Säulen:

- Grundlage des Welthandels sollen feste Wechselkurse zwischen den nationalen Währungen sein.
- Der Dollar übernimmt die Funktion der Leitwährung.
- Der Dollar ist an den Goldpreis gebunden.
- Alle Währungen sind frei konvertierbar, d. h., jede Währung kann gegen jede andere getauscht werden.
- Die Außenwirtschaft bleibt in der souveränen Verfügungsgewalt der Nationalstaaten.

Die Bandbreite der Schwankungen der Leitwährung wurde auf 1 % (ab 1971: 2,25 %) begrenzt. Dies bedeutete eine Interventionspflicht für alle anderen nationalen Notenbanken innerhalb des IWF, d. h., die Notenbanken mussten durch Stützkäufe oder Verkäufe ihrer Dollardevisen die Kursstabilität unterstützen. Die Paritäten der anderen Währungen untereinander errechneten sich aus ihrem jeweiligen Dollarkurs. So war die Parität von D-Mark und Dollar lange Zeit festgelegt auf 4,2 zu 1, der Dollar war also DM 4,20 wert. Die Bindung des Dollars an den Goldpreis bedeutete, das auch alle anderen Währungen zumindest indirekt vom Goldpreis abhingen.

Eine Korrektur der Wechselkursparitäten um mehr als 10 % gegenüber der Leitwährung konnte nur mit Zustimmung des IWF erfolgen, und zwar bei „fundamentalen Gleichgewichtsstörungen“ aufgrund fortdauernder chronischer Zahlungsbilanzdefizite (↗ S. 129).

Das anfangs gut funktionierende Währungssystem von Bretton Woods geriet Ende der 1960er-Jahre in Schwierigkeiten, weil die USA aufgrund der enormen Kosten des Vietnamkrieges chronische Zahlungsbilanzdefizite aufwiesen. Diese verstärkten sich Anfang der 1970er-Jahre noch und führten schließlich im März 1973 zur offiziellen Beendigung des Systems.

Seitdem gibt es im internationalen Währungssystem das Prinzip der freien Wechselkurse (Floating), das durch folgende Bedingungen gekennzeichnet ist:

- Alle Währungen sind untereinander frei konvertierbar, die Austauschrelationen bilden sich täglich neu unter Marktbedingungen.
- Jedem Land steht es frei, einem supranationalen Währungsverbund beizutreten oder sonstige Gemeinschaftsregeln zu vereinbaren.
- Eine Bindung der nationalen Währungen an den Goldpreis ist unzulässig.

Finanzierung und Aufgaben des IWF

Einnahmequellen des *IWF* sind:

- Subskriptionen (Mitgliedsbeiträge) der Staaten, deren Höhe sich nach BIP pro Kopf, Außenhandelsüberschuss u. a. richtet und die von den Staaten jährlich gezahlt werden müssen.
- Sonderziehungsrechte (SZR): Jedes Mitglied des IWF ist innerhalb gewisser Grenzen verpflichtet, seine Währung gegen SZR zu verkaufen.
- Kreditabkommen: Der IWF kann, insbesondere bei den Industriestaaten, Kredite zur Unterstützung von Entwicklungsländern aufnehmen.

Aufgaben des IWF	
Internationale Währungspolitik	■ Beobachtung der Wechselkurspolitik der Mitglieder ■ Abwicklung des multilateralen Zahlungsverkehrs
Beratende Funktion bei:	■ Übergang sozialistischer Länder zur Marktwirtschaft ■ Verfolgung stabilitätsorientierter Währungspolitik
Kreditvergabe bei:	■ Zahlungsbilanzstörungen ■ Währungskrisen ■ wirtschaftlicher Umstrukturierung

Verwendung der Mittel:
- Ziehungsrechte: Jedes Mitgliedsland hat das Recht, bei auftretenden Zahlungsbilanzproblemen vom IWF Devisen in der jeweils benötigten Währung zu kaufen, um die Zahlungsbilanzdefizite abzubauen.
- Sonderziehungsrechte: SZR sind gewissermaßen eine Ersatzwährung. SZR können von defizitären Ländern ohne Bedingungen in die Währungen umgetauscht werden, die das Land jeweils benötigt.

Die Weltbank

Die ***Weltbank*** wurde ebenfalls in Bretton Woods als Unterorganisation der UNO gegründet. Die Stimmrechte sind wie beim IWF nach Anteilseigentum verteilt: USA 16,39 %, Japan 7,87 %, Deutschland 4,49 %, Frankreich 4,3 %, Großbritannien 4,3 %.
Die Kernaufgabe der Weltbank ist die wirtschaftliche Entwicklung von weniger entwickelten Mitgliedsländern durch finanzielle Hilfen, durch Beratung und technische Hilfe. Sie ist damit ein wichtiger Akteur in der internationalen Entwicklungspolitik. Die Strukturprobleme der Entwicklungsländer stehen dabei im Mittelpunkt: Mithilfe von langfristigen Krediten, die teilweise zinslos gewährt werden, sowie technischer Hilfe sollen die Strukturen der Entwicklungsländer denen der Industrieländer angepasst werden.
Der Kampf gegen die schwer auszurottende Korruption und gegen Aids sowie der teilweise realisierte Schuldenerlass für die ärmsten Länder sind weitere Betätigungsfelder der Weltbank.

Handel zwischen Staaten mit frei konvertierbarer Währung und innerhalb der EU

In einem System von Nationalstaaten mit einer nationalen Währungspolitik können Unterschiede in der wirtschaftlichen Leistungsfähigkeit, der augenblicklichen konjunkturellen Situation sowie der Höhe der Arbeitslosigkeit durch eine Reihe von Maßnahmen zumindest eingedämmt werden. So kann jeder Staat

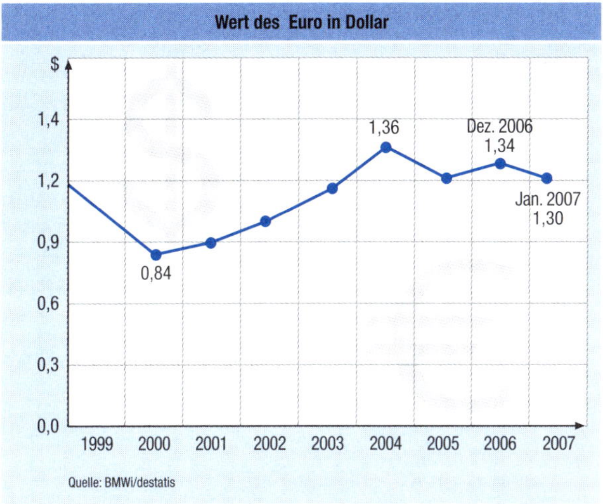

durch eine gezielte Abwertung der eigenen Währung die eigenen Exportprodukte im Ausland billiger und gleichzeitig die Importprodukte teurer machen. Ein Beispiel zwischen EU und USA:

- Bei einem Wechselkurs von 1 € = 1 $ kostet ein in Europa produzierter Golf 10 000 € bzw. 10 000 $, ein in den USA produzierter Cadillac jeweils 20 000 $ bzw. €.
- Der Wert des Euro sinkt um ein Drittel, der Wechselkurs liegt also jetzt bei 1 € = 1,5 $.
- Da 10 000 € in den USA jetzt nur noch 6666 $ wert sind, kostet der Golf jetzt in den USA auch nur noch 6666 $. Der Export europäischer Autos in die USA wird also angekurbelt.
- Andererseits entsprechen in der EU jetzt 20 000 $ einer Summe von 30 000 €. Der Cadillac wird also um ein Drittel teurer.

Vor Einführung des ***Europäischen Währungssystems*** (EWS) haben z. B. Frankreich und Italien immer wieder mit gezielten Abwertungen gegenüber der D-Mark ihre Produkte (insbesondere

Autos) wieder konkurrenzfähig gemacht. Dies ist seit der Einführung des EWS 1979 nur noch in sehr begrenztem Rahmen möglich gewesen. Das EWS legte feste Wechselkurse der EU-Staaten untereinander mit sehr geringen Bandbreiten fest.
Seit Beginn der Währungsunion am 1.1.1999 ist das Verhältnis der EU-Staaten untereinander vergleichbar mit dem der einzelnen Bundesländer innerhalb der Bundesrepublik. In der Bundesrepublik werden die Unterschiede in der wirtschaftlichen Leistungsfähigkeit, der Konjunkturlage und der Arbeitslosigkeit durch massive Ausgleichszahlungen im Länderfinanzausgleich gemildert. In den Verträgen von Maastricht und Amsterdam sind solche Zahlungen jedoch nicht vorgesehen.

Arbeit

14.1 Arbeitslosigkeit

Ursachen und Folgen

Die bezahlte Erwerbsarbeit ist nach wie vor die einzige Möglichkeit, um zu Wohlstand, sozialer Sicherheit, Ansehen und Identität zu kommen. Dieses „Nadelöhr" wird sich in Zukunft erheblich umgestalten: Die Trennung zwischen Arbeit und Freizeit, zwischen Arbeitsstelle und zu Hause, wird zunehmend aufgehoben und durchmischt.

Der Arbeitsplatz ist schon immer mehr als nur bloße Erwerbsquelle gewesen, er hat auch erheblich zur Identitätsbildung, zur Stärkung des eigenen Selbstbewusstseins und zur Einordnung der eigenen Position im Sozialgefüge beigetragen. Wirtschaftssoziologen unterscheiden deshalb nicht weniger als 10 negative Folgen der Arbeitslosigkeit:

Volkswirtschaftlich:

- Verschwendung produktiver Kräfte
- Zunahme der fiskalischen Belastungen
- Organisatorische Inflexibilität

Individuell:

- Freiheitsverlust und soziale Ausgrenzung
- Verlust von Fertigkeiten
- Psychische Schäden
- Stark erhöhtes Krankheits- und Sterblichkeitsrisiko
- Motivationsverlust
- Verlust menschlicher Beziehungen
- Verlust sozialer Werte und Verantwortung

Dennoch trifft die Vorstellung, dass unserer Gesellschaft die Arbeit ausgeht, nicht den Kern der Sache. Die Zahl der Erwerbstä-

tigen hat sich in der Bundesrepublik in den letzten 50 Jahren von 21 Mio. auf rund 38 Mio. fast verdoppelt.
Die anhaltend hohe Arbeitslosigkeit in vielen Ländern ist Ausdruck eines relativen Mangels an bezahlter und bezahlbarer Erwerbsarbeit. Zudem hat die Zahl der arbeitsuchenden Menschen sowie der Anteil der Menschen im erwerbsfähigen Alter schneller zugenommen als die Zahl der Arbeitsplätze, nicht zuletzt aufgrund der größeren Erwerbstätigkeit der Frauen.
Schon heute ist klar, dass die dem Arbeitsmarkt grundsätzlich zur Verfügung stehende Anzahl von Arbeitsfähigen (das Erwerbspersonenpotenzial) sich ohne Zuzug von Ausländern in die Bundesrepublik dramatisch verringern wird.

Arten von Arbeitslosigkeit

Wir unterscheiden vier verschiedene Arten der Arbeitslosigkeit:

- Die ***friktionelle (oder Reibungs-)Arbeitslosigkeit:*** In einer offenen Marktwirtschaft wird es zu jedem Zeitpunkt Menschen geben, die gerade auf Arbeitssuche sind, z. B., weil der Partner einen neuen Job in einer anderen Stadt angenommen hat.
- Die ***saisonale Arbeitslosigkeit:*** Häufig sind diese Arbeitsplätze im primären Sektor und der Tourismusindustrie von der Jahreszeit abhängig. Diese Form der Arbeitslosigkeit kann mit flexiblen Reaktionen aufgefangen werden.
- Die ***konjunkturelle Arbeitslosigkeit:*** In einer Rezessions- bzw. Depressionsphase werden Arbeitsplätze knapp und Arbeitslosigkeit steigt, in der nächsten Aufschwungs- und Boomphase werden Arbeitslose wieder eingestellt. Dieses Modell funktioniert heute nicht mehr (s. nächsten Abschnitt).
- Die ***strukturelle Arbeitslosigkeit:*** Diese Form der Arbeitslosigkeit ist die am schwersten zu beseitigende, da ihre Ursachen in grundsätzlichen Veränderungen der Technologie und/oder des Verbraucherverhaltens liegen. Ganze Berufszweige sind in den letzten Jahrzehnten verschwunden wie der Beruf des (Bleisatz-)Druckers durch die Entwicklung des Computerlayouts.

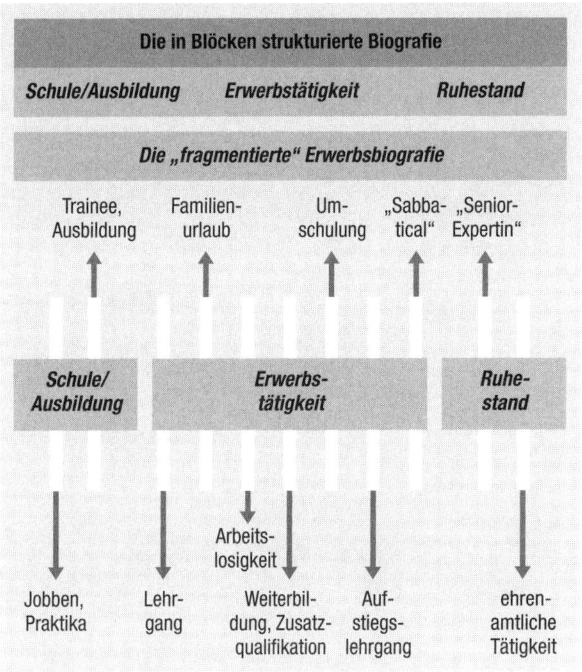

Das hat auch Folgen für das soziale Netz, das auf dem „Normalarbeitsverhältnis" beruht. Beide Bereiche müssen schrittweise entkoppelt werden, was die Arbeitgeberverbände schon lange unter dem Stichwort der „privaten Altersvorsorge" fordern.

Mikroelektronik und Computer werden flächendeckend eingeführt. Moderne Arbeitsplätze sind über Multimedia vernetzt; Erwerbsarbeit wird zur Tätigkeit an der „Datenautobahn". Viele Tätigkeiten im Dienstleistungsbereich können durch direkte Spracheingabe in Multimedia-Systeme gesteuert und erledigt werden. Mikroelektronik und Vernetzung erlauben eine weitgehende Flexibilisierung und Kundenorientierung, die maßge-

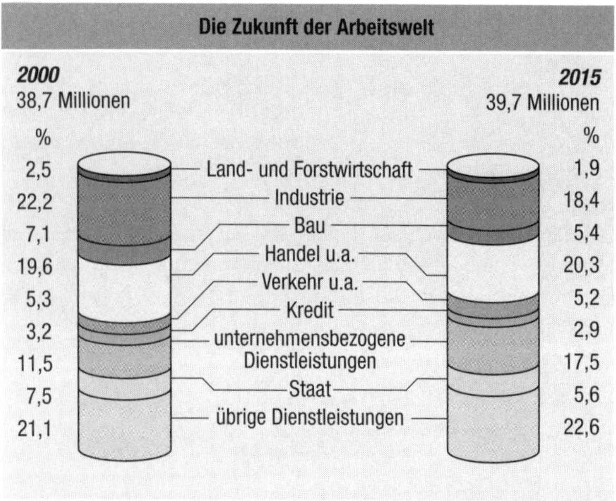

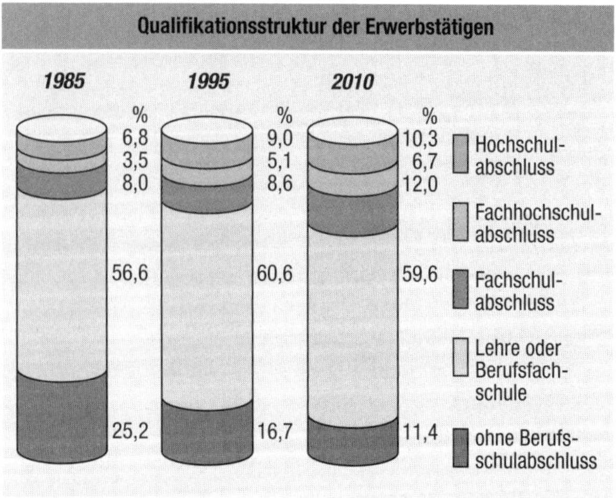

Veränderungen und Zukunft der Arbeit

schneiderte Kundenberatung ebenso ermöglicht wie die Massenfertigung.
Flexible Arbeitszeitmodelle werden sich weiter durchsetzen. Arbeitszeiten sind – auch in der industriellen Produktion – wegen der Automatisierung nicht mehr so stark an die Maschinenlaufzeiten gebunden. Produktionskapazitäten werden besser ausgelastet, Kapitalkosten gesenkt und die Produktivität erhöht.
So ist auf dem deutschen Arbeitsmarkt seit Jahren ein erheblicher Strukturwandel zu verzeichnen. Er wird deutlich im Anstieg der Qualifikationsanforderungen, im Wandel der Erwerbsformen, in zunehmender Arbeitsflexibilität, aber auch in struktureller Arbeitslosigkeit.

14.2 Der Arbeitsmarkt in Europa

Mit der Verwirklichung des europäischen Binnenmarktes haben alle abhängig Beschäftigten (Angestellte und Arbeiter) das uneingeschränkte Recht, sich ihren Arbeitsplatz in ganz EU-Europa zu suchen. Diese grundsätzliche Freizügigkeit kann aber auch von der Arbeitgeberseite gesehen werden und verwandelt sich so in den grundsätzlichen Anspruch an alle Arbeitnehmer, im europäischen Raum unbegrenzt mobil zu sein, um möglicher Arbeitslosigkeit zu entgehen. Zur Angleichung der Arbeitslosenquoten auf möglichst niedrigem Niveau sind aber auch zwei grundsätzlich andere Wege möglich:

- Die erste Möglichkeit sind Ausgleichszahlungen zwischen den EU-Ländern. Der Amsterdamer Vertrag sieht dies jedoch ausdrücklich nicht vor. Es gibt zwar den Strukturfonds (↗ S. 201), aber wenn man sich die absolute Zahl von rund 35 Mrd. Euro (im Jahr 2007) ansieht, die sich auf 27 Staaten verteilt, wird deutlich, dass mit diesem Fonds keine tragfähigen sozialen Netze geknüpft werden können. Zum Vergleich: In Deutschland betragen die für den gleichen Zeitraum eingeplanten Ausgaben für Soziales im Staatshaushalt rund 120 Mrd. Euro.

Land	Arbeitslosenquote	Land	Arbeitslosenquote
Belgien	8,7 %	Malta	4,2 %
Bulgarien	8,5 %	Niederlande	5,2 %
Dänemark	6,0 %	Österreich	4,0 %
Deutschland	9,8 %	Polen	18,5 %
Estland	9,7 %	Portugal	6,5 %
Finnland	8,8 %	Rumänien	7,5 %
Frankreich	9,6 %	Schweden	6,5 %
Griechenland	9,0 %	Slowakei	15,5 %
Großbritannien	4,7 %	Slowenien	6,1 %
Irland	4,5 %	Spanien	10,7 %
Italien	7,9 %	Tschechien	8,9 %
Lettland	10,6 %	Ungarn	6,0 %
Litauen	10,8 %	Zypern	4,7 %
Luxemburg	4,7 %		

Alle Angaben Januar 2007

- Die zweite Möglichkeit, mit der ein strukturschwacher Staat die Wirtschaft ankurbeln und die Arbeitslosenquote verringern kann, ist die gezielte Abwertung der eigenen Währung gegenüber den Nachbarstaaten (↗ S. 184). Dieser Weg ist den an der Währungsunion beteiligten Staaten versperrt, da sie eine gemeinsame Währung haben.

Das Ergebnis ist das erwartete – die Arbeitslosenquoten im Europa der 27 sind sehr unterschiedlich, wie die Übersicht zeigt (Stand: Jan. 2007).

Die Zukunft der Arbeitsgesellschaft

Trotz aller Bemühungen der EU-Organe und ungeachtet der vielen Aktionen und Aktivitäten werden gut 95 % aller Fragen des Arbeits- und Sozialrechtes weiter auf nationaler Ebene entschieden – ob es z. B. um Fragen wie den Kündigungsschutz, die Modalitäten der Kranken- und Unfallversicherung oder um das Fragerecht des Arbeitgebers bei der Einstellung geht. Erst recht gilt dies für die Gewerkschaften sowie Mitbestimmungs- und Betriebsverfassungsregeln. Um es zu verdeutlichen: Bisher gibt es keinen von einem Gewerkschaftsbündnis ausgehandelten Tarifvertrag, der über die nationalen Grenzen hinausgeht. Der

Arbeitskampf um höhere Löhne und bessere Arbeitsbedingungen endet nach wie vor an der Grenze zum Nachbarstaat.
Auch die Richtlinie über die Kompetenzen der Europäischen Betriebsräte hat lediglich Anhörung und Information zum Inhalt, die Entscheidungskompetenz der Arbeitgeber wird in keiner Weise angetastet. Ein verbindlicher rechtlicher Rahmen für grenzüberschreitendes gewerkschaftliches Handeln fehlt noch weitgehend. Der europaweite Protest der Belegschaften gegen das Sanierungskonzept „Power 8“ des Airbus-Konzerns allerdings zeigt erste Ansätze grenzüberschreitenden Handelns.

Soziale Sicherungssysteme und Mindeststandards

Zwar findet sich schon in Art. 117 des Gründungsvertrages der EWG von 1956 die Formulierung „Die Mitgliedstaaten sind sich über die Notwendigkeit einig, auf eine Verbesserung der Lebens- und Arbeitsbedingungen der Arbeitskräfte hinzuwirken und dadurch auf dem Wege des Fortschritts ihre Angleichung zu ermöglichen“, die Realität sah aber anders aus. Das Arbeits- und Sozialrecht der Europäischen Union hat bis heute nur fragmentarischen Charakter.
Mit dem Inkrafttreten des Maastrichter Vertrages im Jahre 1993 rückte die Forderung nach einem europaweit geltenden „sozialen Sockel“ und der allgemeinen Einführung und Garantie sozialer Grundrechte in den Mittelpunkt der Diskussion.
Die ***Europäische Sozialcharta*** (ESC) kann als „soziales Gegenstück“ zur Europäischen Menschenrechtskonvention (EMRK) bezeichnet werden. Sie entstand im Rahmen des Europarats und wurde seit 1961 von 22 Staaten unterzeichnet, allerdings teilweise mit Vorbehalten und Ausnahmeklauseln. Allerdings sieht sie keine wirklichen Sanktionsmaßnahmen im Falle der Verletzung der Verpflichtungen vor. Sie verpflichtet stattdessen die Unterzeichnerstaaten, alle zwei Jahre einen Bericht an den Sachverständigenausschuss abzuliefern, der daraufhin Verletzungen feststellt und Vorschläge für Änderungen unterbreitet. 14
Die ESC enthält in 19 Artikeln u. a. die Grundrechte auf:

Arbeit – ein gerechtes Arbeitsentgelt – Freiheit der Vereinigung – Kollektivverhandlungen – das Recht der Kinder und Jugendlichen auf Schutz – das Recht der Arbeitnehmerinnen auf Schutz – das Recht auf Schutz der Gesundheit – soziale Sicherheit – das Recht auf Familienschutz – sowie Freizügigkeitsrechte, verbunden mit dem Recht auf Schutz und Beistand.

Der Grundgedanke des europäischen Arbeits- und Sozialrechts zielt primär auf die Herstellung der Gleichheit. Gleichheitsrechte, d. h. möglichst vollständige Gleichbehandlung der Arbeitskräfte – unabhängig von Geschlecht, Herkunft, nationaler Zugehörigkeit – sind das hauptsächliche Ziel. Zwei wesentliche Aspekte dieses Grundsatzes sind im Amsterdamer Vertrag festgeschrieben: Artikel 12 verbietet jede Diskriminierung aus Gründen der Staatsangehörigkeit, und Artikel 141 sieht gleiches Entgelt für Männer und Frauen vor. Darüber hinaus soll dieser Grundsatz in allen Bereichen des wirtschaftlichen, sozialen, kulturellen und familiären Lebens zum Tragen kommen. Zusätzlich wurde ein neuer Artikel 13 eingefügt, durch den der Grundsatz des ***Diskriminierungsverbots*** im Zusammenhang mit der Chancengleichheit noch gestärkt wird. Gemäß diesem neuen Artikel kann der Rat geeignete Vorkehrungen treffen, um Diskriminierung aus Gründen des Geschlechts, der Rasse, der ethnischen Herkunft, der Religion oder der Weltanschauung, einer Behinderung, des Alters oder der sexuellen Ausrichtung zu bekämpfen.
Dies sagt aber leider überhaupt nichts aus über das Niveau, auf dem diese Gleichheit hergestellt werden soll. Eine Gleichheit gibt es ja auch, wenn eine Anpassung auf dem Niveau der schlechter oder am schlechtesten gestellten nationalen Gruppen erfolgt. Zwar ist dies im europäischen Kontext so noch nicht offen von Unternehmerseite gefordert, geschweige denn praktiziert worden. Aber auf längere Sicht liegt es gerade bei den freiwilligen Sozialleistungen der Unternehmen nahe, durch Anzielen eines mittleren Niveaus eine kostenneutrale Umsetzung des Gleichheitsgebotes zu erreichen, das dann für Staaten wie z. B. Deutsch-

land, die skandinavischen und die Beneluxstaaten eine deutliche Verschlechterung bringen würde.
Das europäische Arbeits- und Sozialrecht bietet also keine substanziellen Standards, sondern beschränkt sich auf den Versuch der Herstellung von Gleichheit und im Übrigen auf Koordination. Der europäische Gesetzgeber ist an die Prinzipien der offenen Marktgesellschaft gebunden. So verbieten sich aufgrund der Konvergenzkriterien keynesianische, kreditfinanzierte Beschäftigungsprogramme, die automatisch die Staatsverschuldung in die Höhe treiben, ebenso wie jede vom Staat gelenkte künstliche Erhöhung der Nachfrage zur Verringerung der Arbeitslosigkeit. Lediglich über den bereits oben erwähnten Strukturhilfefonds mit seinen relativ bescheidenen Mitteln könnte sozialer Fortschritt initiiert werden, aber auch dies nur dort, wo es bisher wenig zu verteilen gab. Die gezielte Förderung ärmerer Regionen und die Kontrolle, dass die Gelder auch wirklich genutzt werden, um die Lage sozial Schwacher zu verbessern, ist ein wichtiger Schritt in diese Richtung.

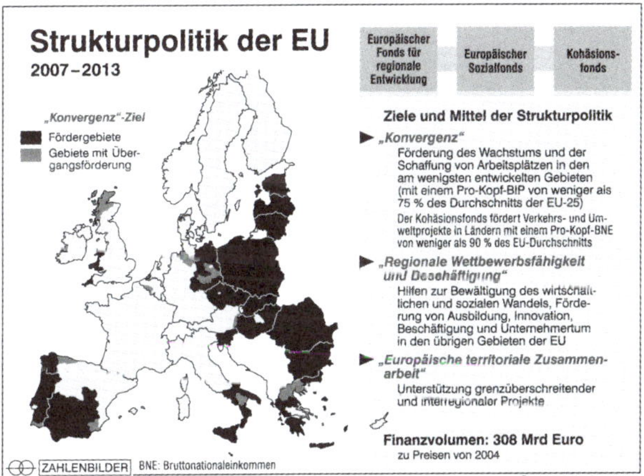

725 368 © Erich Schmidt Verlag

Andererseits ist zumindest die Wirtschaft derjenigen Länder mit relativ geringen sozialen Standards kaum an deren Erhöhung interessiert. Höhere Sicherheitsstandards bei der Arbeit oder verschärfte Umweltauflagen, aber auch höhere Abgabenlasten an den Staat zur Finanzierung sozialstaatlicher Aktivitäten nehmen genau diesen Ländern die bisher bestehenden Kostenvorteile bei der Produktion. Dies wird am deutlichsten bei den Löhnen: Würde man z. B. in Portugal oder Griechenland ein Lohnniveau einführen, das in etwa zwei Drittel der in Deutschland gezahlten Löhne entspräche (und einer Verdoppelung der dort üblichen Löhne gleichkäme), würden beide Länder mit einem Schlag jede Wettbewerbsfähigkeit verlieren!

14.3 Der Arbeitsmarkt unter Globalisierungsdruck

Insbesondere die europäischen Sozialstaaten, und da auch in erster Linie die Bundesrepublik, sind für die sozialpolitischen Folgen der Globalisierung besonders anfällig. Das soziale Netz ist im Regelfall nach dem „Bismarck-Prinzip" gestaltet, d. h., Arbeitgeber und Arbeitnehmer teilen sich die Kosten der Sozialversicherung. In Deutschland sind das Kranken-, Arbeitslosen-, Renten-, Unfall- und neuerdings Pflegeversicherung. Jeder Anstieg der Arbeitslosigkeit erhöht in diesem System unmittelbar die Ausgaben und senkt die Einnahmen der Sozialversicherung. Der einzig mögliche Ausweg – Erhöhung der Versicherungsbeiträge – senkt nicht nur die gesamtgesellschaftliche Konsumnachfrage, sondern erhöht die Lohnnebenkosten für die Unternehmer, verschärft also in einem Hochlohnland die Situation.
Typisch ist für Deutschland das Modell der ***Sozialpartnerschaft*** sowie die strenge Regulierung des Arbeitsmarktes durch die (Flächen-)Tarifverträge. Eine stärkere ***Lohndifferenzierung***, wie dies beispielsweise in den USA der „working poor" der Fall ist, wird von den Betroffenen und den Gewerkschaften strikt abgelehnt.

Ein grundlegender Strukturwandel in diese Richtung wird dennoch unaufhaltsam sein.
Die vergleichsweise hohe Produktivität in Deutschland reicht nicht aus, um den Arbeitskostendruck aufzufangen. Die seit gut 25 Jahren verhältnismäßig hohe Arbeitslosigkeit im Bereich der wenig qualifizierten Arbeiten ist keine Folge von Globalisierungstendenzen, wird durch diese aber in ihren Konsequenzen verstärkt. Dem steht die hohe finanzielle Belastung des Faktors Arbeit gegenüber.
Die Globalisierung führt zu deutlich höherem Wettbewerbs- und damit Innovationsdruck. Schnelle und flexible Anpassung an die rasch sich ändernden Gegebenheiten des globalen Marktes wird nicht nur von Unternehmenseite, sondern auch von den Arbeitnehmern gefordert werden. Abhängig Beschäftigte und auch Arbeitskräfte auf dem ***informellen Sektor***, die entsprechend qualifiziert, leistungsmotiviert und flexibel sind, können von den größeren Chancen, die der globale Markt bietet, profitieren. Minder qualifizierte Arbeitnehmer allerdings geraten in eine doppelt schwierige Situation: Zum einen werden ihre Arbeitsplätze im Hochlohnland Deutschland unabhängig von der Globalisierung wegrationalisiert, zum anderen treten sie zunehmend in den direkten Wettbewerb mit Konkurrenten aus Niedriglohnländern. Empirische Untersuchungen über den Einfluss der Globalisierung auf diesen Prozess geben keine genaue Auskunft darüber, ob und in welchem Maße diese Tendenzen wirklich der Internationalisierung des Wettbewerbs geschuldet sind oder sich ohnehin aufgrund der Dynamik des marktwirtschaftlichen Systems durchgesetzt hätten.
Dieser Strukturwandel macht auch vor der Organisation der Arbeit nicht halt. Kennzeichen neuer Unternehmen ist z. B. die Abflachung der Hierarchien und die zunehmend flexibler werdenden Strukturen mit dezentralen Entscheidungskompetenzen (↗ S. 194). Auf diese Weise ist in den letzten Jahren ein Prozess in Gang gekommen, in dem sich viele abhängig Beschäftigte objektiv wie subjektiv der Situation von Selbstständigen annähern.

An diesem Punkt setzen Arbeitsökonomen an, die der Ausweitung des „informellen“ Sektors auf dem Arbeitsmarkt große Zukunftschancen geben. „Informelle“ Tätigkeiten üben aus:

- Besitzer bzw. Betreiber von Mikro- (Ein-Mann-) und Kleinunternehmen,
- unterbezahlt mitarbeitende Familienangehörige von Mikro- und Kleinunternehmen,
- abhängig Beschäftige in Gelegenheitsjobs, Heimarbeit, Hausarbeit, Saison- und Teilzeitarbeit, unregistrierter Arbeit usw.

Arbeitsmarkt und neue Technologien

Das Internet und die Möglichkeiten der Telekommunikation verändern zurzeit intensiv die Strukturen von Arbeitsprozessen und die Qualifikations- und Durchführungsbedingungen vieler Arbeitsprozesse, insbesondere im tertiären Sektor. Flache Hierarchien und dezentrale Entscheidungsstrukturen bis hin zu Netzwerken, die auf ***Telekooperation*** basieren und standortungebunden sind, kennzeichnen die veränderte Arbeitsorganisation. Das Volumen des weltweiten Markts für Software-Produkte betrug für das Jahr 2000 gut 500 Mrd. US-Dollar, hinzu kommen umfangreiche weitere IT-bezogene Dienstleistungen. Vor allem bei Dienstleistungen wie Datenerfassung und -pflege und Kundenbetreuung in Call-Centern sind die Zutrittsbarrieren für neue Anbieter aufgrund der sehr geringen Ausrüstungskosten verhältnismäßig niedrig. Länder wie Indien, China, Südafrika und Jordanien haben mit der arbeitsteiligen Übernahme von Programmiertätigkeiten bereits nennenswerte Marktanteile im IT-Sektor erobert. So waren Ende 2000 über 400 000 Arbeitskräfte allein in der indischen Softwareindustrie beschäftigt; der Export von Software-Produkten und IT-bezogenen Dienstleistungen in Indien betrug im Jahr 2000 gut 6,2 Mrd. US-Dollar.

Abbau von Sozialstandards

Im Globalisierungsprozess wird das gesamte nationale Regelsystem in die Konkurrenz der Standorte hineingezogen. Auch die

Staaten selbst konkurrieren miteinander, um die Gestaltung der Rahmenbedingungen sowie die Konkurrenzfähigkeit ihrer Unternehmen und Erwerbsbevölkerung zu sichern und zu verbessern. Dieser Aufgabe wird sich die Sozial- und Arbeitspolitik einzelner Staaten unterordnen müssen, wodurch ihre Handlungsfähigkeit mehr oder weniger stark eingeschränkt werden wird. Diese Situation ist historisch neu und den Global Playern steht keine entsprechende Gegenmacht gegenüber.

Es ist keineswegs sicher, dass die Standortkonkurrenz zwischen den Staaten zu einer Produktivitätssteigerung führt. Denkbar ist auch ein unproduktiver Subventionswettlauf, der nicht nur die arbeits- und sozialpolitischen Handlungsspielräume der Staaten weiter einschränkt, sondern auf lange Sicht auch die Erosion des Sozialstaates bedingt. Langfristig kann durch diesen Standortwettbewerb keiner gewinnen.

Gegen diese bedenkliche Entwicklung forderte 2002 die Enquete-Kommission „Globalisierung der Weltwirtschaft" des Deutschen Bundestages energisch eine Strategie. Sie sollte sich auf internationale Koordination und auf Reformen stützen, die das institutionelle Gefüge des Sozialstaates unabhängiger von möglichen Wanderungen der mobilen Produktionsfaktoren zu machen sucht.

Vorstellbar ist solch eine Zusammenarbeit aber vorerst kaum weltweit, allenfalls im Rahmen der EU. Diese bildet mit rund 450 Mio. Bürgern den leistungsfähigsten Wirtschaftsraum auf der Welt und sollte damit zu einer autonomen Sozialpolitik und einer auch sozialstaatlich unterfütterten Systemkonkurrenz zu den USA und Ostasien fähig sein.

Allerdings müsste sich die Europäische Union möglichst schnell auf zwei zentrale Regelungen verständigen:

- ***Mindest-Sozialleistungsquoten:*** Alle Mitgliedsländer verpflichten sich, bestimmte Anteile des Sozialbudgets am Bruttoinlandsprodukt nicht zu unterschreiten. Solche Quoten sind nach Maßgabe des Pro-Kopf-Einkommens der Bevölkerung zu differenzieren.

- *Mindeststandards für Arbeitnehmerrechte:* Auch diese sind nach Ländern oder Ländergruppen zu differenzieren, sodass Länder, die bereits ein höheres Maß an rechtlichem Schutz für Arbeitnehmerinnen und Arbeitnehmer erreicht haben, diesen Standard auf keinen Fall reduzieren.

In der Europäischen Union wird durchaus dem Abbau von sozialen Standards entgegengewirkt, wie das folgende Zitat zeigt:

- Ein Beispiel hierfür ist die Gleichstellung von Mann und Frau – einer der wenigen Bereiche, in denen die Europäische Gemeinschaft schon von Anbeginn an erhebliche Kompetenzen hatte.
- Ein weiterer Bereich ist der Arbeitsschutz, in dem die EG seit 1989 außerordentlich innovative Leitlinien erließ. Diese führten zu einer tiefgreifenden Modernisierung des Arbeitsschutzrechts und zu einem hohen Schutzniveau. Gerade in diesem Bereich kann nicht von einer Einigung auf dem kleinsten gemeinsamen Nenner die Rede sein.
- Auch hat sich die EG/EU schon frühzeitig um eine Europäisierung der Tarifvertragsbeziehungen bemüht. So wurde seit 1986 der Soziale Dialog zwischen Gewerkschaften und Arbeitgeberverbänden gefördert. Seitdem wurden etwa 30 gemeinsame Stellungnahmen und Erklärungen der zentralen europäischen Arbeitgeber- und Arbeitnehmerverbände abgegeben. Seit Anfang der 90er Jahre können die Sozialpartner auch Vorschläge für europäische Richtlinien unterbreiten.
- Auch wurde die Bildung vom Europäischen Betriebsrat in multinationalen Unternehmen gefördert. 1994 wurde eine Richtlinie erlassen, die bis jetzt zur Einrichtung von etwa 600 multinationalen Unternehmen geführt hat. Damit wurde ein erster, wenn auch bescheidener Schritt zur Institutionalisierung europäischer Interessenvertretungsstrukturen getan.

(http://web.uni-bamberg.de/sowi/europastudien/sozeuropa.htm)

Welthandel

15.1 Welthandelsordnung: GATT und WTO

Das „General Agreement on Tarifs and Trade“ (GATT) entstand nach dem Ende des Zweiten Weltkriegs etwas später als UNO, Weltbank und IWF (↗ S. 184 ff.) im Jahr 1949 und wurde am 1.1.1996 durch die Welthandelsorganisation WTO ersetzt. Schon zwischen den beiden Weltkriegen hatten sich viele Staaten mit ***protektionistischen Maßnahmen*** – also hohen Zollschranken, Einfuhrbeschränkungen und anderen Handelshemmnissen – gegeneinander abgeschottet, und diese Entwicklung war durch den Zweiten Weltkrieg noch erheblich verschärft worden. Der Welthandel war Ende der 1940er-Jahre fast völlig zusammengebrochen. Das Währungssystem von Bretton Woods (↗ S. 186), das u. a. die freie Konvertibilität aller am IWF beteiligten Nationen (und das waren grundsätzlich alle Staaten außer denen des damaligen Ostblocks) bedeutete, brachte einen ersten Aufschwung, das GATT belebte den Welthandel nachhaltig: Während die durchschnittliche Produktivität weltweit in den Jahren von 1950 bis 2000 um rund 3,9 % jährlich anstieg, wuchs der Welthandel im gleichen Zeitraum um fast 7 % jedes Jahr. In absoluten Zahlen ausgedrückt, liest sich das so, dass die Produktivität sich in diesen 50 Jahren verdreifacht, das Gesamtvolumen des Welthandels aber verachtfacht hat!

Die Ziele des GATT waren darauf gerichtet, durch die Intensivierung des Handels den Wohlstand der gesamten Weltbevölkerung zu erhöhen. Die theoretische Grundlage bildete die Theorie der absoluten und der relativen Kostenvorteile von David Ricardo, dazu mehr im nächsten Abschnitt. Das GATT fußte auf drei Prinzipien:

- *Liberalisierung:* Abbau aller Handelshemmnisse wie Zölle, Einfuhrbeschränkungen, Handelskontingente, überflüssige technische Normen und Durchsetzung des Freihandels.
- *Reziprozität* (Gegenseitigkeit): Alle Handelserleichterungen, die z. B. ein bestimmtes Land einem anderen gewährt, müssen auch in umgekehrter Richtung wirken und gelten.
- *Nichtdiskriminierung:* Die unter dem Prinzip der Reziprozität gewährten Handelserleichterungen müssen grundsätzlich für alle anderen Mitglieder des GATT gelten. Ausgenommen sind Entwicklungsländer, die zum Aufbau ihrer nationalen Wirtschaft befristete protektionistische Maßnahmen ergreifen, und Freihandelszonen oder Zollunionen (wie die EU), deren Ziel es ja gerade ist, sich gegen andere Regionen der Welt abzugrenzen.

Der Einfluss der einzelnen Staaten im GATT wurde durch die Finanzkraft bestimmt:

Das Kapital bestimmt
(Stimmanteile nach Höhe der Einlagen in %)

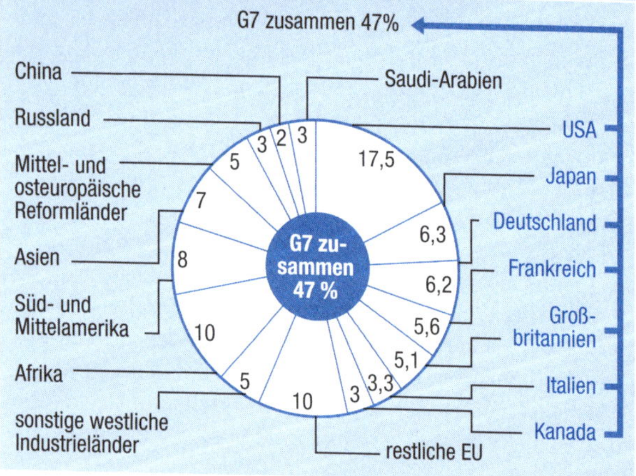

Das GATT hatte allerdings einige Schwachpunkte, die mit der Zunahme des Welthandels und seiner Umstrukturierung (↗ S. 215 f.) immer deutlicher wurden und schließlich eine grundlegende Neuregelung erforderten. Es waren hauptsächlich folgende Punkte:

- Zur Gründungszeit des GATT gab es international kaum Handel mit Dienstleistungen, das GATT regelte daher ausschließlich den Güterverkehr.
- Der Agrarsektor wurde von Anfang an ausgespart, und gerade die Europäische Gemeinschaft baute einen bis heute bestehenden rigorosen Protektionismus auf.
- Sanktionsmaßnahmen gegen Nichtmitglieder, die Bestimmungen des GATT verletzten, waren nicht vorhanden.

Hongkong (dpa). Mit einem Minimalkompromiss zugunsten armer Länder hat der WTO-Gipfel in Hongkong ein Scheitern der laufenden Welthandelsrunde abgewendet. Die EU und die USA sagten gestern zu, milliardenschwere Ausfuhrsubventionen für Landwirtschaftsprodukte spätestens 2013 abzuschaffen. Die Endphase des Gipfels wurde von den schwersten Krawallen in Hongkong seit Jahrzehnten überschattet.

In der Frage der Senkung von Agrar- und Industriezöllen gab es bei der sechstägigen Mammutkonferenz der Welthandelsorganisation (WTO) keinen Fortschritt. Das Ergebnis bleibe hinter den Erwartungen zurück, kritisierte Bundeswirtschaftsminister Michael Glos. „Im neuen Jahr kommt es darauf an, dass wir in den Folgeverhandlungen in Genf die Marktöffnungsinteressen unserer Industrie mit allem Nachdruck vertreten."

Weser-Kurier, 19.12.05

Mit der Gründung der Welthandelsorganisation WTO (World Trade Organisation) am 1.1.1996 begann eine neue Phase der internationalen Handelsordnung. Auch wenn die oben genannten Ziele des GATT nach wie vor Gültigkeit haben, so ist doch die Verbindlichkeit der internationalen Regeln durch die WTO erheblich größer geworden. Die 148 Mitglieder der WTO erwirtschaften gut 90 % des Welthandels, von den großen Nationen ist lediglich Russland nicht Mitglied.

Es gibt drei Hauptorgane der WTO:

- die Ministerkonferenz als höchstes Organ, die mindestens alle zwei Jahre zusammentritt,
- der Allgemeine Rat als ständiges Gremium aller Mitglieder,
- das Sekretariat der WTO unter der Leitung eines Generaldirektors

Aufbau der Welthandelsorganisation

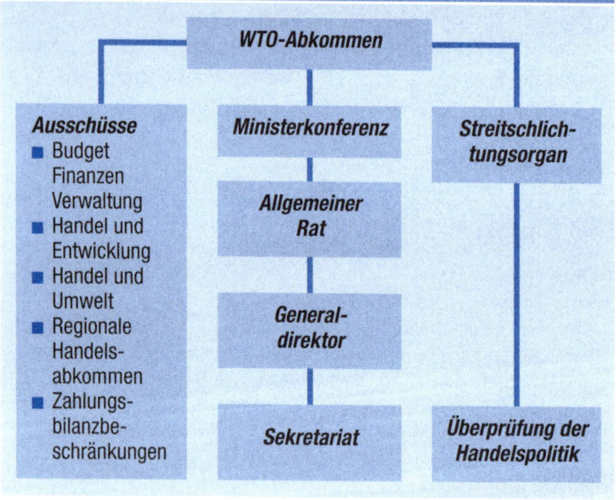

Bei Handelsstreitigkeiten zwischen zwei oder mehreren Staaten kann ein Streitbeilegungsverfahren innerhalb der WTO erfolgen. Mit diesem Instrument hat die WTO als einzige weltweite internationale Organisation einen überstaatlichen Durchsetzungsmechanismus. Jährlich werden zwischen 20 und 40 Fällen zur Schlichtung vorgebracht; von 1995–2004 insgesamt 305 Fälle. Im Regelfall geht es um protektionistische Maßnahmen wie unberechtigte Schutzzölle, in zunehmendem Maße aber auch um die ***„nicht-tarifären Handelshemmnisse“***, die eine immer größere Bedeutung gewinnen. Es sind dies z. B. technische Vorschriften, die ausländische Produkte benachteiligen. Die WTO-Abkommen berühren daher nationales und europäisches Recht. Zwar ist das Welthandelsrecht der WTO nach Rechtsprechung des EuGH in der EU grundsätzlich nicht unmittelbar anwendbar, dennoch hat sich die Europäische Union durch den Beitritt zur WTO verpflichtet, die Abkommen und die dazugehörigen Rechtsinstrumente (Streitbeilegungsverfahren) anzuerkennen.

Wie schon gesagt, hat sich die WTO der Liberalisierung des Welthandels sowie dem Abbau aller Handelshemmnisse verschrieben. Ein Beispiel dafür, wie die WTO diese Aufgabe erfüllt, ist die Auseinandersetzung um die Zuckerordnung:

Aus Rüben gewonnener Zucker wird in der EU seit Jahrzehnten produziert und bildet eine sehr wichtige Einnahmequelle der hiesigen Landwirtschaft. Dieser Zucker ist allerdings im Vergleich zum Rohrzucker aus klimatischen und erntetechnischen Gründen viel zu teuer (480 Dollar pro Tonne im Vergleich zu 250 Dollar). Also hat die EU genau das getan, was sie seit ihrer Gründung mit allen landwirtschaftlichen Erzeugnissen tut: den eigenen Zucker durch Subventionen auf dem Weltmarkt (***Ausfuhrerstattungen***) konkurrenzfähig gemacht und den Importzucker durch Schutzzölle (***Abschöpfungen***) verteuert. Das hat die Union 1,7 Mrd. Euro jährlich gekostet.

Gegen diese Praxis haben 2003 Brasilien, Thailand und Australien vor der WTO geklagt, und sie haben Recht bekommen. Da die EU sich verpflichtet hat, die Schiedssprüche der WTO anzuerkennen, muss sie ab 2006 die protektionistischen Maßnahmen in Bezug auf den Zucker stoppen und den innereuropäischen wie den Welthandel im Sinne der WTO liberalisieren. Die EU hat daraufhin beschlossen, den europäischen Zuckerpreis um 33 % zu senken (immer noch deutlich über Weltmarktniveau). Die Produktionsquoten sollen um 16 % reduziert werden, 60 % der Verluste der Zuckerbauern werden durch Ausgleichszahlungen kompensiert.

15.2 Alternativen für eine neue Wettbewerbsordnung

Durch die Globalisierungsprozesse wachsen die unternehmerischen Tätigkeiten aus dem Geltungsbereich der Nationalstaaten heraus. Die Regeln der WTO betreffen lediglich das staatliche Handeln, die Aktionen der Global Player erreicht sie nicht. Internationale Amtshilfeabkommen erleichtern grenzüberschreitende Wettbewerbskontrollen, was nur ein erster Schritt ist. Zentraler Punkt einer zukünftigen globalen Wettbewerbsordnung ist die Kontrolle der Megafusionen (↗ S. 221), zumal nur wenige Staaten über eine Monopolkontrolle verfügen. Deutschland ist hier mit dem „Gesetz gegen Wettbewerbsbeschränkungen" und dem Bundeskartellamt eine Ausnahme. Allerdings gibt es seit einigen Jahren auch auf der Ebene der EU-Kommission ein Kommissariat gegen Wettbewerbsverzerrungen.
Drei verschiedene Ansätze zur Wettbewerbsordnung und Monopolkontrolle werden zur Zeit international diskutiert:

- Eine Wettbewerbsordnung im Rahmen der WTO. Die Ansätze dazu, wie sie auf der letzten WTO-Ministerkonferenz 2001 entworfen wurden, sind allerdings wenig attraktiv, da die Fusionskontrolle fehlt.
- Ein Gegenmodell stellt die Clublösung dar: Die entwickelten Industriestaaten, die einerseits Hauptsitz der Global Player sind und andererseits die meiste Erfahrung mit Fusionskontrollen und Wettbewerbsordnungen haben, machen den „Vorreiter". Andere Staaten können dann diesem Club beitreten. Zur Vorbereitung einer solchen Lösung wurde 2001 in New York das „International Competition Network" gegründet. Nach intensivem Informationsaustausch soll sich ein gemeinsames Regelwerk herausbilden.
- Der bilaterale Ansatz: Die bisher schon bestehenden bilateralen (zweiseitigen) Abkommen zwischen jeweils zwei Staaten sollen weitergeführt und stimuliert werden. Verträge, die sich bewährt haben, sollen in multilaterale bzw. transnationale Ab-

kommen überführt werden. Beispielsweise hat die EU das ursprünglich zwischen den USA und Deutschland ausgehandelte Handelsabkommen übernommen.

Absolute und relative (komparative) Kostenvorteile

Die Theorie zum „Segen des Welthandels für alle" lieferten Adam Smith und David Ricardo. Bereits Smith erkannte, dass es für ein Land vorteilhaft ist, sich auf die Herstellung derjenigen Produkte zu spezialisieren, bei denen es gegenüber anderen Ländern Produktionsvorteile hat. In einem Land wie den Niederlanden ist es beispielsweise aufgrund der klimatischen Bedingungen sinnlos, Wein anbauen zu wollen, in weiten Teilen Frankreichs dagegen ist das Klima zu trocken für Gemüseanbau. Also ist es für beide Länder profitabel, Handel zu treiben: Wein von Frankreich nach Holland, Gemüse von Holland nach Frankreich.

Erst Ricardo aber konnte nachweisen, dass es auch dann, wenn ein Land grundsätzlich weniger produktiv ist als ein anderes, sinnvoll ist, Handel zu treiben, vorausgesetzt, das unproduktive Land spezialisiert sich auf dasjenige Produkt, bei dem es relativ gesehen am wenigsten nachhinkt. Diese ***Theorie der komparativen Kostenvorteile*** ist recht kompliziert und daher am besten anhand eines Beispiels zu erläutern:

Land A hat bei Ware 1 einen Produktivitätsfaktor von 300, bei Ware 2 sind es 100. Land B hat bei Ware 1 den Faktor 150, bei Ware 2 sind es 75. Land B ist also insgesamt dem Land A wirtschaftlich unterlegen, sein Produktivitätsnachteil ist aber bei Ware 2 relativ geringer als bei Ware 1. Ricardo würde formulieren: Land A besitzt einen komparativen Kostenvorteil bei Ware 1, Land B bei Ware 2.

Wenn Land A die Produktion von Ware 2 aufgibt, kann es in einer Zeiteinheit 600 Einheiten von Ware 1 produzieren.

Wenn Land B die Produktion von Ware 1 aufgibt, kann es in einer Zeiteinheit 150 Einheiten von Gut 1 produzieren.

Insgesamt produzieren beide Länder also vor der Spezialisierung 625 Einheiten, nach der Spezialisierung und der Aufnahme von

	Waren 1	Ware 2
Land A	300	100
Land B	150	75

Handelsbeziehungen 750, es entsteht also ein Gesamtgewinn von 125 Einheiten, den die Länder entsprechend aufteilen.
Beispiel für Tauschrelation:
Land 1 tauscht 300 Einheiten von Ware 1 gegen 125 Einheiten von Ware 2.
Für die eigene Herstellung von 125 Einheiten von Ware 2 bräuchte Land A 1,25 Zeiteinheiten. Gewinn für Land A also 0,25 Zeiteinheiten = 75 Einheiten von Ware 1.
Für die Herstellung von 300 Einheiten der Ware 1 bräuchte Land B zwei Zeiteinheiten. Gewinn für Land B also ebenfalls 0,25 Zeiteinheiten = knapp 19 Einheiten von Ware 2.
Die gravierenden Nachteile dieser ***arbeitsteiligen Spezialisierung*** konnte Ricardo zu seiner Zeit nicht sehen, sie sind erst im 20. Jh. virulent geworden:

- Die Abhängigkeit vieler Entwicklungsländer, die sich auf die Produktion eines oder weniger Güter spezialisiert haben, vom Weltmarkt und den Weltmarktpreisen sowie die permanente Verschlechterung der „terms of trade".
- Die ökologisch bedenkliche Logistik, die z. B. täglich ganze Flugzeugladungen frisch geschnittener Blumen aus dem südlichen Afrika auf die europäischen Märkte bringt (vgl. das Problem der externen Kosten ↗ S. 155 f.).

Zudem sagt das Modell nichts über die Verteilung der erzielten Gewinne aus – die Vorteile des Handels müssen also keineswegs der gesamten Bevölkerung zu Gute kommen. Dies um so mehr, als die heutigen Akteure auf dem Weltmarkt im Regelfall nicht die Nationalstaaten sind (die zumindest prinzipiell das Wohl der gesamten Bevölkerung im Auge haben), sondern primär auf Profit ausgerichtete Konzerne.

15.3 Globalisierung der Waren- und Dienstleistungsmärkte

Westeuropa ist nach wie vor die führende Exportregion, die größten Wachstumsraten in den letzten Jahrzehnten verzeichnet aber eindeutig Asien. Fachleute sprechen heute in Bezug auf die Struktur des Welthandels von ***Triadisierung***: Außenhandel wie Auslandsproduktion konzentrieren sich auf die Triade Europäische Union–USA–Japan. Laut dem World Development Report 2006 der Weltbank vereinigt die Triade fast die Hälfte des Welt-Bruttonationaleinkommens. Es leben in der Triade aber nur knapp acht Prozent der Weltbevölkerung.

Allerdings sind die benachbarten Schwellenländer (wie die Tiger-Staaten in Südostasien oder die mittel- und lateinamerikanischen Länder wie Mexiko) intensiv eingebunden. Der Gigant China mit gut 1,3 Mrd. Menschen wird in den nächsten Jahren als zusätzlicher gewichtiger Faktor im Welthandel hinzukommen. Die Übersicht auf S. 216 zeigt die Situation:

Die Güterstruktur des Welthandels hat in den vergangenen Jahrzehnten einen tiefgreifenden Strukturwandel durchgemacht. Industriegüter- und Dienstleistungshandel sind auf Kosten des Handels mit Agrarprodukten (47 % des Welthandels 1950, 9 % im Jahre 2000) stark angewachsen. Mit Entwicklungsländern tauschen die Industrieländer ihre technologisch anspruchsvolleren Industrieprodukte gegen arbeits- und rohstoffintensive Erzeugnisse (inter-industrieller Handel). Einzelne Schwellenländer dringen jedoch bereits in typische Exportdomänen der Industrieländer vor (Beispiel: Elektrotechnik und Elektronik, Automobile) und treten verstärkt in den intra-industriellen Handel – Industrieprodukte gegen Industrieprodukte – ein. In Zukunft ist mit einem weiter steigenden Gewicht des intra-industriellen Austauschs im Welthandel zu rechnen.

Auch im internationalen Dienstleistungshandel hat sich ein Wandel vollzogen: Bis etwa 1985-90 bestand dieser Sektor zu einem großen Teil aus Transportleistungen. Diese sind seitdem

Globale Handelsströme 2005

Inter- und intraregionaler Warenhandel in Milliarden US-Dollar

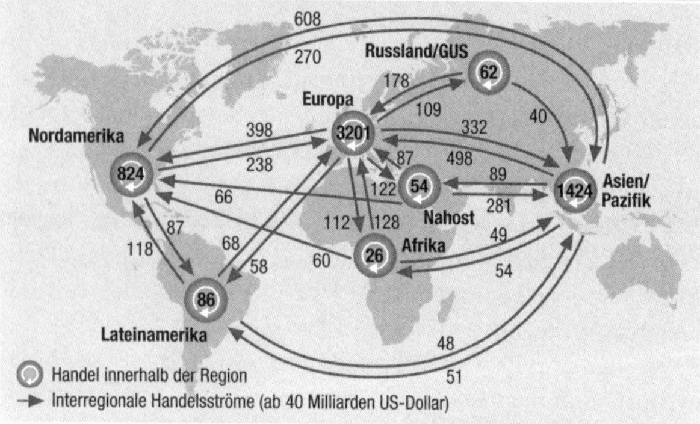

Steigerung der Ex- und Importe gegenüber 2004

	Export	Import
Naher Osten	+36 %	+19 %
GUS	29 %	25 %
Afrika	29 %	16 %
Lateinamerika	25 %	22 %
Asien/Pazifik	15 %	16 %
Nordamerika	12 %	14 %
Europa	8 %	9 %
Welt	13 %	13 %

Handelsvolumen* in Milliarden US-Dollar 2005

USA	2637,0
Deutschland	1744,8
China	1422,1
Japan	1111,9
Frankreich	955,0
Großbritannien	879,1
Niederlande	759,2
Italien	746,5
Kanada	679,7
Belgien	650,0
Hongkong	592,9
Südkorea	545,7
Spanien	463,7
Mexiko	445,4

* Summe aus Güterimporten und -exporten

Quelle: WTO Nach: © Globus 1099, 0610

stark geschrumpft. Auch der Reisesektor stagniert seit etwa 1990, allerdings auf einem sehr hohen Niveau. Demgegenüber sind die „sonstigen Dienstleistungen“ stetig und kräftig expandiert und bilden nunmehr mit Abstand den größten der drei Hauptdienstleistungssektoren. Darunter sind zu verstehen: international gehandelte Kommunikations-, Computer- und Informations-, Finanz- und Versicherungsleistungen, gefolgt von persönlichen, kulturellen und Erholungsdienstleistungen sowie Lizenz- und

Gebührenzahlungen beispielsweise für die Nutzung von Software. Dieses Wachstumspotenzial ist außerordentlich hoch, zumal die internationale Konkurrenz auf diesem Sektor gerade erst begonnen hat. Ein Beispiel: Ob die freundliche Stimme der Ansagerin, die auf dem Frankfurter Flughafen nachts um 24 Uhr den Abflug der Maschine nach London bekannt gibt, wirklich aus einem Büro innerhalb des Flughafengebäudes stammt oder von einer Taiwanesin, die in Taipeh vor ihrem Bildschirm sitzt und nur ein Drittel des Gehaltes ihrer deutschen Kollegin erhält, ist für die Fluggäste nicht erkennbar.

Dienstleistungen galten bis vor ca. 15 Jahren als statistisch wenig erfassbar und stark ortsgebunden. Sie spielten daher bei früheren ökonomischen Kalkulationen nur eine untergeordnete Rolle. Nach wie vor gilt für weite Bereiche des Dienstleistungssektors die Einheit von Herstellung und Konsum einer Dienstleistung (vom Arztbesuch bis zum Friseurhaarschnitt geht es nicht ohne direkten Kontakt). Für zunehmend mehr Dienstleistungen aber wird durch die Anwendung der neuen IT-Techniken diese Einheit aufgehoben. Internet und die neuen Telekommunikationsmöglichkeiten prägen grundlegend neue global-virtuelle Dienst-

Anteil wissensintensiver Dienstleistungen an den Erwerbstätigen

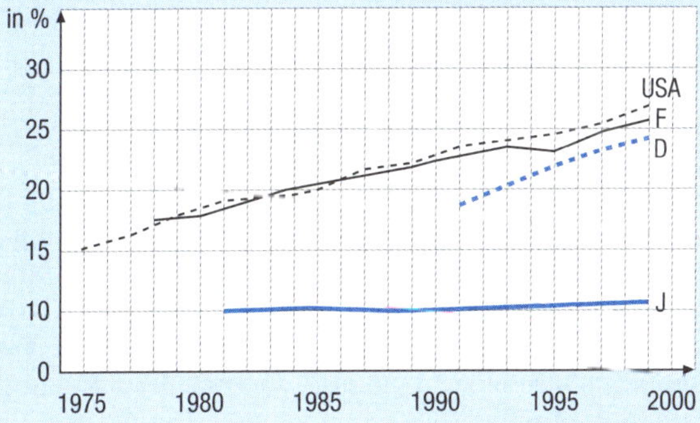

15

leistungswelten. Es kommt zu völlig neuen Kombinationen von ortsgebundenen und virtuellen Dienstleistungen: Kaum ein Privatkunde wird z. B. bei einer Finanzberatung durch seine Hausbank auf „seinen" persönlichen Gesprächspartner verzichten wollen, Geldautomaten dagegen haben sich längst durchgesetzt. Ob die Buchhaltung der Hausbank im ersten Stock über der Schalterhalle oder in Indien abgewickelt wird, interessiert im Regelfall keinen Bankkunden.

Die nicht standortgebundenen Dienstleistungen gehören in der Regel zur wissensintensiven (und häufig unternehmensberatenden) Art. Sie bilden den wichtigsten Sektor der künftigen Globalisierungstendenzen im tertiären Sektor.

Die zahlenmäßige Erfassung von schon stattgefundenen Globalisierungsprozessen ist außerordentlich schwierig. Es gibt einige Belege: Die Anzahl der multinationalen Unternehmen, die weltweit operieren, hat sich von 1990 bis 2000 von 7000 auf 40 000 fast versechsfacht. Doch trotz einer Fülle von Statistiken zu allen möglichen Globalisierungstatbeständen liegt das Problem in der Verfügbarkeit, Vergleichbarkeit und Interpretation dieser Daten: Statistiken sind häufig ungenau und veraltet, allgemeingültige Globalisierungsindikatoren fehlen, traditionell „sichere" Indikatoren wie z. B. der Exportmarktanteil (auf dem Gütermarkt) haben ihre Aussagekraft verloren.

Das Problem „Direktinvestitionen"

Direktinvestitionen dienen dem Erwerb sowie dem Aus- oder Aufbau von Unternehmen im Ausland. Sie werden als jährliche Kapitalströme („Flows") oder als Kapitalbestand am Jahresende („Stock") gemessen. Beide Größen weisen zwar den Vorteil international breiter und zeitnaher Datenverfügbarkeit auf; ihre Aussagekraft als Indikator für internationale Unternehmensverflechtung ist jedoch begrenzt. Sie sind nicht mit realen Investitionen gleichzusetzen, sondern stellen ins Ausland transferierte Finanzmittel dar. Sie können für reale Investitionen aufgewendet werden, müssen aber nicht.

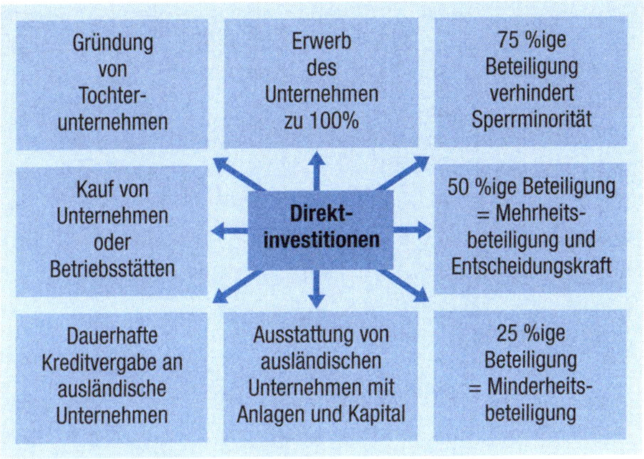

Hinzu kommt, dass die internationale Unternehmensverflechtung durch Direktinvestitionen und Auslandsproduktion wesentlich unvollständiger und uneinheitlicher erfasst wird als der Außenhandel. Insbesondere gilt dies für die mit Direktinvestitionen einhergehenden grenzüberschreitenden Transaktionen und bei der statistischen Erfassung aufgegliederter Daten von Auslandsgesellschaften. So fehlen bei auslandskontrollierten Unternehmen in Deutschland z. B. Daten über ihre Eigentümer, ihre Wertschöpfung, Löhne und Gehälter, Investitionen und über ihren gesamten konzerninternen Außenhandel und ihre Steuerzahlungen.

Ein weiteres Problem stellt die geringe Tiefe der statistischen Untergliederung insbesondere im Dienstleistungsbereich dar. Dies erschwert die Analyse von Internationalisierungsprozessen gerade in den technologisch anspruchsvollen Bereichen (New Economy, Dienstleistungen überwiegend für Unternehmen, Nachrichtenübermittlung).

Die Direktinvestitionen der multinationalen Konzerne lassen sich nach zwei Gesichtspunkten ordnen:

Große Übernahmen der Wirtschaftsgeschichte weltweit (Auswahl)						
Käufer	***Kaufobjekt***	***Art***	***Branche***	***Datum***	***Übernahme-wert in Mrd. $***	***Status***
AOL	Time Warner	☺	Medien	Jan. 2001	186,2	erfolgt
Vodafone	Mannesmann	☻	Telekomm.	Nov. 1999	185,0	erfolgt
Pfizer	Warner-Lambert	☺	Pharma	Juni 2000	87,3	erfolgt
AMT&T	Bell South	☺	Telekomm.	März 2006	84,0	offen
Exxon	Mobil	☺	Energie	Dez. 1999	80,3	erfolgt
Sanofi	Aventis	☻	Pharma	Jan. 2004	70,7	erfolgt
Procter&Gamble	Gilette	☺	Konsumgüter	Jan. 2005	57,2	erfolgt
E.ON	Endesa	☻	Energie	Feb. 2006	56,6	offen
Gaz de France	Suez	☺	Energie	Feb. 2006	54,2	offen
Mittal	Arcelor	☻	Stahl	Jan. 2006	44,3	erfolgt
Daimler	Chrysler	☺	Automobil	Nov. 1998	43,1	offen
Deut.Telekom	Voicestream	☺	Telekomm.	Juli 2000	27,1	erfolgt

Quelle: Die Zeit vom 9. März 2006, Grafik Wolfgang Sischke

- ***Absatzorientierte Direktinvestitionen*** spekulieren schwerpunktmäßig auf neue Absatzmärkte und entsprechende Gewinne. Zur Zeit sind China, Indien und die bevölkerungsstarken lateinamerikanischen Staaten bevorzugtes Ziel. In Zukunft ist allerdings auch die „umgekehrte Richtung" denkbar: China investiert bereits erhebliche Summen in den USA, neuerdings auch in der EU.
- ***Kostenorientierte Direktinvestitionen*** nutzen die Spannen in den Lohnniveaus zweier Länder. So sind etwa die Direktinvestitionen des Westens in den ehemaligen RGW-Staaten Ostmitteleuropas daraus zu erklären, dass das dortige Lohnniveau nur etwa ein Zehntel des deutschen beträgt.

Megafusionen

Von *Megafusionen* spricht man dann, wenn zwei oder mehr Großkonzerne grenzüberschreitend fusionieren bzw. einer den/die anderen aufkauft. Bekanntes Beispiel ist die Fusion von Daimler-Benz und Chrysler. Die Zahl dieser Megafusionen hat sich von 1990 bis 2000 fast verdreifacht (von 9000 auf 25000), der Wert verachtfacht (von 290 auf 2380 Mrd. Dollar).

Anzahl und Volumen weltweiter Fusionen (in Mrd. US-Dollar)

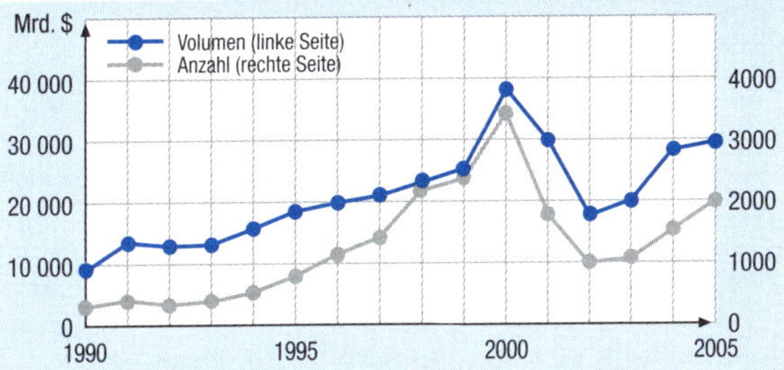

Quelle: http://www.ifw-kiel.de/klodt/pub/megafusionen.htm

Diese Entwicklung kann zwei negative Auswirkungen haben:

- Die ebenso gut organisierten wie finanzkräftigen Konzerne können unerwünschte und für den Außenstehenden undurchschaubare Einflussmöglichkeiten auf die politischen Entscheidungsträger ausüben und sie im nationalen Maßstab gegeneinander ausspielen.
- Nicht nur die Verbraucher, sondern auch die kleinen und mittelständischen Unternehmer stehen immer weniger Großkonzernen gegenüber, die über eine entsprechende Verhandlungsmacht verfügen (z. B. bei Zulieferungen).

16 Deutschlands Außenwirtschaft

16.1 Zahlen und Daten

Auch 2006 wieder Export-Weltmeister

Institute und Verbände rechnen für das kommende Jahr mit einem Plus bei den Ausfuhren von mindestens sechs Prozent. Insgesamt wird Deutschland in diesem Jahr nach Schätzungen des Deutschen Industrie- und Handelskammertages (DIHK) Waren für 780 Milliarden Euro ausführen und einen Handelsbilanzüberschuss von 160 Milliarden Euro erzielen. …
Trotz Globalisierung ist Europa nach wie vor der mit Abstand wichtigste Markt der deutschen Exporteure. Fast zwei Drittel aller Ausfuhren gehen in andere EU-Staaten. …
Rund 60 Prozent aller deutschen Ausfuhren entfielen auf die Metall- und Elektroindustrie.

Weser-Kurier, 18. 1. 2006

Das Magische Viereck (↗ S. 71) nennt als eines der vier Ziele das „außenwirtschaftliche Gleichgewicht“. Dies lässt sich präziser formulieren:
Die Salden von Handels- und Dienstleistungsbilanz (↗ S. 129 f.) sollen ausgeglichen oder positiv sein. Dies ist, wie der Zeitungsausriss zeigt, in Deutschland seit Jahrzehnten der Fall:
Die deutsche Wirtschaft entwickelt sich immer mehr zur Exportwirtschaft und liegt mittlerweile mit weitem Abstand vor Japan auf Platz zwei in der Welt. Legt man nur den Warenexport zugrunde, würde Deutschland sogar noch die USA überflügeln und auf Platz eins liegen.
Der Exportüberschuss von Waren und Dienstleistungen belief sich im Jahr 2003 in Milliarden Dollar:

Land	Waren	Dienstleistungen	Gesamt
USA	724,0	282,5	1 006,5
Deutschland	748,4	111,7	860,1
Japan	471,9	70,2	542,1
China	438,4	44,5	482,9

Warenausfuhr im Vergleich (Jahreswerte in Mrd. US-Dollar)

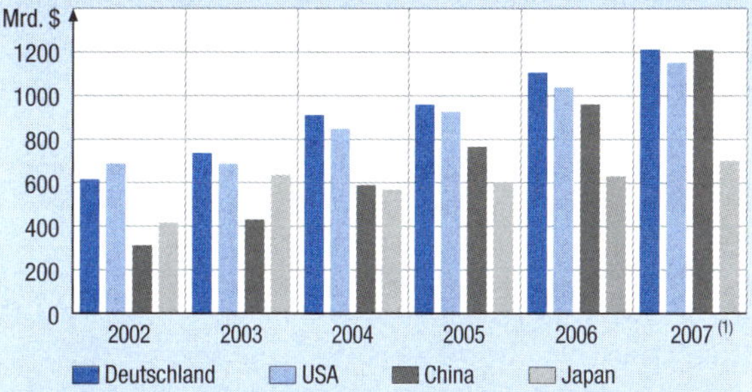

1) Schätzung

Quelle: Statistisches Bundesamt; Unicredit

Diese Spitzenstellung in der Exportwirtschaft verdankt Deutschland keineswegs protektionistischen Maßnahmen (↗ S. 207 ff.) oder gezielten Währungsmanipulationen (↗ S. 186 f.), sondern seiner tatsächlich vorhandenen Leistungs- und Konkurrenzfähigkeit:

- 64 % der deutschen Exporte gehen in die Europäische Union.
- Gut 61 % der Importe stammen aus der Europäischen Union.
- Innerhalb der EU gibt es weder Protektionismus noch Währungsschwankungen.

Für die Bewertung des Wirtschaftsstandorts Deutschland gibt es allerdings noch weitere Indikatoren: Lohnstückkosten und Arbeitskosten.

Lohnstückkosten: Diese Zahl gibt Auskunft über das Verhältnis von Arbeitskosten je Beschäftigungsstunde. Je geringer die Lohnstückkosten, desto niedriger die Herstellungskosten und desto günstiger für die Exportwirtschaft. Die vom Institut der deutschen Wirtschaft errechneten Zahlen für 2003 zeigen, dass nur Norwegen noch ungünstigere Lohnstückkosten als Deutschland hat.

Norwegen	Deutschland	USA	Frankreich	Japan
107	100	85	82	75

Arbeitskosten: Die Arbeitskosten ergeben sich aus dem durchschnittlich gezahlten Stundenlohn und den Lohnnebenkosten. Das ist in Deutschland hauptsächlich die von den Arbeitgebern zu zahlende Hälfte der Sozialversicherungsbeiträge.
Der Vergleich zeigt auch hier ein eher ungünstiges Bild für Deutschland (Zahlen von 2003 in Euro pro Stunde):

Land	Lohnkosten	Lohnnebenkosten	Gesamt
Norwegen	18,96	9,19	28,15
Dänemark	20,63	6,70	27,33
Westdeutschland	15,13	11,96	27,09
Schweiz	16,79	8,81	25,60
Ostdeutschland	10,17	6,68	18,86
USA	13,91	5,99	19,91

Lediglich Norwegen und Dänemark haben höhere Arbeitskosten als (West-)Deutschland, in den USA dagegen sind die Arbeitskosten um fast ein Drittel niedriger. Das Verhältnis sieht deutlich günstiger aus, wenn man nur die reinen Lohnkosten betrachtet – da liegt Deutschland durchaus im Mittelfeld und in etwa gleichauf mit den USA. Erst die hohen Lohnnebenkosten lassen Deutschland statistisch abrutschen. Deshalb fordern die Arbeitgeber seit Jahren immer wieder die Verringerung der Lohnebenkosten (also der Sozialversicherungsbeiträge). Die Große Koalition hat vereinbart:

- Die Lohnnebenkosten sollen von zur Zeit 41 % des Bruttoarbeitslohns dauerhaft auf unter 40 % sinken.
- Der Beitrag zur Arbeitslosenversicherung soll vom 1.1. 2007 an von 6,5 auf 4,5 % gesenkt werden.
- Der Beitrag zur Rentenversicherung allerdings steigt vom 1.1. 2007 an von 19,5 auf 19,9 %.

16.2 Deutschland im globalen Standortwettbewerb

Die Weltbank (↗ S. 188) stellt seit 2003 ein jährliches ***Ranking*** an, bei dem die unternehmerischen Rahmenbedingungen der Mitgliedsländer mit insgesamt 23 Einzelindikatoren in sieben Bereichen gemessen werden. Diese Bereiche sind:

- Bedingungen für Unternehmensgründung
- Flexibilität des Arbeitsmarktes
- Bürokratischer Aufwand bei Immobilien
- Verfügbarkeit von Krediten
- Offenlegungspflicht von Aktiengesellschaften
- Durchsetzungsmöglichkeiten von Verträgen
- Insolvenzrecht

In diesem Ranking ist Deutschland 2003 abgeschlagen auf Rang 24 gelandet, weit hinter den USA und Japan, sogar deutlich hinter vielen europäischen Nachbarn.

Gerade von Unternehmerseite wird daher immer wieder argumentiert:

- Deutschland sei zu teuer und die Arbeitnehmer seien zu saturiert, um international mithalten zu können.
- Die Arbeitskosten müssen deutlich gesenkt werden, oder es würde noch mehr Arbeit durch Maschinen ersetzt.

Daraus nun allerdings den Schluss zu ziehen, der Wirtschaftsstandort Deutschland sei nicht mehr international konkurrenz-

fähig, greift zu kurz, wie schon der Blick auf die Außenwirtschaftsbilanz gezeigt hat. Auch der Umkehrschluss überzeugt nicht: Wenn die Arbeitskosten der wichtigste Indikator wären, müssten die Länder mit den niedrigsten Arbeitskosten das Ranking der Weltbank anführen. In der EU sind das Portugal, Italien und Spanien. Von diesen Ländern ist lediglich Spanien (Platz 22) in der Liste der besten 30 zu finden, wohl aber traditionelle Hochlohnländer wie Norwegen (Platz 6) oder Schweden (Platz 10).
Hinzu kommen drei weitere Argumente, die gegen die Verringerung der Arbeitskosten sprechen:

- Hohe Löhne tragen zur Motivation der Arbeitnehmer bei.
- Dies verbessert die Preis-Qualitätsrelation.
- Der soziale Frieden bleibt erhalten, in Deutschland gibt es kaum Ausfallzeiten durch Streiks.

Die Bedeutung von Information und Wissen

Die Grundlagen von Reichtum, Wohlstand und internationaler Konkurrenzfähigkeit der Staaten verändern sich in der Phase des Überganges von der Industrie- zur Informationsgesellschaft: Information und Wissen gewinnen gegenüber anderen Standortfaktoren wie Kapital, Rohstoffen oder Boden zunehmend an Bedeutung. Die wirklichen ***technologischen Aktiva*** eines Landes werden darin liegen, wie ausgeprägt die Fähigkeit der Bürger ist, komplexe Zusammenhänge zu erfassen, zu bearbeiten und zu lösen. Informationen werden das Leben des modernen Menschen stärker beeinflussen als alles andere und die Gesellschaft schneller verändern als je zuvor.
Eine besondere Bedeutung im Zuge der globalisierten Wissensgesellschaft kommt dabei der ***Informationskompetenz*** zu: Das meint mehr als den bloßen Zugang zu den Informationsquellen und zielt auf die methodisch kontrollierte Auswertung und Nutzung von Informations- und Kommunikationsressourcen. Dazu gehört auch, dass der Zugang zu und der Zugriff auf Wissen und Information nicht allein von der Verwertungssicht aus dominiert werden.

Informationen sind lediglich die bloßen Rohmaterialien, die erst durch die kontrollierte und bewusste Aneignung, durch Verarbeitung und Anwendung zu Wissen werden und damit zu einer Möglichkeit wissensintensiver Dienstleistungen. Die Verfügung über Wissen wird in Zukunft für jeden Einzelnen, aber auch für Unternehmen und Staaten ein entscheidendes Wettbewerbs- und Erfolgskriterium sein. Die Wissensgesellschaft erfordert daher lebenslanges Lernen. Die Bereitschaft und Fähigkeit zu lernen entscheidet darüber, welche Chancen die Menschen haben werden, sich in einer rasch wandelnden Welt erfolgreich zurechtzufinden.

Daraus ergibt sich zwingend, Geld in Wissen und Ausbildung zu investieren, um Fähigkeiten, strukturelles Wissen und Schlüsselkompetenzen zu fördern. Aus diesem Blickwinkel bilden daher nicht die Arbeitskosten den prekären Aspekt, sondern die Tatsache, dass Deutschland bisher sehr viel weniger Geld in die Bildung investiert als z. B. die skandinavischen Staaten. Finnland z. B. wendet knapp 6 % des BIP für Bildung auf, Deutschland 3,1 %.

Das neue Schlagwort in der Standortdebatte ist daher der Begriff ***Humankapital***, verbunden mit der Forderung, dieses erstklassig mit hoher Produktiv- und Innovationsfähigkeit heranzubilden.

Stichwortverzeichnis

Absatzmarkt 20
Abschöpfung 211
Abschreibung 14, 95
Agenda 21 157
Aktiva, technologische 226
Akzeleratorprozess 85
Angebotsüberschuss 104
Anlageinvestitionen 128
Anlagevermögen 14
Arbeitskosten 224
Arbeitslosigkeit, friktionelle 192
Arbeitslosigkeit, konjunkturelle 192
Arbeitslosigkeit, saisonale 192
Arbeitslosigkeit, strukturelle 192
Arbeitswertlehre 50
Ausfuhrerstattungen 211
Ausgaben, destruktive 148
Ausgaben, konstruktive 148
Auslastungsgrad 146
Ausschaltung des Wettbewerbs 112
Ausschuss der Regionen 119
Außenbeitrag 128

BaFin 34
Belegschaftsaktien 61
Besitzsteuern 90
Börsenindex 32
Break-even-Point 24
Bretton Woods 184
Bruttoinlandsprodukt (BIP) 131 f.
Bruttonationaleinkommen 131 f.
Bruttosozialprodukt (BSP) 131
Bruttowertschöpfung 126
Bundeskartellamt 106
Bundesobligationen 170

Chicagoer Schule 59
Controlling 23
Corporate Identity 29
Crowding-out-Effekt 100

Dax-Firmen 113
deficit spending 53
Depotstimmrecht 31
Derivate 37
Deutsche Bundesbank (DBB) 77
Devisenspekulation 36
Dienstleistungen 217
Dienstleistungsproletariat 116
Direktausleihungen durch Kreditinstitute 170
Direktinvestitionen 218 ff.
Diskriminierungsverbot 200

Effekt, qualitativer 73
Einkommensverteilung 134 f.
Erneuerbare-Energien-Gesetz (EEG) 159
Erwerbsbiografie, fragmentierte 194 f.
Europäische Sozialcharta (ESC) 199
Europäische Zentralbank (EZB) 77
Europäisches Währungssystem (EWS) 189
EU-Stabilitätspakt 68
Existenzlohn 46
Exporte 124

Fabrik, fraktale 27
Faktoreinkommen 123
Faktormarkt 21
Fazilitäten, ständige 83
Fondsmanager 41
Frühsozialismus 48

Fusion 107
Futures 34

Geldmenge 75
Geldpolitik 79
Geldverfassung 182
Geschäftsbanken 79
Gesetz der prinzipiellen Knappheit 138
Gewerbefreiheit 12
Gewinn 11
Gewinnorientierung, rigorose 41
Giralgeldschöpfung 180 ff.
Gleichheit 102
Gleichheitskommunisten 49
Global Player 113
Globalsteuerung 62
GmbH & Co. KG 13
Grenznutzentheorie 139

Haftungsprinzip 155
Handelsbilanz, aktive 43
Handelshemmnisse 211
Haushaltsplan 167
Hedge Fonds 41
Humankapital 28, 227
Hyperinflation 178

Importe 124
Informationskompetenz 226
Inlandskonzept 131
Insolvenz 8
Internalisierung 155
Internationaler Währungsfonds (IWF) 184 ff.
Inventar 18
Inventur 18
Investitionsprogramm 69
Investmentfonds 39

Kapitalmarkt 22
Kartell 107
Keynesianismus 51
Kohäsionsfonds 120
Kohlepfennig 97
Kompetenzstruktur 194
Konjunkturausgleichsrücklage 63, 94
Konjunkturausgleichszahlung 54
Konjunkturpolitik, antizyklische 54
Konjunkturzyklus 173
Konkurrenz, freie 102
Konzeption, interventionistische 55, 71
Konzern 107
Kosten 11
Kosten, externe 155
Kosten, gesellschaftliche 156
Kostenvorteile 48

Laffer-Kurve 93
Liberalisierung 208
Liquidität 82
Lobbyismus 75
Lohndifferenzierung 202
Lohn-Preis-Spirale 66
Lohnquote, bereinigte 137
Lohnstückkosten 223
Lorenzkurve 137

Magisches Viereck 71
Marktbeherrschung 110
Marktwirtschaft, Soziale 56
Maßnahmen, protektionistische 207
Megafusionen 221
Mehrwerttheorie 50
Mindest-Sozialleistungsquoten 205

Mindeststandards für Arbeitnehmerrechte 206
Monopol 106
Monopolisierungskontrolle 56
Multiplikatorprozess 85
Münzgeld 182
Mutualisten 49

Nachfrage, gesamtwirtschaftliche 53
Nachfrageüberschuss 104
Nachhaltigkeit 148
Nationalökonomie 44
Nettoempfänger 120
Nettoinvestitionen 128
Nettozahler 120
Nichtdiskriminierung 208
Noten 182

Offenmarktgeschäfte 84
Ökonomie, politische 49
Oligopol 106
Option 34
Outsourcing 26

Papiergeld 182
Portefeuille 35
Potenzialwachstum 82
Privateigentum 102
Pro-Kopf-Einkommen 132

Ranking 225
Recheneinheitsfunktion 79
Regionen, europäische 87
Reibungsarbeitslosigkeit 192
Ressortprinzip 167
Ressourcenallokation 107
Reziprozität (Gegenseitigkeit) 208

Say'sches Theorem 46
Schatzanweisungen, verzinsliche 170
Schatzbriefe 170
Schatzwechsel 170
Schlüsselqualifikationen 27, 194
Schuldenquote 164
Schwankungen, saisonale 175
Schwankungen, strukturelle 175
Sektor, informeller 203
Sektor, primärer 114
Sektor, quartärer 115
Sektor, sekundärer 114
Sektor, tertiärer 115
Sockelarbeitslosigkeit 66
Sozialordnung, staatliche 56
Sozialpartnerschaft 202
Spezialisierung, arbeitsteilige 209
Staatsverschuldung 170 f.
Stabilitätsgesetz/-pakt 71, 165
Stagflation 66
Standpunkt, makroökonomischer 52
Standpunkt, mikroökonomischer 52
Steuerpolitik 84
Steuerprogression 91
Steuerschätzung 162
Strukturpolitik 117
Subsidiaritätsprinzip 87
Subsistenzwirtschaft 114
Subventionen 84, 89, 96

Tabaksteuer 94
Tableau economique 44
Tauschmarkt 102
Tauschmittelfunktion 79
Telekooperation 204
Thatcherismus 59

Theorie der komparativen Kostenvorteile 213
Tobin-Steuer 38
Transferzahlungen 89
Triadisierung 215

Umlaufgeschwindigkeit 75
Umsatz 10
Umweltgipfelkonferenz 161
Umweltverträglichkeitsprüfung (UVP) 160
unsichtbare Hand 45

Verbrauch 138
Verbraucherpreisindex, harmonisierter 181
Verbrauchssteuern 90
Vermögenswirksames Sparen 61
Verschuldung, strukturelle 163
Verteilungsgerechtigkeit 151
Vertragsfreiheit 102
Verursacherprinzip 155
Volkswirtschaft, geschlossene 123
Volkswirtschaftliche Gesamtrechnung (VGR) 122

Wachstum, exponentielles 144
Wachstum, nominales 127
Wachstum, qualitatives 150
Wachstum, reales 127
Wägungsschema 143
Währungsstabilität 59
Warenkorb 180
Weltbank 188
Wertaufbewahrungsfunktion 79
Wertpapierbörse 30
Wertpapierpensionsgeschäfte 84
Wertschöpfung, nationale 43
Wettbewerbsrecht, europäisches 109
Wirtschaftswunder 62
Wohlstand für alle 57

Zahlungsbilanz 129
Zusammenschlusskontrolle 109